HISTOIRE

DE LA

VILLE DE PÉRIGUEUX

ET DE SES

INSTITUTIONS MUNICIPALES

JUSQU'AU TRAITÉ DE BRÉTIGNY (1360)

THÈSE PRÉSENTÉE A LA FACULTÉ DES LETTRES DE L'UNIVERSITÉ DE BORDEAUX

PAR

R. VILLEPELET

Archiviste aux Archives Nationales

PÉRIGUEUX

IMPRIMERIE DE LA DORDOGNE (ANC. DUPONT ET Cie)

1908

HISTOIRE

DE LA

VILLE DE PÉRIGUEUX

ET DE SES

INSTITUTIONS MUNICIPALES

JUSQU'AU TRAITÉ DE BRÉTIGNY (1360)

HISTOIRE

DE LA

VILLE DE PÉRIGUEUX

ET DE SES

INSTITUTIONS MUNICIPALES

JUSQU'AU TRAITÉ DE BRÉTIGNY (1360)

———

THÈSE PRÉSENTÉE A LA FACULTÉ DES LETTRES DE L'UNIVERSITÉ DE BORDEAUX

PAR

R. VILLEPELET

Archiviste aux Archives Nationales

PÉRIGUEUX

IMPRIMERIE DE LA DORDOGNE (ANC. DUFONT ET Cie)

—

1908

INTRODUCTION

> Au point où est parvenue la science de
> nos origines, ce qui peut la pousser en
> avant, ce sont des études analytiques sur
> les institutions du moyen âge, considérées
> dans leur action variée sur les diverses
> portions du sol de la France actuelle.
>
> Augustin THIERRY, *Considérations sur l'histoire de France.*

Il nous paraît convenable de dire, au début de cette étude,
ce que nous avons voulu faire et comment nous l'avons fait.

L'histoire de la ville de Périgueux n'a jamais été écrite.
Nous n'entendons point par là que le *Mémoire sur la constitution politique de la ville et cité de Périgueux* (1775) (1) ne puisse
être encore utilement consulté, non plus que l'*Histoire du
Périgord*, de Léon Dessalles (2). Nous ne serons pas, en effet, si
ingrat que de ne pas reconnaître ce que nous devons à ces
ouvrages, dont les auteurs nous ont frayé la voie et auxquels
nous avons fait de fréquents emprunts. Mais le *Mémoire*,
composé au xviiie siècle par l'historiographe Moreau (3) et
publié par les maire et consuls de Périgueux pour appuyer

---

(1) Son titre exact est : *Mémoire sur la constitution politique des ville et
cité de Périgueux, où l'on développe l'origine, le caractère et les droits de
la seigneurie qui lui appartient, et dont tous ses citoyens et bourgeois sont
propriétaires par indivis. A Paris, de l'imprimerie de Quillau, imprimeur
de LL. AA. SS. Mgrs les Prince de Conti et Comte de la Marche, rue du
Fouarre, 1775.* Il est accompagné d'un recueil de pièces justificatives, publié
la même année. Un supplément parut en 1778.

(2) Léon Dessalles, *Histoire du Périgord*, 3 vol. in-8°, Périgueux, 1883-
1885.

(3) Jacob-Nicolas Moreau, conseiller au Parlement de Provence, historiographe de France.

auprès du Conseil d'Etat leur demande en exemption du droit des francs-fiefs, est surtout une dissertation juridique où les événements sont, parfois, ou faussement interprétés ou, de parti pris, négligés. Pour l'*Histoire du Périgord*, nul n'ignore aujourd'hui que, si Dessalles y entassa, dans un cadre plus étendu que celui de la présente étude, le fruit d'un labeur immense, la mise en œuvre des matériaux qu'il avait assemblés laisse grandement à désirer.

Il ne pouvait entrer dans nos intentions de rédiger une histoire complète de la ville. C'est pourquoi, après être remonté aux premières années du xiie siècle, c'est-à-dire aussi loin qu'on peut le faire avec quelque certitude, avons-nous arrêté cette étude au traité de Brétigny (1360), qui plaça Périgueux sous la domination anglaise. Nous ne voulons pas dissimuler que cette date ne comporte aucune signification sous le rapport des institutions municipales, qui demeurèrent après elle ce qu'elles étaient auparavant, et qu'elle n'en a qu'une fort restreinte au point de vue même de l'histoire proprement dite de la ville ; mais, faute d'un terme vraiment historique que nous aurions dû placer presqu'à la fin de l'ancien régime (1), il nous a paru que nous pouvions considérer le traité de Brétigny comme une limite commode divisant l'histoire de Périgueux en deux parties à peu près égales. Nous nous sommes essayé à traiter la première ; nous voulons espérer que notre entreprise trouvera un continuateur.

Le plan que nous avons suivi est simple : après avoir exposé l'évolution continue de la ville et raconté, dans l'ordre où ils se produisirent, les événements qui marquèrent son histoire, nous nous sommes efforcé de pénétrer dans le détail de ses institutions, de restituer, à l'aide des textes, les rouages de son gouvernement. Nous avons conscience d'avoir

---

(1) Exactement en 1690. Un édit du mois de juillet de cette année plaça pour la première fois, auprès des officiers élus de la municipalité, un agent du pouvoir central sous le titre de procureur syndic du Roi. Deux ans plus tard, l'édit de 1692, qui retira à toutes les villes du royaume la nomination des offices municipaux, mit fin à l'autonomie politique de Périgueux.

recherché, avec le plus grand soin, tant aux archives municipales de Périgueux (1) qu'aux Archives nationales, aux archives
départementales des Basses-Pyrénées (2) et à la Bibliothèque
nationale (3), les documents qui pouvaient nous éclairer. Si,
comme il est vraisemblable, quelques-uns nous ont échappé,
nous croyons, du moins, n'avoir omis rien d'essentiel. La
plus grande partie de nos pièces justificatives étaient déjà
imprimées dans le *Recueil des titres et autres pièces justificatives employés dans le Mémoire sur la constitution politique de
la ville et cité de Périgueux*, etc... (1775) (4). Nous y renver-
rons fréquemment le lecteur. Toutefois, comme le texte des
actes y est souvent fautif, nous avons, d'après les originaux
mêmes, reproduit les principaux en appendice. Nous y avons
ajouté quelques documents inédits, choisis parmi les plus
importants que nous ayons utilisés.

Ce travail est le développement de la thèse que nous avons
présentée à l'Ecole des Chartes (1894) et à l'Ecole pratique
des Hautes-Etudes (1898). Les observations auxquelles elle y
a donné lieu, de la part de professeurs éminents comme le

---

(1) Un inventaire, rédigé par le regretté Michel Hardy, en a paru en 1897
(in-4° de XXXV — 543 pages).

(2) Les archives des comtes de Périgord, réunies autrefois à Montignac
(Dordogne), furent, sur l'ordre du roi Henri IV, dernier comte, transportées à
Nérac en 1598. En 1710, elles furent tranférées à Pau où elles constituèrent, à
la Révolution, une portion des archives du département des Basses-Pyrénées. V., à cet égard, Ferd. Villepelet, *Le Périgord aux archives des Basses-Pyrénées*, dans le *Bulletin de la Société historique et archéologique du
Périgord*, t. III, pp. 254-259.

(3) La *Collection Périgord* à la Bibliothèque nationale (183 vol. in-fol., man.)
est composée de deux fonds : le fonds Leydet et Prunis (t. 1-22) et le fonds
Lespine (t. 23-183). Elle renferme surtout des copies, dont beaucoup sont
précieuses, parce que les originaux ont disparu. M. Ph. de Bosredon en a
rédigé et publié un très utile état (Périgueux, 1890, in-8°).

(4) Pour plus de commodité, nous désignons ce *Recueil* dans le cours de
notre étude, simplement par les mots : *Recueil de 1775*. Ce qui ajoute à
l'utilité de cet ouvrage, c'est que quelques documents, provenant des archives
municipales de Périgueux, ont été égarés depuis et peut-être à l'occasion de
la rédaction de ce recueil, et ne nous sont connus que par la transcription
qu'il en a conservée.

regretté A. Giry, à la mémoire de qui nous adressons un reconnaissant hommage, comme MM. Ch. Bémont et Ant. Thomas ; celles que, plus tard, m'a communiquées mon cher maître M. Camille Jullian, qui a bien voulu accepter de l'examiner et que nous prions ici d'agréer l'expression de notre respectueuse gratitude, l'ont évidemment amélioré. Nous en sentons néanmoins toute l'insuffisance. Nous devons pourtant avertir le lecteur que nous n'avons pas essayé d'en racheter les défauts, en prêtant à la matière, dont nous ne nous dissimulons pas l'aridité, des agréments mal assortis avec la probité de l'histoire. On ne trouvera dans ce mémoire ni développements pompeux, ni séduisantes hypothèses, à l'ancienne mode, mais, le plus souvent, un sec recueil de faits, appuyé par un appareil de notes qui permettra de les contrôler. La première manière, celle que nous n'avons pas employée, est, nous le confessons, plus aimable; elle est aussi plus facile. Nous ne croyons pas cependant avoir à nous excuser de l'avoir évitée, ayant tâché seulement à éclairer du mieux possible un sujet obscur et qui nous paraissait mériter d'être connu, et à épargner à ceux qu'il solliciterait après nous, les difficultés que nous avons rencontrées.

L'histoire documentaire de Périgueux, nous voulons dire celle qu'il est permis de reconstituer d'après des documents écrits et de suivre à peu près sans interruption, ne commence pas avant le xii⁰ siècle. La période qui précède est absolument obscure, car il faut bien convenir que les rares renseignements fournis par les historiens et les géographes anciens, par les monuments épigraphiques et, plus tard, par les chroniqueurs, ne sont que des données éparses qu'il est impossible de contrôler et de coordonner, et dont nous ne saurions, par conséquent, faire état. Nous nous bornerons donc, pour cette époque, que nous appellerons pré-communale, à apporter, d'après les faits qui semblent le mieux établis, un résumé de l'histoire de la ville, qui conduira le lecteur jusqu'au récit des événements connus.

Vesuna ou *Vesunna*, capitale des *Petrucorii* ou *Petrocorii*, s'élevait sur la rive droite de la rivière de l'Isle, un peu au

sud de la ville actuelle de Périgueux (1). A la fin du IIIe siècle de notre ère, *Vesuna* perdit son nom. Nous savons qu'a-
lors, par suite d'une coutume presque générale en Belgique,
dans la Lyonnaise et en Aquitaine, les chefs-lieux de *civitates*
quittèrent leur nom primitif pour prendre celui même du
peuple dont ils étaient le centre et en quelque sorte la per-
sonnification (2). *Vesuna* n'échappa pas à la règle commune
et fut dorénavant désignée sous le nom de *civitas Petrucorio-
rum* (3). Si, au Ve siècle, Sidoine Apollinaire parle encore
des *Vesunnici* (4), il ne faut voir là qu'une fantaisie de lettré
qui se piquait d'archaïsme.

Nous ne savons au juste à quelle époque remonte l'évangé-
lisation des *Petrucorii*. Un de leurs évêques, Paternus, fut
déposé vers 361, pour cause d'hérésie (5). La tradition locale,
constatée dès le IXe siècle, réclame un autre fondateur,
saint Front, dont la date est indéterminée (6).

Les Visigoths s'établirent en 418 dans la Seconde Aquitaine, « la perle de la Gaule », que les Romains leur ont

---

(1) Sur *Vesuna* et les *Petrucorii* voir : César, *De bello gall.*, III, 20, etc. ;
VII. 74 ; — Strabon, l. IV, c. 2. par. 2 ; — Pline, IV, 9 ; — Ptolémée,
II, 7, 12 ; — et parmi les ouvrages modernes : *Corpus inscriptionum lati-
narum*, t. XIII ; — E. Desjardins, *Géographie de la Gaule Romaine*, t. II,
p. 425 ; — E. Espérandieu, *Inscriptions antiques du Musée de Périgueux*,
introd., et *passim :* — Marquis de Fayolle, article sur la tour de *Vésone*, dans
la *Correspondance historique et archéologique*, 1894, pp. 372-375 ; —
Fouilles de Vésone : Compte-rendu de 1906 [par Ch. Durand] (Périgueux,
1906, in-8°, avec planches) ; — A. Lièvre, *Les chemins gaulois et romains
entre la Loire et la Gironde.* — M. Allmer a publié un résumé de l'histoire
de Périgueux d'après les inscriptions dans la *Revue épigraphique du Midi
de la France*, t. I.

(2) V. A. Longnon, *Atlas historique de la France*, texte, p. 18.

(3) Variantes : *Petracorium, Petrogoricorum, Petragoricorum, Petrico-
riorum, Petrugorum, Petrogorium, Petroricorum, Petragoricorum, Petrogo-
riorum, Petrocorium.*

(4) Sidoine Apollinaire, l. VIII, ep. 11.

(5) Sulpice Sévère, *Hist. Sacra*, l. 2, c. 45 (*Patrol. latine*, t. 20, col. 155).

(6) V. L. Duchesne, *Mémoire sur l'origine des diocèses épiscopaux
dans l'ancienne Gaule* (extr. des *Mém. de la Soc. des Antiq. de France*, tome
I.), p. 30 ; et surtout, du même auteur, les *Fastes épiscopaux de l'ancienne
Gaule*, t. II, pp. 87-88 et 130-134.

cédée. La capitale des *Petrucorii*, comprise dans cette province, devait subir leur domination pendant près d'un siècle.
Le roi Euric (465-485), qui était arien, persécuta les catholi-
ques de ses Etats et chassa de leurs sièges les évêques et les
prêtres orthodoxes. Grégoire de Tours exprime à cet égard
une vive indignation (1). Le fait nous est aussi attesté par une
lettre de Sidoine Apollinaire à l'évêque Basilius, écrite vers
l'an 470. En effet, l'évêque de Clermont cite nominalement les
Petrucorii comme privés de leurs pasteurs (2). Enfin, l'épita-
phe de l'évêque Chronopius, mort après l'an 533, qui est due
au célèbre Fortunat (3), témoigne aussi de la persécution
organisée par les Ariens. Néanmoins, il semble que Périgueux était, même alors, un centre littéraire assez important,
puisque Sidoine Apollinaire s'informe avec soin du succès
des professeurs de *Vésone* (4).

En 506, c'est-à-dire l'année même qui précéda l'effondre-
ment de la domination gothique, la capitale des *Petrucorii* y
était encore soumise. Un précieux document nous l'apprend.
Nous voulons parler de l'acte du concile d'Agde, réuni sur
l'ordre d'Alaric II, roi des Visigoths, qui renferme les souscriptions de vingt-quatre évêques et de dix prêtres ou dia-
cres remplaçant les évêques absents. Nous y voyons celle de
Chronopius, episcopus de civitate Petrocorica. C'était, avec
l'évêque de Bordeaux, le seul prélat de la Seconde Aquitaine
qui figurât à ce concile (5). Cinq ans plus tard, le même prélat participait au concile d'Orléans, réuni par le roi des

---

(1) Grégoire de Tours, *Hist. Francorum*, l. II, c. 25 (éd. Arndt, p. 87).

(2) Sidoine Apollinaire, l. VII, ep. 5 : «... Burdegala, Petrocorii, Ruteni,
Lemovices, Gabalitani, Elusani, Vasates, Convenæ, Auscenses, multoque jam
major numerus civitatum, summis sacerdotibus ipsorum morte truncatis, nec
ullis deinceps episcopis in defunctorum officia suffectis, per quos utique minorum ordinum ministeria subrogabantur, latum spiritualis ruinæ limitem
traxit... ».

(3) Fortunat, l. IV, *carm.* 8. — V. E. Le Blant, *Inscriptions chrétiennes de
la Gaule*, t. II, p. 582.

(4) Sidoine Apollinaire, lettre déjà citée (VIII, 11) : «... Quid agunt Nitio-
broges, quid Vesunnici tui ? »

(5) V. Longnon, *Géographie de la Gaule au vi* siècle*, p. 47.

Francs, Clovis, que la bataille de Vouillé avait rendu maître
de l'Aquitaine.

On ne sait pas de quel royaume dépendit d'abord Périgueux
sous les fils de Clovis. Il fut vraisemblablement uni, par le
partage de 561, au royaume de Paris : en effet, quelques
années après la mort de Caribert, il appartenait à Gontran,
dont les Etats ne paraissent avoir formé, de 561 à 567, qu'un
seul groupe s'étendant sur l'est de la Gaule depuis Orléans
jusqu'à Marseille (1).

En 581, Périgueux fut enlevé à Gontran par le roi Chilpéric (2) ; et, peu de temps après, l'évêque Carterius se plaignait
amèrement de ce changement de domination dans des lettres
qui, saisies par le comte de Limoges, furent adressées au roi de
Soissons (3). Mais, trois ans plus tard (584), grâce à l'extrême
jeunesse du successeur de Chilpéric dont il devint le tuteur,
Gontran ressaisit la cité, et les *Petragorici* prenaient part, en
585 et en 589, aux expéditions envoyées par ce prince contre
les Goths (4). C'est vers cette époque que doit se placer la
révolte de Gondovald. Grégoire de Tours conte que cet
aventurier vint à Périgueux et y maltraita l'évêque Carterius
qui avait refusé de le reconnaître (5).

---

(1) V. Longon, *op. et loc. cit.*

(2) Grégoire de Tours, *Hist. Franc.* l. VI, c. 12, (éd. Arndt, p. 257);
Frédégaire, *Chron.*, l. III, c. 87 (éd. Krusch, p. 117).

(3) Grégoire de Tours, *Hist. Franc.* l. VI, c. 22 (éd. Arndt, pp. 262-263).

(4) Grégoire de Tours, ouv. cité, livre VIII, c. 30 (éd. Arndt, p. 343), et
l. IX, c. 31 (même éd., p. 386). — La présence de Carterius, évêque de Périgueux, au concile bourguignon de Mâcon en 585, apporte une autre preuve
de la récupération de Périgueux par Gontran. D'autre part, un passage de la
vie de saint Sor ou Sour confirme ce fait et permet d'entrevoir dans le roi de
Bourgogne le souverain auquel obéissait Périgueux. Suivant ce passage de la
vie de saint Sor (reprod. dans d. Bouquet, t. III, p. 465), le roi Gontran,
atteint de la lèpre, aurait été, sur le conseil d'un messager céleste, demander
sa guérison à ce solitaire qui demeurait alors en Périgord (*territorio Aqui-
tanorum et Petragorico pago*).

(5) Grégoire de Tours, ouv. cité, l. VII, c. 26 (éd. Arndt, pp. 306-307).
Gondovald, un aventurier, qui était probablement un fils naturel de Clotaire,
non reconnu par lui, avait séjourné en Italie et à Constantinople. Il fut
poussé par Gontran Boson, un des plus grands leudes de l'Ostrasie, et par
Mummolus, le grand patrice de Burgondie, à venir en Gaule revendiquer un

Périgueux apparaît, chez Grégoire de Tours, sous les noms : *Petrocorii* (1) et *urbs Petragorica* (2). Le territoire dont il était le chef-lieu est désigné sous les noms : *Petrogoricum* (3), *oppidum Petrocoricum* (4), *territorium Petrocoricum* (5). Ses habitants sont toujours appelés *Petrugorici* (6).

Après Grégoire de Tours, le silence se fait sur Périgueux et pour longtemps. Nous constatons que l'évêque Ermenomaris assista au concile tenu à Bordeaux entre 670 et 673 (7) ; mais

---

royaume. Après avoir échoué une première fois (582), Gondovald parut sur le point de réussir après la mort de Chilpéric. Il fut très bien accueilli dans la Gaule méridionale, fait roi à Brive-la-Gaillarde, et les cités aquitaines ne lui furent pas défavorables jusqu'au jour où, sérieusement poursuivi par une armée de Gontran, il fut abandonné de tous et périt (585).

(1) Grégoire de Tours, *Hist. Franc.*, l. II, c. 13 (éd. Arndt, p. 81).

(2) *Idem, ibidem*, l. VI, cc. 8 et 22 (éd. cit., pp. 253 et 262) ; et *Lib. de Virt. S. Mart.*, art. 44 (éd. Krusch, p. 660). — Périgueux est au nombre des 83 *urbes* ou villes épiscopales dont Grégoire de Tours fait mention. Nous savons qu'il figurait déjà dans la *Notitia* du commencement du v° siècle avec le titre de *civitas*.

(3) Grégoire de Tours, *Hist. Franc.*, l. VI, c. 12 (éd. Arndt, p. 257), et l. VII, c. 26 (éd. cit., p. 307).

(4) *Idem, De gloria Confessorum*, c. XCIX (éd. Krusch, p. 811). — De même que les anciens auteurs latins, Grégoire de Tours entend, d'ordinaire, par le mot *oppidum* ou plutôt *opidum* une ville forte d'une importance généralement supérieure à celle du *castrum*. Cependant, sur douze exemples de l'emploi du mot *opidum* par l'évêque de Tours, il en est un où l'on doit l'entendre incontestablement au sens de territoire : c'est lorsque saint Cyprien est qualifié *abbas Petrocorii opidi*, car on sait que le monastère gouverné par cet abbé n'est pas situé à Périgueux même, mais à près de 45 kilomètres de la ville épiscopale et sur son territoire, et qu'il a donné naissance à la petite ville de Saint-Cyprien (Dordogne) (d'après Longnon, *Géographie de la Gaule au vi° siècle*, p. 14).

(5) Grégoire de Tours, *De gloria Confessorum*, c. XCIX (éd. Krusch, p. 811). L'historien des Francs considère le *territorium* comme la circonscription de la *civitas* ou l'équivalent du *pagus* administratif (d'après Longnon, ouv. cité, p. 34).

(6) Grégoire de Tours, *Hist. Franc.*, l. VIII, c. 30 (éd. Arndt, p. 343), et l. IX, c. 31 (éd. cit., p. 386). On trouve au livre IX, c. 41 (éd. cit., p. 398), l'évêque Saffarius désigné par l'épithète *Petragoricus*.

(7) Les actes et souscriptions du concile de Bordeaux sont reproduits dans les *Diplomata* de Pardessus, t. II, p. 129. L'authenticité de ce concile, qui a été contestée, est démontrée par Perroud, *Des origines du premier duché d'Aquitaine*. Voir aussi *Annales du Midi*, t. I, pp. 51 et 304).

c'est à peine si nous pouvons relever dans les auteurs quelques mentions de la ville. Ce qu'elles nous apprennent est, du reste, peu de chose et n'éclaire que bien faiblement cette période obscure. Nous pouvons cependant, grâce à ces rares données et surtout par ce que nous savons de l'Aquitaine (1), suppléer en partie au silence des textes et essayer de reconstituer à grands traits l'histoire de Périgueux.

Après la mort de Gontran (593), la *civitas Petrocoriorum* fut annexée un moment au royaume ostro-bourguignon, puis rattachée, sous Clotaire II, à l'ensemble du royaume franc ramené à l'unité. Elle en fut distraite un moment, en 628, quand Dagobert céda à Charibert son frère, qui revendiquait sa part de patrimoine, les cinq comtés de Toulouse, Cahors, Agen, Périgueux et Saintes, plus tout le pays compris entre ces cités et les Pyrénées, sauf à conquérir cette dernière région qui n'était autre que la Wasconie (2). Ce royaume dura deux ans. Charibert mourut en 630. Aussitôt Dagobert réduisit en sa puissance tout le royaume de son frère, ainsi que la Wasconie. A la mort de Dagobert II (679), l'Aquitaine échappa à la domination des Mérovingiens. Les ducs qui, auparavant, commandaient en Gascogne pour les rois de Neustrie, ont étendu peu à peu leur action sur tout le pays compris entre la Loire, et les Pyrénées, et ils cessent de reconnaître l'autorité des rois francs. Pépin de Herstal tente en vain de soumettre le duc Eudon qui lui survit et dont les descendants gouvernent, jusqu'en l'an 768, l'Aquitaine dont le nom est, durant toute cette période, remplacé par celui de Gascogne (*Wasconia*) (3).

---

(1) V. Perroud, ouv. cité ; d. Chamard, *L'Aquitaine sous les derniers Mérovingiens, aux septième et huitième siècles*, dans la *Revue des questions historiques*, t. XXV, pp. 5-51 ; Longnon, *Les quatre fils Aymon*, dans la *Revue des questions historiques*, n° de janvier 1879.

(2) Frédégaire, *Chron.*, l. IV, c. 57 (éd. Krusch, p. 149).

(3) Longnon, *Atlas historique*, texte, pp. 43-44. — Il semble, disons-le en passant, que l'invasion des Arabes en Périgord se soit produite entre 725 et 732. V. Lecointe, *Annales ecclesiastici Francorum*, ad an. 725. n. 9 et 23 ; Pagi. *Critica*, ad an. 725, n. 4, etc. ; Hincmar, *Epist.*, l. 19, *cp.* 6, reprod. dans le *Gallia Christiana*.

Alors seulement Pépin le Bref parvint à réduire les Aquitains, contre lesquels il ne mena pas moins de huit campagnes, et dont il ne triompha qu'après la mort du duc Waïfre ou Gaifier, assassiné par un des siens dans les bois de la Double, en Périgord (768) (1). Périgueux ne fut point épargné dans ces guerres incessantes. Elle fut une des cités que Waïfre fit démanteler en 763. Deux ans plus tard, Pépin fit relever ses murailles (2). En 766, il dévastait le Périgord (3). Lors de sa dernière expédition en Aquitaine (768), il vint de Saintes à Périgueux et n'en repartit qu'après la mort de Waïfre (4). Pépin mourut cette année même. En 769, Hunald, probablement le vieux père de Waïfre, reprit les armes. Battu par Charles, fils de Pépin, il s'enfuit chez les Gascons qui le livrèrent à son vainqueur. L'Aquitaine était définitivement soumise. Pour surveiller le pays, Charles établit la forteresse de Fronsac (*Fronciacum*), sur la Dordogne (5).

L'Aquitaine, réduite par les premiers Carolingiens, obtint quelque temps le titre de royaume : ce royaume n'était guère qu'une grande division de l'empire. La position spéciale de l'Aquitaine est un des problèmes les plus intéressants, mais aussi les plus obscurs de la période franque. Les Francs, éloignés de cette province, y firent assez mal respecter leur autorité, et l'on peut supposer que les influences visigothiques, aidées peut-être par la persistance de vieilles traditions et de vieilles mœurs distinctes des mœurs gauloises, parvinrent, avec le secours des Basques et des Wascons, à rendre à ce pays une vie propre. Il joua dans le Midi, au temps de la domination franque, un rôle très analogue à celui que jouèrent, dans l'Est, les duchés des Bavarois et des Alamans (6).

En 778, Charlemagne préposa un comte au gouvernement de la cité. Ce comte, le premier en date des comtes du Péri-

---

(1) *Continuations des chroniques de Frédégaire*, c. LI (éd. Krusch, p. 192).

(2) *Ibidem*, c. XLVI (éd. cit., p. 189).

(3) *Ibidem*, c. XLVIII (éd. cit., p. 190).

(4) *Annales Mettenses*, an. 768 (*Mon. Germ., Scriptores*, t. I, **p.** 335) ; et *Einhardi Annales*, an. 768 (*Mon. Germ., Scriptores*, t. I, p. 147), etc.

(5) *Annales rerum francicarum*, an. 769, dans d. Bouquet, t. V, pp. 36-37.

(6) P. Viollet, *Hist. des instit. polit.*, etc., t. I, p. 454.

gord (1), s'appelait Widbode (2). On ignore s'il eut des successeurs : toujours est-il qu'ils sont restés inconnus jusqu'au milieu du IX° siècle. Trois ans plus tard (781), Louis, le plus jeune des fils de l'empereur, reçut le gouvernement de l'Aquitaine. Vingt-cinq années après, Louis recevait en partage le royaume d'Aquitaine qu'il avait, jusque là, gouverné au nom de son père. On sait, en effet, qu'en l'année 806, l'année même qui marqua l'apogée du nouveau César, le grand empereur, voulant prévenir les dissensions que la division de ses Etats pourrait faire naître après sa mort, en régla lui-même le partage par un acte qui a été publié à diverses reprises (3). En 817, Louis le Pieux, devenu empereur, fit de l'Aquitaine un royaume pour son fils Pépin. Quand, plus tard, il le transféra à Charles le Chauve, les Aquitains résistèrent, soutenant Pépin II qui les conduisit à Fontenoy (841). Après la défaite, Pépin fut abandonné par son oncle Lothaire. Le traité de Verdun (843) attribua l'Aquitaine à Charles le Chauve.

Quand ce dernier voulut se mettre en possession de ce pays, il rencontra une vive résistance (844). L'année suivante, il se décida à transiger avec Pépin. Par le traité de Fleury-sur-Loire (juin 845), il lui laissa l'Aquitaine, moins les comtés de Poitou, Saintonge et Angoumois (4). Pépin conservait donc le Périgord. Ce prince ne tint guère ses promesses de fidélité, d'autant plus que ses sujets mécontents, et spécialement les évêques et abbés, s'adressaient naturellement à son oncle. En 848, Charles le Chauve en profita pour se faire couronner à Orléans roi d'Aquitaine (5). En 850, les Aquitains rappellent Pépin qui lutte, allié aux Sarrasins et aux Normands. Livré à Charles en 852, il est enfermé dans un mo-

---

(1) Selon la *Vie de saint Cybar*, il y avait eu, vers le commencement du VI° siècle, un comte de Périgord nommé Félicissime. Il était, d'après l'auteur de cette vie, grand-père de saint Cybar. Il aurait eu un fils, Félix, surnommé Auriol, le père du saint, qui aurait aussi été comte.

(2) L'Astronome, *Vie de Louis le Pieux*, dans d. Bouquet, t. VI, p. 88.

(3) V. Longnon, *Atlas historique*, texte, p. 50.

(4) *Annales Bertiniani*, ad an. 845 (éd. Waitz, *in us. schol.*, p. 32).

(5) *Ibidem*, ad an. 848 (éd. cit., p. 36).

nastère (1). Les mécontents s'adressent à Louis le Germanique : celui-ci s'empresse d'envoyer son fils Louis avec une armée (854) ; il n'a pas de succès. Pépin, échappé de nouveau, reprend la lutte avec ses auxiliaires païens, jusqu'à ce qu'il soit pris et de rechef enfermé (2).

Au mois d'octobre de l'année suivante (855), Charles l'Enfant, fils de Charles le Chauve, fut proclamé et couronné, à Limoges, roi d'Aquitaine (3). Alors âgé de huit ans seulement, il régna en Aquitaine, avec des alternatives de guerre et de paix, jusqu'à sa mort, survenue en 866, plutôt comme lieutenant de son père que comme souverain indépendant (4).

Durant cette période agitée, l'Aquitaine, et Périgueux en particulier, n'eurent pas à souffrir seulement de ces dissensions intestines qui armaient l'un contre l'autre les descendants de Charlemagne. A maintes reprises, des invasions de Normands vinrent saccager la ville. En 840 (5) ou 841 (6), ces barbares s'emparent une première fois de Périgueux. En 849, ils prennent encore la ville, la pillent et et se retirent, sans être inquiétés (7). En 853, nouvelle invasion (8). Il semble que la dernière ait eu lieu en 865 (9).

L'Aquitaine, au moment de la dissolution de l'empire carolingien, se divisa en plusieurs seigneuries indépendantes. Le

---

(1) *Annales Bertiniani*, ad an. 852 (éd. cit. p. 41).

(2) *Ibidem*, ad an. 854 (éd. cit., p. 44).

(3) *Ibidem*, ad an. 855 (éd. cit., pp. 45-46).

(4) Longnon, *Atlas historique*, texte, p. 74.

(5) *Chronicon S. Benigni Divionensis*, ad. an. 840 (dans d. Bouquet, t. VII, p. 229).

(6) *Ermentarii Miracula s. Filiberti*, ad. an. 841 (*Mon. Germ., Scriptores*, t. XV, pars. I, p. 302).

(7) *Annales Bertiniani*, ad an. 849 (éd. cit., p. 37). Nous avons sur cette invasion normande de 849 un document précieux : c'est une lettre d'Agius, abbé de Vabres, en Rouergue, écrite au commencement du x⁰ siècle. Il n'en subsiste, il est vrai, qu'un fragment, publié par Catel, dans son *Histoire des comtes de Toulouse*, et reproduit dans d. Bouquet, t. VII, p. 69, en note aux *Annales Bertiniani*.

(8) Chronique de Guillaume de Jumièges, l. I, c. 8, reprod. dans Duchesne, *Hist. Normann. Script.*, p. 220.

(9) *Adrevaldi Floriacensis Miracula s. Benedicti* (*Mon. Germ., Scriptores*, t. XV, pars I, p. 495).

comté de Périgord formait l'une d'elles. Quand le royaume d'Aquitaine fut aboli en 877, ce royaume n'était plus qu'un nom. Il s'était émietté en comtés à peine reliés les uns aux autres par une hiérarchie nominale. Le titre de duc d'Aquitaine, qui persista, ne conférait, au x° siècle, aucune autorité réelle sur les principautés de la Gascogne, de l'Auvergne, de la Marche, du Limousin, etc. Comme le titre même de roi de France, il n'acquit de valeur que lorsqu'il échut à de puissants propriétaires fonciers, capables de le faire respecter.

En 892, quand le roi Eudes passa en Aquitaine, après ses victoires sur les Normands, pour s'assurer de la fidélité douteuse de certains seigneurs, il visita Limoges, Angoulême et Périgueux. Il trouva cette dernière ville en proie à un certain trouble. « Il y termina, dit Richer, avec la plus grande équité, les différends des nobles. Il s'y occupa surtout, de concert avec les grands, des affaires publiques. Pendant que, tout entier à ces soins, il comptait rester là quelque temps, Foulques, archevêque de Reims, travaillait, en Belgique, à placer Charles sur le trône » (1). Les « différends des nobles » dont il est ici question doivent probablement s'entendre des luttes continuelles qui ne cessaient de désoler la famille des comtes de Périgord. C'est au cours d'une de ces guerres intestines que, bien plus tard, après la mort du comte Boson II qui avait succédé à son père Aldebert, la ville de Périgueux fut prise, nous ne savons pour quel motif, par le comte de Poitiers, Guillaume le Grand, tuteur des enfants de Boson, et livrée par lui à Hélie, fils de ce dernier (1008) (2).

Il semble que, au x° et au xı° siècle, l'obscurité qui, depuis longtemps, enveloppe l'histoire de Périgueux, s'épaississe davantage encore : durant cette période, nous relevons seulement deux faits qui n'y projettent qu'une bien faible lueur. Ce sont, pour le x° siècle, la fondation par l'évêque

---

(1) *Richer historiarum libri quatuor*, l. I, c. 12 (*Mon. Germ., Scriptores*, t. III, pp. 572-573).

(2) Chronique d'Adhémar de Chabannes, l.III, c. 45 (éd. Chavanon, p. 167).

Frotarius (988-991) de la grande église de Saint-Front (1) ;
pour le xi⁰, une nouvelle invasion de Normands en Aquitaine. Vers 1018 (2), ils y pénétrèrent par Saint-Michel-en-
l'Herm (3). Guillaume V, comte de Poitiers, rassembla une
armée, marcha à leur rencontre et recommanda aux évêques
d'engager les populations à implorer la protection divine par
les jeûnes et les prières. Arnaud de Villebois, évêque de
Périgueux (1009-1036), au lieu de se borner à prier, leva
une troupe et alla rejoindre Guillaume. Trop confiant, le
comte tomba dans une embuscade et fut battu. Pour se pro-
curer l'argent nécessaire à l'entretien de ses soldats, Arnaud
engagea l'archiprêtré d'Excideuil (4) à l'évêque de Limoges
qui le possédait encore à la fin du xii⁰ siècle, faute par l'évêché de Périgueux de l'avoir racheté (5).

---

(1) *Fragmentum de Petragoricensibus episcopis,* reprod. par Labbe, *Novæ
bibliothecæ man. libr.,* t. II, pp. 737-740. C'est peut-être par suite de cette
fondation que l'évêque de Périgueux fut désormais aussi abbé de Saint-
Front.

(2) V. Dessalles, *Histoire du Périgord.* t. I, pp. 199-200.

(3) Vendée, arr. de Fontenay-le-Comte, cant. de Luçon.

(4) Dordogne, ch.-l. de cant. de l'arr. de Périgueux.

(5) *Fragmentum,* etc.. (v. n. 1).

PREMIÈRE PARTIE

Histoire de la ville jusqu'au traité de Brétigny

CHAPITRE I

DES PREMIÈRES ANNÉES DU XIIe SIÈCLE
A L'ÉTABLISSEMENT DÉFINITIF DE LA COMMUNAUTÉ (1251).

§ 1. — *Les deux villes. Histoire de Périgueux pendant le* XIIe
siècle. — Dès les premières années du XIIe siècle (1), nous
constatons à Périgueux l'existence de deux centres distincts :
la *Cité* (*Civitas*), qui occupe l'emplacement de l'ancienne
Vésone, et le *Bourg* (*Burgus*) ou *Ville* (*Villa*), qui se dresse au
pied de la grande église abbatiale bâtie par l'évêque Frotarius, sur la colline du Puy-Saint-Front. Quoique l'on n'ait
aucune donnée certaine sur l'origine du *Bourg*, l'histoire des
villes neuves de fondation ecclésiastique est aujourd'hui assez
bien connue pour que l'on puisse conjecturer l'époque ap-
proximative et le mode de son établissement. On sait, en
effet, que « les abbayes, au XIe siècle, attirèrent fréquemment,
par l'appât de privilèges importants et de terrains à mettre
en culture, une population mêlée de libres, de colons et de
serfs (2), heureux les uns et les autres de s'établir dans de
bonnes conditions. La sécurité relative dont jouissaient les
territoires d'église leur permettait de peupler ainsi leurs
domaines, d'opérer le défrichement de leurs landes et de
leurs bois et d'accroître, par là-même, le chiffre de leurs

____

(1) Voir plus loin le récit de Geoffroi de Vigeois.
(2) Ce sont presque les expressions de Geoffroi de Vigeois (*rustici* et *servi*).

revenus » (1). Il est donc vraisemblable que les premiers habitants de la *Ville du Puy-Saint-Front* furent de petites gens que, dans le courant du xi° siècle, la protection de l'abbaye attira et groupa.

La coexistence de deux villes sous un même nom, l'une plus ancienne, l'autre postérieure et fréquemment élevée à l'ombre d'un monastère, se développant parallèlement, presque toujours rivales et néanmoins destinées nécessairement à s'unir, est loin d'être exceptionnelle. Nous la retrouvons alors à Tours « composé d'une *cité* et d'un *bourg* mentionné dès le ix° siècle, né à proximité de la *cité* (à moins d'un kilomètre de distance), autour de l'antique abbaye de Saint-Martin ». Au témoignage d'un chroniqueur du xii° siècle, la ville de Nevers est double aussi : elle est formée « d'une *cité* et d'un gros *bourg* qui s'est construit en dehors de cette dernière (*in suburbio*), dans la zone de protection de l'abbaye bénédictine de Saint-Etienne, doté de privilèges, en 1090, par le comte de Nevers ». « A Toulouse, au xi° siècle, la distinction entre la *cité* et le *bourg*, appelé *bourg de Saint-Sernin*, parce qu'il s'est bâti autour de l'église de ce nom, apparaît clairement, tandis que Narbonne montre à la même époque la même dualité, une *cité* et un *bourg*, dit *de Saint-Paul*, parce

---

(1) Viollet, *Hist. des instit. polit.*, etc., t. II, p. 180. Voir aussi *ibidem*, t. III, pp. 19-20 : « La *sauveté* est un lieu privilégié qui ressemble à un asile. Des prélats, des évêques l'ont abornée par des oroix (ordinairement quatre, une à chaque point cardinal): ils ont prononcé l'anathème contre ceux qui oseraient enfreindre ces limites. Les princes séculiers, de leur côté, ont renoncé à leurs droits de justice et de souveraineté ; ils ont sanctionné, par des peines sévères, l'inviolabilité de ce lieu privilégié. La puissance publique appartient à quelque prieur ou à quelque abbé qui perçoit tous les droits de justice. La *sauveté* répond parfaitement aux besoins et aux mœurs du x° et du xi° siècle. Elle procède de cet état d'esprit d'où sont sorties, vers le même temps, les trêves et les paix de Dieu. Elle n'est souvent autre chose que l'asile traditionnel de l'église et de son pourtour. Dans la ville même de Bordeaux, les puissants chapitres de Saint-André et de Saint-Seurin avaient chacun leur *sauveté*, où ils exerçaient les droits de haute justice. » On consultera également sur les villes nées autour de monastères, J. Flach, *Les origines de l'ancienne France*, t. II (*Les origines communales, la féodalité et la chevalerie*), pp. 311-327.

qu'il est massé auprès de l'abbaye instituée sous ce vocable » (1).

Plus près de Périgueux, Limoges offrait une disposition analogue dont on a pu éclaircir l'origine. « On sait que la ville actuelle a été formée par la réunion de deux villes très rapprochées l'une de l'autre (2), mais entièrement séparées pendant huit ou neuf siècles, et dont la mouvance, les institutions, le régime, les destinées sont demeurés distincts jusqu'au 11 novembre 1792 ». Bien que la *Cité* fût la plus an-

---

(1) Les passages entre guillemets sont empruntés à l'ouv. cité de J. Flach, t. II, pp. 244-264. On pourrait aisément multiplier les exemples de villes doubles, en France même et à l'étranger. Témoin la ville espagnole de Pampelune : « Une partie de la capitale de la Navarre avait reçu le nom de *Navarreria* de ce que, dans l'origine, elle était exclusivement peuplée de Navarrais. Elle seule avait le titre de *cité*, à la différence du reste de Pampelune, qui portait le nom de *villa*, et qui se composait des bourgs ou quartiers de San-Cernin, San-Nicolas et de San-Miguel » (Fr. Michel, *Notes sur l'histoire de la guerre de Navarre de Guillaume Anelier de Toulouse* (dans la Coll. des Documents inédits), p. 348). Le même auteur ajoute à ce propos : « Nous ferons remarquer que Toulouse présentait avec la capitale de la Navarre, comme avec Narbonne et Carcassonne, ces traits de ressemblance, qu'elle aussi se composait d'une *cité* et d'un *bourg*, et qu'il y eut dans ces trois villes, entre ces deux parties du même corps, des combats sanglants au commencement du XIII° siècle. A cette époque, les remparts de la ville, construits en briques, traversaient, du levant au couchant, l'emplacement où se trouve aujourd'hui la place du Capitole ; ils la partageaient en deux parties égales, et suivaient une ligne perpendiculaire à la porte actuelle du même nom. On appelait le *Bourg* toute la partie située au nord et un peu à l'est de la *Cité*, et l'on comprenait sous cette dénomination les quartiers appelés aujourd'hui *Matabiau*, *Arnaud-Bernard* et *Saint-Sernin* ; la porte *Arnaud-Bernard* était au XIV° siècle, une porte du *Bourg*. » (*Ibidem*, p. 349 ; v. aussi l'*Histoire de Languedoc*, de dom Vaissète, *passim*.) Citons encore la ville de Digne qui, « avant l'établissement du régime municipal, était divisée en deux parties qui sont restées longtemps distinctes, le *bourg* (bâti sur l'emplacement de l'ancienne cité romaine) et le *château*, d'origine féodale » (v. Firmin Guichard, *Essai historique sur le cominalat dans la ville de Digne*). Rappelons enfin que la ville de Blaye se divisait autrefois en ville basse et ville haute, celle-ci groupée autour du château-fort établi sur un roc escarpé, et que la ville moderne de Bordeaux a pris naissance d'un *castrum* élevé sur un emplacement distinct de l'ancienne cité (v. C. Jullian, *Histoire de Bordeaux*, p. 49).

(2) La *Cité* et le *Château*, fondé au pied du monastère de Saint-Martial.

cienne, « ses institutions locales n'eurent pas, pour les prati-
quer, pour les défendre et pour les élargir, une population
active, industrieuse, nombreuse, comme celle de l'agglomé-
ration voisine, dont la proximité même condamnait la vieille
ville à l'abandon et à la pauvreté : ces institutions, constamment gênées dans leur exercice, entravées dans leur développement, furent de bonne heure ruinées ou au moins très
amoindries...... Le second Limoges (1), né seulement aux
neuvième et dixième siècles, se fonde à la faveur des franchises et des privilèges concédés à un nouvel établissement
ecclésiastique : la communauté religieuse, qui vient d'être
créée pour desservir la basilique édifiée par l'empereur Louis
le Pieux. Il grandit peu à peu, tirant profit de ses immunités,
de son assiette plus avantageuse, des ressources d'une hos-
pitalité plus facile, de la sécurité plus grande et de l'ac-
croissement de la circulation, du réveil du commerce........ *A
l'intérieur, l'augmentation du nombre des habitants et le développement de la ville nécessitent bientôt une organisation moins
rudimentaire que celle à laquelle ont présidé à l'origine les officiers de l'abbaye. Cette organisation, qui a peut-être emprunté, au début, le cadre d'une confrérie pieuse, se précise et
s'élargit avec le temps. Autorisée ou tolérée, octroyée, achetée
ou conquise, elle devient vers la fin du XIe ou dans les premières
années du XIIe siècle, une constitution politique à peu près complète.... »* (2).

Ainsi fut constituée sans doute, à une époque indéterminée, mais à tout le moins antérieure à l'année 1188 (3), l'orga-

____

(1) C'est-à-dire le *Château.*

(2) Extrait des *Documents, analyses de pièces, extraits et notes relatifs à
l'histoire municipale des deux villes de Limoges,* publiés par Louis Gui-
bert, tome I, avertissement, *passim.* — Sur l'action sociale et politique des
confréries ou corporations du moyen âge, cf. notamment, Viollet, *Hist. des
instit. polit.,* etc., t. III, chapitre intitulé *Les Corporations* (pp. 143-176) :
« Tantôt la corporation est, comme à Saint-Omer ou à Paris, la cellule autour
de laquelle s'est constituée la commune, tantôt la commune est la ruche
où ont pris place les corporations de la ville » (pp. 174-175) ; — et Brutails,
Introduction au *Cartulaire de l'église collégiale Saint-Seurin de Bordeaux,*
pp. LIV-LVIII.

(3) V. pl. loin, deuxième partie, ch. I.

nisation municipale du *Bourg du Puy-Saint-Front* empruntée également, selon toute apparence, à une confrérie religieuse dont le cadre s'élargit jusqu'à comprendre, avec le temps, la communauté tout entière, presque complètement émancipée de la tutelle abbatiale (1). On ignore si la *Cité* était pourvue d'institutions analogues : tout ce que l'on peut dire, c'est qu'il n'avait dû y persister aucune trace de l'organisation romaine (2).

Il était fatal que la coexistence des deux villes amenât entre elles une rivalité. Celle-ci ne tarda pas à se manifester : la rupture éclata, ouvrant, dès les premières années du xIIe siècle, une ère de guerres incessantes qui ne devait se clore qu'un siècle et demi après.

Vers 1104, le vicomte de Limoges, Aimar III, somma Hélie Rudel, comte de Périgord, de lui livrer une partie du comté qu'il réclamait par droit de consanguinité. De là une longue lutte entre le comte et lui, qui déchaîna, on ne sait pourquoi. la guerre entre le *Puy-Saint-Front* et la *Cité* (3). C'est au cours

---

(1) V. le sceau appendu à l'hommage de 1204 (v. pl. loin, même ch. § 2), décrit par Douët d'Arcq, sous le numéro 5729, dont la légende porte *Sigillum majoris confratrie Petragoricensis*. Il est très vraisemblable que ce sceau était celui du *maire* ou chef de la confrérie primitive, alors disparue pour faire place à une collectivité plus vaste, et dont le *maire* de la *Ville* continuait d'user pour sceller les actes communaux.

(2) Cf. *Hist. de Languedoc*, nouv. éd., t. I, p. 1131, n. 2 : « Les villes, sous les rois barbares, ne conservaient plus que de faibles traces de l'organisation romaine, qui se perdirent de plus en plus à mesure qu'on approche du IXᵉ siècle ».

(3) Il semble que ce fut la *Cité* qui tint le parti du vicomte de Limoges. M. Marvaud, dans son *Histoire des vicomtes et de la vicomté de Limoges*, t. I, p. 131, paraît soutenir l'opinion contraire : « Aimar III envahit le comté de Périgord à la tête de deux cents chevaliers suivis de leurs hommes d'armes, et ravagea toute la partie voisine du Limousin. Les populations effrayées vinrent se réfugier dans la ville de Périgueux, où elles ne pouvaient vivre que d'aumônes ; aussi les bourgeois de la partie de cette ville appelée le *Puy-Saint-Front*, appauvris par ces étrangers, attribuèrent-ils tous ces malheurs à leur comte et se révoltèrent-ils contre lui ». Nous fondons notre sentiment sur ce fait que, comme on le verra par le récit de Geoffroi de Vigeois, le vicomte de Limoges, Aimar III, fut grandement affligé (*contristatus ultra modum*) de la mort du *citoyen* Pierre de Périgueux et n'eut de cesse qu'il n'eût obtenu le châtiment de son meurtrier. Il fallait bien que ce *citoyen* fût un de ses partisans.

de ces hostilités que se place l'épisode suivant qui nous a été
conservé par la chronique de Geoffroi, prieur de Vigeois (1) :

« Un certain jour, comme les *citoyens* s'avançaient à l'envi pour
combattre corps à corps, un homme d'une haute extraction, Pierre dit
de Périgueux fut tué par les *bourgeois* du Puy et jeté dans la rivière.
Après quoi, un certain Pierre dit *Vivota*, riche d'argent mais pauvre
d'esprit, monte sur le cheval du chevalier tué, met à son doigt l'an-
neau de ce dernier et, d'une voix de héraut, crie aux *citoyens* : « Hé !
pauvres gens, où est allé Pierre, votre chef? » Instruits ainsi de l'é-
vénement, les *citoyens*, pris d'une incroyable affliction, pleuraient cet
homme illustre. Pourquoi fatiguer le lecteur? Le fils du mort, nommé
Pierre, quand il vit l'occasion favorable, tua ce même Pierre *Vivota*,
meurtrier de son père. La guerre achevée, Pierre *de Périgueux* [le
fils] fit un arrangement avec Pierre *Vivota*, fils du bourgeois occis ;
le chevalier fit hommage au paysan, lui donna des présents et, en outre, tint son enfant sur les fonts baptismaux. Le paysan garda sa
fourbe dans son cœur jusqu'au moment où, à l'instigation du démon,
il la mit traîtreusement à exécution. Un jour, le serf héla le seigneur,
qui, pour rétablir la concorde, avait, lui seigneur, fait hommage à un
serf, et lui demanda de tenir dans ses mains le pied de son mulet qui
s'était encloué. Comme il se baissait obligeamment vers les pieds de
la bête, le *bourgeois*, ayant tiré un de ces poignards que l'on nomme
miséricorde, en frappa cruellement le chevalier. Le crime accompli,
il monta à cheval, prit la fuite et, étant venu au pays de Rodez, demanda du fromage pour manger. Comme tous s'en étonnaient, parce
que c'était jour de carême, on rapporte qu'il dit : « Oh ! j'ai commis
fautes plus graves ! » Grandement affligé, le vicomte de Limoges Aimar le fit rechercher dans diverses provinces, jusqu'à ce que le traî-
tre, jugé à Conques et vaincu en duel, fut conduit à Périgueux où,
de jour en jour plus malheureux, il mourut, après qu'on lui eut coupé
les membres. »

Nous ne savons quel fut le résultat de cette première
guerre.

Quelques années plus tard, une terrible catastrophe s'a-
battit sur la *Ville du Puy-Saint-Front*. Le *Fragment sur les*

---

(1) Reprod. dans Labbe, *Novæ bibliothecæ*, etc., t. II, p. 280, et dans d.
Bouquet, t. XII, p. 433. Sur Geoffroi de Vigeois et sa chronique, v. L. Clédat, *Du rôle historique de Bertrand de Born (1175-1200)* (Bibl. des Écoles
françaises d'Athènes et de Rome, fasc. 7), pp. 10-12.

evéques de Périgueux conte que « au temps de l'évêque Guillaume d'Aubcroche (1), le *Bourg du Puy-Saint-Front* et l'abbaye, avec ses ornements, furent détruits par un incendie ; les cloches elles-mêmes furent fondues par l'intensité du feu. A cette époque, l'abbaye était couverte en bardeaux » (2). La *Chronique de Maillezais* (3) nous donne la date précise de cet événement : elle le place en 1120 et ajoute qu'il y eut beaucoup d'hommes et de femmes qui périrent dans les flammes. Il semble résulter d'un passage, d'ailleurs fort obscur (4) du *Fragment* que nous avons cité, que ce désastre fut suivi de troubles, pendant lesquels la maison du *bladage* (5) de l'abbaye fut saccagée.

On sait comment, en 1137, l'union du fils du roi de France, le futur Louis VII, avec l'héritière du duché d'Aquitaine, Aliénor, doubla d'un coup le domaine royal et, pour la première fois, étendit l'autorité d'un roi capétien jusqu'aux Pyrénées. Peu de temps après cette union, par lettres adressées à Geoffroi, archevêque de Bordeaux et à ses suffragants, parmi lesquels Guillaume, évêque de Périgueux (6), le roi Louis VI accorde à toutes les églises épiscopales et abbatiales de la province de Bordeaux « la liberté d'élire canoniquement leurs prélats, sans que la prestation de l'hommage et de la foi soit nécessaire. Il permet, lors de la vacance des siéges, de faire passer les biens de ces églises aux prélats élus, lesquels seront maintenus dans la

---

(1) Il fut évêque de 1104 à 1129.

(2) Reprod. dans Labbe, ouv. cité, t. II, p. 738.

(3) *Idem, ibidem*, t. II, p. 219.

(4) Voici ce passage : «.... Cujus [l'évêque de Périgueux, Guillaume de Nanclars (1130-1138)] tempore, domus bladagii Sancti Frontonis, quæ erat in claustro, ab Helia Rudello comite et a burgensibus confracta est, quem mater sua comitissa, Gasconia nomine (alias Brunichilda de Foix), coram eodem episcopo in conventum publice abastavit (sive, ut alia lectio habet, abastardavit), dicens quod non erat filius Heliæ comitis». Reprod. dans Labbe, *loc. cit.*, p. 739. V. Dessalles, ouv. cité, t. I, p. 240.

(5) Le *bladage* était la part de la moisson de blé qui revenait au seigneur. V. Du Cange, *Glossarium*, etc., au mot *bladum*, qui cite le passage du *Fragment* que nous avons reproduit dans la note précédente.

(6) Guillaume de Nanclars.

possession de tous les domaines, privilèges et coutumes dont auront joui leurs prédécesseurs (1) ». Quelques jours après la mort de son père (1er août 1137), Louis VII, dans un acte daté de Bordeaux, confirmait ces privilèges (2).

On conçoit pourtant combien la royauté avait à cœur l'accomplissement rigoureux des obligations dont elle faisait abandon (notification de l'élection, consécration, investiture), qui lui assuraient l'obéissance des prélats élus et par lesquelles elle affirmait hautement son droit de patronage sur les évêchés. Il fallait donc des circonstances politiques exceptionnelles pour que le gouvernement capétien, pressé d'annexer au royaume le vaste duché d'Aquitaine, eût cru devoir renoncer à l'hommage et au serment des évêques et des abbés de toute la province de Bordeaux. Cet abandon du droit royal était, sans doute, une des conditions attachées par l'archevêque de Bordeaux, Geoffroi de Loroux, à l'accomplissement paisible de l'acte important qui livrait le grand fief aquitain aux descendants de Robert le Fort (3).

Le comté de Périgord demeura sous la suzeraineté du roi de France jusqu'au divorce de Louis VII et d'Aliénor (1152). Nous n'insisterons point sur les conséquences bien connues de cet acte impolitique : Aliénor, devenue libre, s'empressa d'épouser Henri Plantagenet, duc de Normandie, comte d'Anjou, du Maine et de Touraine, qui, deux ans plus tard, devint roi d'Angleterre sous le nom de Henri II. Périgueux dut alors subir la suzeraineté anglaise pendant un demi-siècle (1154-1203).

Au rapport du *Fragment sur les évêques de Périgueux*, Henri II serait venu une première fois à Périgueux sous l'épiscopat de Raimond de Mareuil (1149-1158). Peut-être irrité de l'élection de ce dernier au siège archiépiscopal de Bor-

---

(1) A. Luchaire, *Louis VI le Gros. Annales de sa vie et de son règne*, p. 265. Ces lettres, datées de Paris, 1137, furent données, d'après M. Luchaire, entre avril (0) et juin.

(2) *Idem, Études sur les actes de Louis VII et catalogue analytique de ses actes*, pp. 97-98. M. L. examine à la p. 83 l'authenticité de cette charte.

(3) *Idem, Institutions monarchiques de la France sous les premiers Capétiens*, 2e éd., t. II, pp. 81-82.

deaux (1), il aurait pris dans le trésor de l'église de St-Front
« une table d'argent sur laquelle étaient figurés les douze apôtres » (2). En 1170, ce roi partagea, pour en alléger le fardeau,
son empire entre ses fils. L'aîné, Henri Court-Mantel, eut
l'héritage paternel (Angleterre, Normandie, Anjou, Maine et
Touraine) ; le cadet, Geoffroi, reçut la Bretagne ; le troisième,
Richard, eut l'héritage maternel, c'est-à-dire l'Aquitaine et le
Poitou. Mais, ne leur donnant que l'ombre du pouvoir, il ex-
cita leurs convoitises sans satisfaire leur ambition (3).

Richard s'attira bientôt la haine des Aquitains. On l'accusait (4) d'enlever les femmes et les filles de ses hommes libres
pour en faire ses concubines, et de les livrer ensuite aux ou-
trages de ses soldats. Gervais de Cantorbéry dit que Richard
était odieux à ses vassaux à cause de son excessive cruauté (5).
Ces griefs, ajoutés à beaucoup d'autres, ne devaient pas tarder à soulever contre lui une révolte (6). En 1181, Bertrand
de Born, le comte de Périgord Hélie Talleyrand et un certain
nombre de seigneurs aquitains et de villes, le *Puy-Saint-
Front* de Périgueux entre autres (7), crurent le moment favorable pour organiser, peut-être à l'instigation de Henri
Court-Mantel une vaste ligue contre Richard. Ce dernier tint
vaillamment tête aux coalisés qui, semble-t-il, se défendirent
mollement (8). Il attaqua le *Puy-Saint-Front,* s'en empara le

---

(1) V. à cet égard la Chronique de Geoffroi de Vigeois, dans d. Bouquet,
t. XII, p. 439 ; l'*Histoire des évêques et des comtes d'Angoulême, ibidem,*
t. XII, pp. 389-400 et dans le *Gallia christiana*, t. II, col. 816 ; et Dessalles,
ouv. cité, t. I, pp. 205-206.

(2) *Fragmentum*, etc., reprod. dans Labbe, ouv. cité. t. II, p. 739.

(3) V. Benoît de Peterborough, éd. Stubbs, t. I, pp. 6-7.

(4) *Idem, ibidem*, t. I, p. 292.

(5) Reprod. dans le *Rec. des historiens de France*, t. XVII, p. 663.

(6) D'après L. Clédat, *Du rôle historique de Bertrand de Born (1175-1200)*,
p. 41.

(7) V. le *sirvente* de Bertrand de Born, *Pus Ventedorn et Comborn*, etc.,
str. 1, v. 4.

(8) Bertrand de Born trouve, pour railler leur inertie, des accents véhéments.
V. la pièce II des pièces politiques (dans l'éd. Thomas, p. 7), ainsi traduite
par L. Clédat, ouv. cité, pp. 30-31 : « Au lieu de guerroyer, Talleyrand s'étend
et bâille et mène une vie de Lombard (c'est-à-dire de commerçant, de pares-

15 avril 1182 ; mais, ayant sans doute trop peu de monde pour s'y maintenir, s'en fut ravager le territoire d'Excideuil. Cependant, Henri II, qui venait de ramener la concorde entre Philippe-Auguste et le comte de Flandre, arrive à Grammont, où s'engagent des conférences pour la paix avec le comte de Périgord, celui d'Angoulême et le vicomte de Limoges. Ces négociations n'aboutissent pas. Richard revient assiéger le château d'Excideuil et s'empare du bourg. Puis, laissant Excideuil vers le 24 juin, il va mettre le blocus devant le *Puy-Saint-Front*. Il força le comte de Périgord à rendre la tour qu'il avait fait construire sur l'emplacement des anciennes arènes (1) et en fit détruire les murailles et les fortifications, sous les yeux du roi son père. En effet, Henri II et ses deux fils, Henri et Geoffroi, étaient venus rejoindre Richard devant le *Puy-Saint-Front*. Les négociations pour la paix furent alors reprises et aboutirent à des traités entre Richard, d'un côté, et, de l'autre, le comte de Périgord et le vicomte de Limoges, qui furent, peu après, ratifiés à Limoges, dans le couvent des Augustins (2).

§ 2. — *Le* XIIIe *siècle, avant le traité d'union des deux villes (1240)*. — Les événements à la suite desquels Philippe-Auguste, dès 1202, recouvra l'Aquitaine, sont trop connus pour que nous y insistions longuement. On sait comment, au mois d'avril de cette année, une sentence de confiscation fut rendue contre Jean Sans Terre par la Cour du roi, sur la plainte de Hugues de Lusignan, auquel Jean avait

---

seux). L'éperon ne peut le faire ni trotter ni bouger. Mais Bertrand, armé en guerre et monté sur Bayard, ira lui-même à Périgueux, assez près des murailles pour qu'on puisse combattre avec le mail ; et, s'il rencontre un de ces « piffres » (ventrus) de Poitevins, il lui fera sentir le tranchant de son épée et lui marquera la tête d'un mélange de cervelle et de maille. Seigneurs, Dieu vous sauve et vous aide, pourvu que vous me disiez à Richard ce que le paon dit à la corneille ».

(1) Bâtie, selon le *Fragment* cité, par le comte Boson au temps de l'épiscopat de Raimond de Mareuil (1149, *al.* 1144-1158).

(2) L. Clédat, ouv. cité, p. 49, d'après la Chronique de Geoffroi de Vigeois reprod. dans le *Rec. des historiens de France*, t. XVIII, p. 212.

enlevé sa fiancée, et sur le refus du roi d'Angleterre à comparaître (1). Jean essaya de lutter : il adressait des let-tres aux barons et autres chevaliers de Gascogne et de Péri-gord, leur enjoignant de se tenir prêts à marcher en armes et chevaux au premier avis (2). Mais il fut vaincu et la prise de Rouen (juin 1204) lui porta le dernier coup.

Le Périgord étant rentré, par le jugement de 1202, sous l'autorité de la couronne de France, le comte de Périgord et la *Ville du Puy-Saint-Front* (3) n'attendirent pas la fin des hostilités, dont l'issue, du reste, n'était pas douteuse, pour rendre l'hommage à leur nouveau seigneur. Ils vinrent, au mois de mai 1204, dans le camp de Philippe qui, alors, assiégeait Rouen, et là, ils lui rendirent hommage et lui prêtèrent serment de fidélité, le même jour, dans les mêmes termes et avec le même cérémonial. Voici le texte du serment de la communauté du *Puy-Saint-Front* :

« *Excellentissimo domino suo Philippo, Dei gratia Francorum Regi, tota communitas Ville de Petragolis* (sic) *salutem et omnimo-*

---

(1) V. Ch. Bémont, dans la *Rev. hist.*, sept.-nov. 1886.

(2) Rymer, *Fœdera*, t. I, *pars* I, p. 89.

(3) Il est, pour nous, de toute évidence que la *Cité* demeura étrangère à cette démarche et ne rendit point hommage au roi. En effet, les termes mêmes employés dans le serment (*tota Villa de Petragoris*) désignent *toujours* le *Puy-Saint-Front* et le *Puy-Saint-Front* seul, et doivent être traduits : la *Ville* toute entière [*du Puy-Saint-Front*] de Périgueux. Aussi bien, voici ce qu'on lit dans le *Premier registre de Philippe-Auguste* (L. Delisle, Reproduction héliotypique du ms. du Vatican. Paris, 1883, in-4°, f° 31 v°) : « Carta de fidelitate quam faciunt *burgenses* Petragorenses Domino Regi... ». L'expression *burgenses* dissipe toute équivoque. En second lieu, la charte par laquelle, en 1217, l'évêque de Périgueux, conjointement avec deux fondés de pouvoir du *Puy-Saint-Front* et deux de la *Cité*, règle les différends survenus entre les deux villes (v. pl. loin même § et dans nos pièces justifi-catives le n° I) dit expressément que la première seule avait prêté serment au roi de France. Enfin, il est vraisemblable que, si la *Cité* avait, comme le *Puy-Saint-Front*, rendu l'hommage au roi Philippe en 1204, elle l'eût renouvelé, comme lui, à Louis VIII (janvier 1224, n. st.) Or, ce dernier hommage porte très explicitement *Major et Universitas de Podio Sancti Fronctonis*. M. Ph. de Bosredon a combattu cette opinion dans sa *Sigillo-graphie du Périgord*, pp. 22 et suiv. Dessalles, qui la combattit d'abord (*Histoire du Périgord*, t. I. p. 231, n. 1), finit par l'adopter (*ibidem*, p. 299, n. 1).

dam fidelitatem. Notum facimus, etc... quod nos tenemur domino nos-
tro Philippo, illustri Regi Francorum, et heredibus suis, in perpe-
tuum facere fidelitatem, contra omnes homines et feminas qui possint
vivere et mori ; et tenemur ei et heredibus suis tradere totam Villam
de Petragora integre, ad magnam vim et ad parvam, quotienscunque
dominus noster Philippus, Rex Francorum, et heredes sui inde nos
requisierint. Actum ante Rothomagum, anno Domini MCCIV, mense
maio » (1).

Il ressort nettement des termes de cet hommage que la
Ville du Puy-Saint-Front était un fief *jurable et rendable* (2),
vassal immédiat de la couronne, et que le comte de Périgord
ne pouvait y prétendre à aucun droit de suzeraineté.

Aussitôt Philippe-Auguste accorde aux *bourgeois* du
Puy-Saint-Front des lettres reversales, par lesquelles il s'engage « à ne pas laisser sortir de ses mains la Ville de Périgueux,
dont les habitants lui doivent faire serment de fidélité » :

« *Notum, etc... quod omnes homines de Petragoris tenentur no-*
bis facere fidelitatem et heredibus nostris, in perpetuum, contra om-
nes homines et feminas qui possint vivere et mori ; et tenentur nobis
et heredibus nostris tradere Villam de Petragoris integre, ad magnam
vim et ad parvam, quotienscunque eos requisierimus. Et nos eis
concessimus quod nos dictam Villam retinemus nobis et heredibus
nostris in perpetuum ; ita quod neque nos neque heredes nostri a ma-
nibus nostris eam poterunt removere, et nos tanquam proprios
burgenses nostros eos manutenebimus fideliter. Actum ante Rotho-
magum, anno Domini MCCIV, mense maio » (3).

N'est-ce point là une reconnaissance officielle, — la première dont nous ayons trouvé la trace — des privilèges du

---

(1) Original scellé, Arch. nat., Trésor des Chartes, *Serments de fidélité*,
J 627, n° 3. Reprod. dans Teulet, *Layettes du Trésor des Chartes*, t. 1,
n° 714, et indiq. dans L. Delisle, *Catalogue des actes de Philippe-Auguste*,
n° 823. Le sceau est décrit dans l'*Inventaire* de Douët d'Arcq sous le n° 5729.
On le trouvera reproduit plus loin (v. Sceaux, pl. I, n° 1).

(2) L'expression *ad magnam vim et parvam* caractérise le fief *jurable et*
rendable, c'est-à-dire qui doit être remis aux mains du suzerain à toute
réquisition.

(3) Arch. nat., Reg. du Trésor des Chartes, JJ 7, f° 66 v°; JJ 8, f° 35 v°;
JJ 23, f° 85 ; JJ 26, f° 87. Indiqué dans L. Delisle, *Catalogue des actes de*
Philippe-Auguste, n° 824.

Bourg ? Cet acte, fondamental de son indépendance politique, est sans doute bien succinct; mais cette qualité de *bourgeois du roi*, que Philippe promet de maintenir contre quiconque, aux hommes du *Puy-St-Front*, n'évoque-t-elle pas l'idée d'un organisme municipal autonome, seulement assujetti par le lien très lâche de la vassalité ? (1)

Il est permis de supposer que la reconnaissance par la royauté d'une situation qui pouvait, à l'époque, passer pour privilégiée, accrut encore l'antipathie de la *Cité* contre le *Bourg*, que, dès le commencement du xiiᵉ siècle, nous avons vue se traduire par une guerre civile. Cependant, en 1217, les deux villes résolurent un accommodement. Le 8 avril, les habitants de la *Cité* et ceux du *Puy-Saint-Front* compromirent entre les mains de l'évêque Raoul de Lastours, lui donnant pour conseillers deux *citoyens*, H. *Chanoine* et B. *de Arena*, et deux *bourgeois*, Guill. *Albert* et B. *Blanquet* (2).

Il convient d'analyser avec quelque détail cette pièce fort curieuse, qui règle les rapports juridiques de la *Cité* et du *Bourg* :

....Toutes contestations entre les parties — c'est-à-dire les deux villes — seront abandonnées, sous la réserve des droits de propriété et d'héritage, des serments prêtés au roi de France par les *bourgeois* du *Puy-Saint-Front* et de ceux des *citoyens* de Périgueux envers leurs suzerains (*dominis terrarum*). — Nul ne sera saisi (3), s'il n'est

---

(1) On ne saurait trop admirer l'habileté politique employée par Philippe-Auguste pour attacher à la couronne les populations soustraites à la domination des Plantagenets, et les amener à accepter et à subir paisiblement sa suzeraineté. Poitiers, Saint-Jean-d'Angély, Niort, sont dotés d'une commune organisée comme dans les villes normandes. En 1213, il prend sous sa protection les habitants de Limoges. En 1214, il accorde de nouvelles franchises aux habitants de Poitiers et règle le droit à acquitter par les marchands étrangers qui viennent aux foires de cette ville. M. L. Delisle, ouv. cité, *passim*, a très bien caractérisé la politique suivie par ce souverain pour assurer l'avenir de ses conquêtes.

(2) Arch. mun. de Périgueux, AA 31. Cette composition est reproduite dans nos pièces justif., nᵒ I.

(3) La *pignoratio* était une saisie privée, c'est-à-dire que le créancier s'emparait, sans intervention de l'autorité publique, des meubles de son débiteur. V. P. Viollet, *Hist. du droit privé*, t. I, p. 592.

débiteur ou fidéjusseur. — Si quelqu'un a commis un meurtre ou un vol dans l'une des deux villes, il ne pourra trouver refuge dans l'autre, ailleurs que dans une église ; mais, même en ce cas, aucun des siens ne devra l'approuver ni prendre sa défense à l'encontre de la ville où le délit aura été accompli. — La plus grande sécurité sera garantie aux personnes se rendant d'une ville à l'autre ; au besoin même, on leur fournirait une escorte ; et si, par hasard, quelqu'un était appréhendé au corps entre les deux villes, une information en serait faite en commun et de bonne foi. — Il en serait de même si quelque vol était commis à l'égard de ces gens qui apportent des denrées ou autres marchandises dans l'une ou l'autre ville et qui doivent être saufs, à l'aller et au retour, à moins qu'ils ne soient débiteurs ou fidéjusseurs. — Si quelque doute survient, à l'occasion d'une dette ou de toute autre chose, par suite de la dénégation de quelqu'un, celui-ci ne sera pas saisi pour la plainte qui en sera faite ; mais le dénégateur devra répondre au demandeur en présence de quatre arbitres, de telle sorte que l'affaire soit résolue dans les vingt jours de la dénégation ; le coupable sera puni d'une peine pécuniaire. — Le droit de chacun en matière de dette ou de saisie sera garanti, mais sous la réserve de l'autorité ecclésiastique. — Les quatre arbitres seront élus pour un an, chaque ville devant en choisir deux ; ils jureront de traiter les affaires communes suivant l'équité et sans acception de personnes. S'il arrive que l'un ou deux d'entre eux s'absentent, leurs concitoyens pourvoiront à leur remplacement d'après la forme précitée. Ces arbitres devront se réunir aussi souvent qu'il sera nécessaire.

L'avènement de Louis VIII (14 juillet 1223) fut, pour la communauté du *Puy-Saint-Front,* une occasion nouvelle d'attester son dévouement à la couronne (1). Au mois de septembre, le maire, les consuls de la *Ville* au nombre de sept, et plus de quinze cents *bourgeois* prêtèrent le serment de fidélité, devant Philippe de Lonvecciennes, clerc du roi, et Jean, son écuyer, s'engageant « à défendre envers et contre tous, les droits, l'honneur, la vie et le corps du roi », et déclarant que

---

(1) M. Petit-Dutaillis, dans son *Étude sur la vie et le règne de Louis VIII,* p. 227, dit, à l'occasion du serment dont il est question plus bas, que « les habitants du *Puy-Saint-Front* avaient dû *certainement* abandonner le parti de Philippe-Auguste ». Nous n'avons trouvé dans l'étude attentive des documents aucun argument à l'appui de cette conjecture.

« tenant de lui leur ville, ils la lui garderont et ne la rendront
sans son ordre à homme qui vive » (1). En retour, le roi
accorda aux *bourgeois* des lettres reversales, en date du mois
de janvier 1224 (n. st.), à Lorris, où il les « retenait comme
siens » (2). Trois ans plus tard, Louis VIII étant mort, le *Puy-
Saint-Front* dut rendre à son successeur un hommage analogue. Le texte ne nous en est pas parvenu ; mais les lettres
reversales, datées de Compiègne, au mois de décembre 1226,
ont été conservées (3) : le roi mande que « les hommes du
Bourg sont ses amés et féaux », et déclare que le *Puy-Saint-
Front* « est irrévocablement uni à la couronne ».

Il va sans dire que, à cette époque, la *Ville* ne jouissait pas
seulement du droit de s'administrer elle-même : son autono-
nomie municipale se complétait, quant aux affaires extérieu-
res, par une entière indépendance. Ainsi que les autres vassaux de la couronne, le *Puy-Saint-Front*, suivant son intérêt,
contractait des alliances avec les seigneurs du voisinage ou

---

(1) Voici la fin de cet acte : « .... et cum istis [le maire, les sept conseillers
et quatorze bourgeois désignés] mille et quingenti vel plures [ont prêté le
serment de fidélité] . Major vero et consiliarii super juramenta sua recéperunt
quod omnes mansionarios Ville, quorum quidam erant in obsidione cujusdam
castri contra murtrarios qui intus erant reclusi, alii vero in negotiationem vel
peregrinationem, quicumque fuerint a quindecim annis et ultra, tactis sacro-
sanctis Evangeliis jurare faciant sub forma prescripta.Actum in Podio Sancti
Frontonis Petragoriconsis anno gratie M° CC° XX° III°, mense septembris ».
Orig. scellé, Arch. nat., Trésor des Chartes, *Serments de fidélité*. J 627,
n° 6 *ter*. Reprod. dans Teulet, *Layettes du Trésor des Chartes*, t. II, p. 12,
n° 1602, et dans le *Rec. de 1775*, pp. 19-21. Le sceau est décrit dans l'*Inventaire* de Douët d'Arcq sous le n° 5731. On le trouvera reproduit plus loin (voir
Sceaux, pl. I, n°° 3 et 3 *bis*). — Cet acte est le premier où apparaissent le maire
et les consuls du *Puy-Saint-Front*. Il est à noter à ce propos que ces derniers sont désignés dans le plus ancien document où ils figurent par le mot
consiliarii. Le mot *consules* est pour la première fois relevé dans le traité
d'union de 1240.

(2) Arch. mun. de Périgueux, AA 2. V. dans le *Rec. de 1775*, pp. 17-
18, un vidimus de ces lettres par l'official de Périgueux, en date de 1271,
juin, s. l.

(3) Un vidimus de ces lettres par l'official de Périgueux est conservé aux
archives municipales de Périgueux sous la cote AA 2, pièce 3. Elles sont
reproduites dans le *Rec. de 1775*, p. 24.

guerroyait contre eux. C'est ainsi que nous le voyons, le 31 mai 1223, conclure une trêve avec Hélie Rudel, seigneur de Bergerac (1), puis, quatre ans plus tard, signer, à Excideuil (2), un traité d'alliance avec la vicomtesse de Limoges (septembre 1237) (3-4).

§ 3. — *Le traité d'union des deux villes (16 septembre 1240).* — Venons maintenant à cet important traité d'union qui marqua la victoire du *Puy-Saint-Front* et détermina la fin de

---

(1) Arch. mun. de Périgueux, EE 1, reprod. dans le *Rec. de 1775*, pp. 28-29.

(2) Auj. ch.-l. de cant. de l'arr. de Périgueux.

(3) Arch. mun. de Périgueux, EE 2, reprod. dans le *Rec. de 1775*, pp. 30-33.

(4) Il paraît bien résulter d'un document de cette époque que le comte de Périgord prétendait à certains droits sur les deux villes. Mais c'est là une question fort obscure. Par un acte de 1227, le comte Archambaud II reconnut à quatre de ses créatures des droits et privilèges, dont leurs ancêtres auraient joui sur la *vigerie* ou basse justice du *Puy-Saint-Front*. Il existe une copie de cet acte, conservé aux archives départementales des Basses-Pyrénées sous la cote E 822, à la Bibliothèque nationale, *Collection Périgord*, t. IX, 1er cahier, pp. 21-23. En voici l'analyse : Archambaud, comte de Périgord, à Emenon, Itier, Hélie et Pierre *de Périgueux*, etc... Nous voulons qu'on sache que vos ancêtres eurent et que vous avez en fief la *vigerie* des gens venant au *Puy-Saint-Front* et cinq deniers par chaque *trousse* (la *trousse* était une quantité déterminée de laine) ; que vous avez aussi cinq deniers sur la taille qui nous est due dans cette ville et sur toutes les redevances que nous y percevons selon la coutume ; que vous avez pareillement cinq sous et un denier sur tous les gages que nous recevons, montant à soixante sous; que vous avez cinq sous et un denier par soixante sous sur tous les biens des assassins que nous jugeons.... ; que vous tenez en fief de nous les crieurs publics de la *Cité* et du *Puy-Saint-Front*, ce qui vous donne le droit d'en désigner un à la *Cité* et l'autre au *Puy-Saint-Front*, etc... Le reste a trait à des privilèges en dehors de la *Ville* et de la *Cité*. V. Dessalles, *Hist. du Périgord*, t. I, p. 307. Cette pièce est datée de l'année 1226 (l'acte confirmatif du 19 juillet 1302 (voir pl. loin, ch. I § 2), qui en reproduit les termes, lui donne, il est vrai, la date de 1227).— Peu après, selon Dessalles, les *bourgeois* traitèrent avec le comte et s'engagèrent à lui payer chaque année, à la Noël, une redevance de 20 livres, à la condition d'exercer, sans contradiction, la faculté de « faire, à l'intérieur de la ville, justice de l'homicide, du rapt de femmes, de l'adultère, du vol commis hors de la *Ville*, mais sur son territoire, des blessures faites à main armée, des fausses balances, des fausses

la *Cité,* en tant que ville distincte, et dont toutes les dispositions méritent d'être analysées avec détail (1).

Le 16 septembre 1240, le chapitre de Saint-Etienne et tous
les clercs, chevaliers, damoiseaux et autres laïcs *citoyens* de la
Cité de Périgueux, d'une part ; de l'autre, les consuls et la
communauté de la *Ville du Puy-Saint-Front :*

1°-2° Décident de se pardonner mutuellement les injures passées,
sous la réserve que les cens et les rentes continueront à être payés,
en la manière accoutumée, à ceux à qui ils appartiennent.

3° Ce traité sera gardé perpétuellement ; désormais la *Cité* et le
Puy-Saint-Front ne feront qu'une ville (*universitas*), qui sera gou-
vernée suivant les coutumes anciennes, exactement observées, de la
Ville du Puy-Saint-Front.

4° Pour le gouvernement de cette *université*, on élira, de l'avis et
du consentement de tous, un maire et des consuls, ou des consuls
seulement, qui seront obéis de tous.

5° Tous ceux qui auront atteint l'âge de quinze ans seront obligés
de promettre et jurer obéissance aux maire et consuls, sous la ré-

---

marques, des faux poids, des fausses aunes, des fausses coudées, des fausses
mesures de vin, sel, huile et autres choses fongibles, à l'exception des mesures du blé et de la farine ». V. Dessalles, ouv. cité, t. I, p. 310 : « Ce traité
n'a pas été retrouvé, mais il est rappelé dans plusieurs actes. » Cf., en effet,
plus loin, le traité d'union de 1240, art. 21 ; aussi ch. II § 1 *ad an.* 1258, et
surtout le commencement du traité du 11 mars 1287 (n. st.) entre la municipalité et le comte, dans nos pièces justif. n° VI. Nous ne savons d'où le
comte tenait ce droit de justice, qu'il avait peut-être usurpé, ni exactement à
quelle époque eut lieu l'accensement dont il s'agit. Tout ce qu'on peut affirmer, c'est qu'il est antérieur au traité de 1240 qui en atteste implicitement
l'existence. — D'autre part, il est permis d'inférer d'un acte de 1230, dans lequel
les consuls du *Puy-Saint-Front* annoncent à Hélie, évêque de Saintes,
« qu'ils ne peuvent se rendre auprès de lui, le jour désigné, pour l'affaire du
collérier de Saint-Front » (Bibl. nat., *Coll. Périgord,* t. 27, f° 399), que des
difficultés touchant l'exercice de la justice capitulaire étaient aussi survenues
entre la *Ville* et le chapitre de Saint-Front.

(1) L'original de ce traité est conservé aux archives municipales de Périgueux, sous la cote AA 32, pièce 1. Nous l'avons transcrit *in-extenso* dans
nos pièces justificatives, n° II. Il en existe un texte en langue vulgaire du
temps (Arch. mun., AA 32, pièce 2), qui, malheureusement, présente beaucoup de lacunes. Le texte latin de ce traité est reproduit dans le *Rec. de 1775,*
pp. 33-46, avec quelques erreurs de transcription.

serve des cas où les clercs ne peuvent se soumettre à la juridiction laïque ; si quelqu'un de la *Cité* refuse l'obéissance aux consuls, il ne fera plus partie de l'*université.*

6° Il demeure convenu que tant la *Cité* que le *Puy-Saint-Front,* gardent leurs clôtures respectives, tours, portes, avant-murs et fossés ; cependant, il sera fait une nouvelle clôture continue depuis la *Cité* jusqu'à la *Ville* (1), et ceux qui habiteront au-dedans seront membres de l'*université* et obéiront pour toutes choses aux consuls, comme les autres habitants de la *Cité* et du *Puy-Saint-Front* ; et afin que ladite *université* ne reçoive dommage, il ne sera permis à personne de construire, au-dedans de cette enceinte, aucune espèce d'édifice, soit maison ou autre bâtiment quelconque, dont il puisse résulter du danger pour l'*université.* Les consuls seront tenus d'y veiller.

7° Comme la *Cité* est libre et que personne n'y exerce la justice dans les cas de vol, homicide, coups, fausses mesures ou autres injustices, dommages et dettes, il est arrêté que les consuls auront pleine juridiction et le droit de connaître de tous les cas dans la *Cité* et la nouvelle enceinte, et d'infliger des peines aux coupables selon qu'ils le jugeront convenable ; excepté les causes féodales qui, à raison des fiefs, seront discutées et jugées devant les seigneurs desdits fiefs. S'il arrive que quelqu'un soit dépouillé par un autre ou dépossédé sans l'autorité de son juge naturel, les consuls rétabliront dans ses droits celui qui aura été dépossédé, et le spoliateur sera puni de la manière que le consulat le jugera à propos.

8° Dans la *Cité* non plus que dans la nouvelle enceinte, nulle église, nul clerc ni laïc ne pourra exiger l'hommage de quelque personne, hors de sa famille ; en ce qui concerne la famille, on suivra la coutume depuis longtemps observée dans la *Ville du Puy-Saint-Front.*

9° Il a été statué qu'aucun de ladite *université,* clerc ni laïc, ne citera ni ne fera citer une autre personne de l'*université* devant un juge ecclésiastique ou séculier, hors de la *Cité,* de la *Ville du Puy-Saint-Front* ou de la nouvelle enceinte ; pourvu cependant que celui qui doit être appelé en jugement devant les juges ordinaires, délégués ou subdélégués, selon la compétence de chacun d'eux, qu'ils soient clercs ou laïcs, puisse, étant là ou auprès, comparaître devant eux.

---

(1) Les textes nommeront plus tard cet emplacement, qui demeura toujours presque désert, *l'Entre-deux-villes.*

10° Si quelqu'un des *citoyens* possède une maison forte ou quelque autre édifice, et que, de ce fait, il soit justement suspect au consulat, il doit prendre les mesures nécessaires, de l'avis du consulat, pour qu'il n'arrive dommage à l'*université* ; si, au contraire, il ne peut ou ne veut prendre, à cet égard, les mesures convenables, le consulat s'emparera de ladite maison ou forteresse et la conservera aux dépens du propriétaire aussi longtemps que celui-ci voudra subvenir aux frais de l'occupation. Mais, si le maître de la maison cesse de satisfaire aux dépenses nécessaires, cette maison ou forteresse sera mise au niveau des murs et ouverte du côté de la *Cité*, le tout, ainsi que le consulat le jugera à propos.

11° On tiendra le marché au lieu accoutumé dans la *Ville du Puy-Saint-Front*.

12° On mettra une cloche (*intersignum*) dans la *Cité* et une autre semblable dans la *Ville du Puy-Saint-Front*, et l'on donnera en même temps le signal dans l'une et dans l'autre ville, à la nuit, et, alors, les portes, tant de la *Cité* que de la *Ville*, seront fermées.

13° Si la *Cité* se clôt de murs, depuis la porte de la Boucherie (*Bocharie*), jusqu'à la porte du Bourreau (*Boarela*), le *Puy-Saint-Front* ne sera pas tenu de contribuer aux frais de construction de cette clôture, qui sera suffisamment bonne et solide ; mais si, dans la suite, il est nécessaire de réparer ces murs, les réparations, ainsi que toutes autres clôtures de la *Cité* et de la *Ville du Puy-Saint-Front*, seront à la charge de la communauté.

14° Les hérauts feront les cris et publications au nom de la communauté et du consulat, tant dans la *Ville du Puy-Saint-Front* que dans la *Cité* et la nouvelle enceinte.

15° La communauté se servira avec toute plénitude de droit du seu et même sceau dont le consulat et la communauté de la *Ville du Puy-Saint-Front* avaient accoutumé de se servir au temps de ce traité.

16° Les poids du blé et de la farine doivent être placés à la porte de la *Cité*, comme ils le sont à la porte de la *Ville du Puy-Saint-Front*, et les moulins ne prélèveront pour moudre le blé que la seizième partie du grain.

17° Toutes les mesures seront égales, ainsi que les poids, dans la *Cité*, la *Ville du Puy-Saint-Front* et la nouvelle enceinte, en même quantité et tels qu'ils sont dans la *Ville* ; et ils seront remis comme le consulat en décidera. L'émolument qui en proviendra sera employé à l'utilité publique.

18° L'armée de l'*université* marchera et sera conduite selon la volonté et la disposition du consulat.

19° La maison du consulat sera dans la *Ville du Puy-Saint-Front*, à la volonté de ceux qui seront institués pour le gouvernement dudit consulat.

20° Les hommes de *l'université* pourront, dans l'enceinte des murs, se transporter où ils voudront, d'un lieu à un autre, et y faire leur séjour.

21° L'*université* payera tous les ans, à Noël, les vingt livres qui sont dues au comte (1); le consulat les percevra et les remettra au comte ; mais, pour cela, néanmoins, le comte n'acquerra aucune juridiction dans la *Cité* ni la nouvelle enceinte, non plus que sur leurs habitants.

22° Il a été convenu que l'*université* contribuera, et tous en commun, à toutes les dépenses nécessaires; de manière que, lorsqu'on devra imposer des tailles, les biens meubles et immeubles de tous les laïcs étant estimés par livres et connue la part qui doit être payée par les laïcs de la *Cité*, les clercs de la même *Cité* payent la moitié de la somme imposée sur les laïcs, en sorte que, si ces derniers sont obligés de payer quarante sous, les clercs doivent en payer vingt. Quelle que soit la somme à percevoir en tailles et redevances, elle sera établie par serment ou de toute autre manière, et ainsi l'*université* et le consulat s'obligent à défendre la personne des chanoines et des clercs de la *Cité*, leurs hommes et leurs droits, comme les hommes et les droits des hommes de la *Ville du Puy-Saint-Front* ; et, de la même manière, les chanoines et les clercs de la *Cité* sont tenus de défendre les hommes de ladite *Ville* et les droits de ceux-ci. Les biens meubles, où qu'ils soient, et les immeubles, dans le rayon d'une lieue, seront évalués.

23° On ne fera dans les murs ni dans les tours de la *Cité* aucune poterne ni autres ouvertures qui puissent causer aucun dommage à *l'université*.

24° Si l'on fait des fossés ou autres clôtures pour la nouvelle enceinte et que, pour cela, on prenne le fonds de quelqu'un, on le payera selon l'estimation du consulat.

25° Toutes les fois que le consulat le jugera à propos, il pourra occuper les fortifications de la *Cité*, de la nouvelle enceinte et de la *Ville du Puy-Saint-Front*. Personne ne doit introduire dans aucun de ces trois endroits des gens suspects, dont l'*université* puisse avoir à souffrir péril ni dommage.

---

(1) Cet article semble confirmer l'hypothèse de Dessalles, que nous avons rapportée plus haut (v. p. 16, n. 4), à savoir que les bourgeois du *Puy-Saint-Front* auraient acheté du comte, moyennant une rente annuelle de 20 livres, la faculté d'exercer sans contradiction d'importants droits de justice.

26° Si quelqu'un demande à être reçu dans l'*université*, il y sera admis, nonobstant l'opposition de quiconque, pourvu cependant que, dans le cas où il serait porté quelques plaintes contre lui, il se soumette à la juridiction du consulat, selon l'usage observé en pareil cas par le consulat.

27° S'il survient quelque événement, le consulat veillera sur lui-même et la communauté, et la décision qu'il aura prise obligera perpétuellement l'*université*.

Il ressort clairement des conditions de ce traité que la *Ville du Puy-Saint-Front* s'était taillé la part du lion. Le vainqueur absorbait le vaincu et lui imposait sa loi. En somme, n'était-ce point de bonne guerre ? Aussi bien nous verrons plus loin quelle fut la fortune du traité de 1240.

§ 4. — *De la conclusion du traité d'union à sa dénonciation par la Cité (1246)*. — Il est vraisemblable que la *Cité* ne consentit pas librement ce traité, dont les clauses étaient pour elle si humiliantes; mais qu'il lui fut imposé par le *Puy-Saint-Front*. Dès lors, on pouvait prévoir que les *citoyens* vaincus ne se résigneraient que difficilement à cette déchéance, qui les faisait entrer malgré eux dans une communauté où ils demeuraient sans pouvoir.

Cependant, quelques années s'écoulèrent sans trouble. Mais cette paix n'est qu'apparente : la *Cité* cherche à se refaire, et il semble que le comte, qui nourrit des desseins ambitieux, ne manque pas de l'y encourager.

Cette courte accalmie, qui suivit le traité d'union, est peu fertile en événements importants. Le 4 août 1241, la communauté du *Puy-Saint-Front* et de la *Cité* de Périgueux, traite, sous la médiation de Pierre de Saint-Astier, évêque de Périgueux, de Jean Le Monnoyer et Nantier, sergents du roi de France et du sénéchal du Poitou et leurs baillis au diocèse de Périgueux, avec les représentants d'Hélie Aymeri, seigneur de Ribérac, prisonnier du consulat (1).

Deux ans plus tard, il se produisit un incident qui eût pu entraîner des conséquences fâcheuses pour la *Cité*. Le comte de Périgord, Hélie VI, réclama des droits et prérogatives

______

(1) Arch. mun. de Périgueux, EE 3 ; reprod. dans le *Rec. de 1775*, pp. 46-47.

sur l'église et le chapitre de Saint-Étienne qui repoussa
ses prétentions. La demande du comte était d'autant plus
injustifiée que, par un acte du 29 août 1227 (1), Archambaud II,
son prédécesseur, avait formellement reconnu n'avoir aucun
droit sur les hommes du chapitre. Un compromis entre les
mains de l'évêque, en date du 15 janvier 1244 (n. st.), à
Périgueux, aplanit toutes les difficultés : il fut démontré
que l'église ni le chapitre n'avaient rien à démêler avec le
comte (2). Quatre jours après, le comte écrivait au roi pour
le prier de confirmer cette sentence arbitrale (3).

(1) Il existe une copie de cet acte à la Bibl. nationale, *Collection Périgord*,
t. IX, 1er cahier, p. 91 : « .... Confitemur et recognoscimus quod homines
præfate ecclesie nec ad questas vel talhias nec ad opera facienda compellere
debemus aliqua ratione, et, quicquid super his fecimus, injuriose ac per vio·
lentiam recognoscimus nos fecisse.... ».

(2) Une copie de cet acte se trouve à la Bibliothèque nationale, *Collection
Périgord*, t. IX, 1er cahier, p. 89. Le différend portait « super procuratio-
nibus, questis, talliis, bladagiis, manoperis, exactionibus et omnibus juribus
et consuetudinibus sive debitis, que sunt in terra vel hominibus predicti
capituli, ratione dominii temporalis seu dominationis vel consuetudinis ».
Voici la substance de l'arrêt prononcé par l'évêque Pierre de Saint-Astier,
« in claustro Sancti Johannis Evangeliste Petragoricensis, XVIII kal. febr.
anno Domini MCCXLIII° » (nous transcrivons l'analyse donnée par Dessalles,
dans son *Précis historique sur les comtes de Périgord*, p. 24) : « Tout en
déclarant le comte de Périgord non recevable dans ses prétentions sur le chapitre de la *Cité* et les hommes de ce chapitre, pour rétablir un accord durable entre les deux parties, l'évêque ordonne que le comte percevra un droit
fixe sur les hommes de l'église qui se trouveront dans les conditions expli-
quées par l'acte, que le comte fera justice des hommes de l'église qui auront
tué leur semblable, dans l'étendue du comté, conformément aux lois et à la
coutume, et qu'il percevra 40 sous sur les biens meubles du meurtrier. Quant
aux autres 40 sous de rente que lui réclamait l'église, à savoir 20 qu'on
disait avoir été légués à l'église en mémoire du comte Archambaud, 10 pour
Talleyrand et 10 pour les jardins qui sont près de la Rolphie, il statue que
20 sous seront remis au comte et que ce seigneur assignera les 20 autres sous
à l'église, sur des lieux convenables ; laquelle, en échange, célébrera un
anniversaire pour ledit comte et sa famille, le jour où l'on croit que mourut
Archambaud outre-mer. La rétribution accordée au chapitre se percevra sur
les bourgs et sur la juridiction de Sanillac et de Vernh (Vergt), sur les paroisses de La Chapelle et de Mensignac, sur la juridiction de Périgueux, avec
quelques restrictions stipulées dans l'acte. Le comte fera approuver cette paix
par le sénéchal de Périgord et par le roi de France, etc. ».

(3) Bibliothèque nationale, *ibidem*, t. IX, 1er cahier, p. 90.

L'année suivante; c'est-à-dire en 1245, une sorte d'antagonisme se manifesta, semble-t-il, entre la municipalité, d'une
part, et, de l'autre, l'évêque-abbé et le chapitre de Saint-
Front : avec un égal empressement, les deux parties essayèrent,
par des concessions, de s'assurer la faveur royale. Nous
avons deux documents relatifs à cette affaire. Le premier,
émanant du maire et de *l'université* du *Puy-Saint-Front* (1),
en date du dimanche 18 février 1246 (n. st.), s. l., a pour but
de rappeler à Louis IX que le *Puy-Saint-Front* est dans l'usage
de prêter serment aux rois de France à leur avènement,
avec engagement de leur livrer la ville à grande et à petite
force quand ils le requerront, et de les suivre en armes dans
tout le diocèse pour maintenir ou reprendre leurs droits ; que
lui, de son côté, s'est engagé, ainsi que ses prédécesseurs, à
protéger ladite ville et à ne point la mettre hors de ses mains ;
c'est pourquoi, pour lui prouver son affection, elle s'engage à
lui donner à perpétuité douze deniers par feu payables à la
Saint-Jean, sous le nom de *commun* (2), qui seront perçus dans
la *Ville* et les faubourgs, le priant, en échange, de garder et défendre ses habitants et leurs domaines, et de lui conserver
intacts ses coutumes, sa communauté, son consulat, son sceau,
ses statuts établis, sa juridiction, son administration et ses
libertés, tels qu'elle en a joui depuis Philippe-Auguste (3).

---

(1) Il n'y est point fait mention de la *Cité*. Voici, en effet, le commencement
de cet acte : « Excellentissimo domino suo Ludovico, etc... major et universitas Ville Podii Sancti Frontonis Petragoricensis, burgenses sui, etc.. »
Sans doute, comme nous le disons plus loin, la *Cité* avait-elle, dès cette époque, dénoncé le traité d'union.

(2) L'institution du *commun de la paix* se rattache à l'établissement de la
paix de Dieu. Pour assurer efficacement l'observation de cette dernière, il
fallait des gens d'armes que le droit de *commun* servait à payer. Ce droit
était devenu un impôt permanent.

(3) Arch. nat., Trésor des Chartes, J 421, Obligations, I, n° 3. Original
scellé. Reprod. dans Teulet, *Layettes du Trésor des Chartes*, t. II, p. 594,
n° 3412. Cette pièce était scellée, dans le principe, de deux sceaux pendants
sur cordelettes de fil. Le premier, qui manque, était probablement le sceau du
roi, apposé, à la prière de la municipalité du *Puy-Saint-Front*, en signe
d'approbation ; le second, en cire blanche, est celui du *Puy-Saint-Front* décrit
dans l'*Inv. des sceaux* de Douët d'Arcq sous le n° 5792. On trouvera ce dernier sceau reproduit plus loin (v. Sceaux, pl. I, nos 4 et 4 *bis*).

Dans le second de ces documents, daté du mois de février 1246 (n. st.), à Paris, Pierre, évêque de Périgueux (1) comme abbé de Saint-Front, et le chapitre de Saint-Front, après avoir fait remarquer que ladite église a toujours été très dévouée à la couronne, déclarent que, afin de donner plus de de facilité au roi pour protéger leurs personnes et leurs propriétés et conserver la paix dans le diocèse, ils lui concèdent, ainsi qu'à ses héritiers, à perpétuité, la moitié de la justice temporelle qu'ils ont dans la *Ville*, la moitié des ventes, des gageries, des produits du marché, du péage, du poids du blé et de la farine, et des revenus provenant de l'aliénation des terrains à bâtir, sauve une rente de 50 sous fondée pour l'anniversaire du roi Philippe-Auguste (2). Le roi, par des lettres datées du mois de novembre 1246, à Pontoise, accepta cette cession (3).

L'intérêt de cet acte se conçoit assez : il en ressort que l'abbaye de Saint-Front avait gardé, dernier vestige de sa seigneurie primitive, comme un droit de basse justice civile dans le territoire du *Bourg*. Désormais, cette justice, qu'exerçait un dignitaire nommé le *cellérier* (*cellerarius*) (4), sera commune entre le roi et le chapitre abbatial : elle formera ce que l'on appelle un *pariage*.

Le comte, cependant, ne restait pas inactif : il avait garde de négliger les dissentiments qui séparaient la municipalité du

---

(1) Pierre de Saint-Astier (évêque de Périgueux de 1234 à 1266).

(2) Arch. nat., Trésor des Chartes, J 295, *Languedoc*, n° 10. Original scellé. Reprod. dans Teulet, ouv. cité, t. II, p. 601, n° 3461. Ces lettres sont scellées en cire verte, sur cordonnet de soie rouge, du sceau de Pierre de Saint-Astier, évêque de Périgueux, et du sceau du chapitre de Saint-Front de Périgueux, décrits dans *l'Inventaire* de Douët d'Arcq sous les n° 6812 et 7272. Elles sont accompagnées d'un duplicata scellé des mêmes sceaux. On trouvera reproduits plus loin les sceaux de Pierre de Saint-Astier, évêque de Périgueux, et du chapitre de Saint-Front (v. Sceaux, pl. II, n° 3, 7 et 7 *bis*).

(3) Arch. mun. de Périgueux, FF 37. Il existe une copie de ces lettres à la Bibliothèque nationale, *Collection Périgord*, t. LXXII, pp. 173-174. V. aussi *ibidem*, *ibid*, t. IX, 3° cahier, p. 96, un vidimus de cet acte par l'évêque de Périgueux, Raimond d'Auberoche, en date du 3 juillet 1287, s. l.

(4) V. sur cette justice temporelle de l'abbaye de Saint-Front, qui apparaît ici pour la première fois, et l'agent qui l'exerçait, notre seconde partie, chap. IV (*Justices*), § 2, A.

chapitre de Saint-Front, à la faveur desquels il pensait trouver dans ce dernier un précieux auxiliaire pour les desseins qu'il formait contre le *Bourg*. Nous n'en voulons pour preuve qu'un compromis intervenu, à la date du 6 décembre 1245, à Périgueux, entre le comte Hélie VI et l'évêque Pierre de Saint-Astier comme abbé de Saint-Front (1). Cet acte, où les deux parties, naguère en lutte, abandonnent leurs mutuelles prétentions et se remettent leurs torts, nous paraît devoir se rattacher à cette politique cauteleuse, chère aux comtes, dont nous aurons tout à l'heure un éclatant témoignage, et qui consistait à isoler le *Puy-Saint-Front* afin de l'abattre plus sûrement.

Telle était la situation lorsque les hostilités s'ouvrirent, c'est à-dire en l'année 1246. Le *Puy-Saint-Front* allait se trouver aux prises avec deux adversaires, la *Cité* et le chapitre de Saint-Étienne, d'une part, et, de l'autre, le comte de Périgord, dont l'un au moins, le second, pouvait être redoutable. Il y a lieu de croire, en outre, que le chapitre de l'abbaye de Saint-Front était défavorable au *Bourg*. Il semblait que c'en fût fait de ce dernier et que les coalisés dussent enfin remporter cette victoire qui tardait si longtemps. Nous allons voir comment l'événement déjoua leurs prévisions.

§ 5. — *Etablissement définitif de la communauté (1251)*. — Les hostilités, selon toute apparence, commencèrent au début de l'année 1246. Nous avons vu, en effet, que, le 18 février, des

---

(1) Les deux parties compromirent, le 6 décembre, entre les mains de Philippe de Grandchamp, bailli de Bourges, et Géraud de Malemort, sénéchal du Périgord, qui avaient reçu du roi une commission spéciale pour mettre un terme aux guerres qui désolaient le Périgord. (L'original de cet acte, conservé à la Bibliothèque nationale, *Collection Périgord*, t. LXXIX, f° 147, est reproduit dans le tome XXIV (preuve n° 115 de la préface) du *Recueil des historiens de France*.) Les arbitres rendirent le lendemain leur sentence. (V. Bibl. nationale, *Collection Périgord*, t. IX, 3e cahier, p. 85, et t. LXXII, p. 177.) Déjà, l'année précédente, le 17 janvier 1244 (n. st.), l'évêque, en présence du sénéchal, avait prononcé une sentence arbitrale entre le chapitre de Périgueux et le comte de Périgord. (V. *Rec. des historiens de France*, t. XXIV, p. 211 de la préface, d'après une note de l'abbé Lespine dans le tome 68, p. 230, de la *Collection Périgord*.)

lettres furent adressées au roi saint Louis, qui émanaient, non
de la communauté des deux villes, mais du maire et de
l'université du *Puy-Saint-Front* (1). On peut induire de ce
fait que la *Cité* avait dès lors dénoncé le traité d'union. Les
forces des deux parties nous sont déjà connues : ce sont, d'un
côté, les maire et consuls du *Puy-Saint-Front*, de l'autre, le
comte, le chapitre de Saint-Etienne et les habitants de la
Cité, auxquels s'étaient joints quelques *bourgeois* de condition
médiocre, dévoués au comte (2).

Nous ne savons quelles furent les péripéties de cette lutte. Il
semble qu'elle fut sanglante et que les deux adversaires y aient
porté un égal acharnement. Une trêve, qui était intervenue au
mois de juin, fut rompue par le fait du comte (3). Le mois suivant, la guerre atteignait à un tel degré d'intensité que le sénéchal du Périgord, Pons de La Ville (4), reçut mission de se
rendre à Périgueux, afin de ramener la paix entre les belligé-
rants. L'intervention de Pons de La Ville ne put empêcher les
hostilités de continuer avec un acharnement dont nous pouvons nous faire une idée d'après un rapport circonstancié du
sénéchal, rapport qui a été heureusement conservé (5). Ce très

---

(1) V. pl. haut, p. 23 et n. 1 et 3.

(2) Cf., en effet, le compromis du 3 juillet 1247 (v. plus loin, pp. 31-32),
où le comte stipule *pro se et hominibus qui exiverunt de Podio Sancti Frontonis*, et le jugement prononcé par le roi au mois de septembre suivant
(v. *ibidem*, pp. 32-34), où l'on mentionne, parmi les adversaires de la *Ville*,
quosdam laboratores Podii Sancti Frontonis Petragoricensis.

(3) V. plus loin (p. 33) le jugement rendu par le roi, au mois de septembre
1247, art. 4.

(4) A l'égard de ce personnage, M. L. Delisle note dans le *Rec. des
historiens de France* (t. XXIV, préface, p. 211, n. 13) : « Je ne suis pas certain que *Pons de La Ville* soit la traduction exacte de *Poncius de Villa*. Ce
personnage appartenait à une famille de l'Auvergne dont M. Marcellin Boudet
a trouvé le nom sous les formes suivantes : *de Vialle, de La Vialle, de Ville,
de la Ville* et même *de Villa* (*Eustache de Beaumarchais, seigneur de Cal-
vinet et sa famille*, p. 5). »

(5) Ce rapport est reproduit, d'après une copie de l'abbé Lespine, dans nos
pièces justificatives (n° IV). M. L. Delisle, qui en a donné le texte dans les
preuves (n° 124) de la préface du tome XXIV du *Recueil des historiens de
France*, ne voit « aucune raison de mettre en doute l'authenticité de ce
rapport, comme l'a fait Dessalles, dans son *Histoire du Périgord*, t. 1, p. 314,

curieux document retrace dans les moindres détails les actes
de violence auxquels les *bourgeois* du *Puy-Saint-Front* furent
en butte, le 19 juillet et pendant tout le mois d'août, de la part
des *citoyens*, soutenus par le comte de Périgord et par différents vassaux du roi d'Angleterre. Il est donc intéressant
de l'analyser avec quelque développement :

Le sénéchal, arrivé à Périgueux le 19 juillet, requit aussitôt le
maire et les *bourgeois* du *Puy-Saint-Front*, de lui fournir des otages, pour garantir qu'ils s'en remettaient au roi du soin de vider
les querelles qu'ils avaient avec le comte et les *citoyens*. Le maire et
les *bourgeois* s'engagèrent à livrer cent *bourgeois*, choisis parmi les
plus notables, au gré du sénéchal. Le même jour, Pons de La Ville
eut une entrevue avec l'évêque de Périgueux et le comte de Périgord,
dans la campagne qui s'étend entre la *Ville* et la *Cité* ; il requit le
comte de s'engager à garder, à l'égard du maire et de l'*université* du
Puy-Saint-Front et de leurs alliés, une trêve jusqu'à l'octave de la
Toussaint prochaine, époque à laquelle les deux parties comparaît-
traient devant le roi qui prononcerait sur leurs griefs réciproques, et
il lui demanda de livrer, en garantie, des otages et quelques-uns de
ses ouvrages de défense. Le comte répondit qu'il ne comparaîtrait
pas devant le roi et qu'il ne remettrait ni otages ni défenses, déclarant que le roi et la reine-mère n'avaient rien à voir dans le diocèse
de Périgueux et menaçant de mort le sénéchal, s'il se mêlait des
affaires du pays (1). Bien plus, il fit sortir de sa demeure des cheva-

n. 5 » (ouv. cité, n. 15 de la page 211 de la préface). Il existe aux archives
municipales de Périgueux, sous la cote EE 4, des lettres du sénéchal Pons
de La Ville, datées du 20 juillet, s. l., relatant l'insuccès de la démarche
qu'il avait faite la veille (v. le début de son rapport) auprès de l'évêque
de Périgueux et l'attentat dont il avait été l'objet de la part des hommes
d'armes occupant les tours que l'évêque avait dans la *Cité*. La teneur des
lettres du 20 juillet, en ce qui concerne ces deux faits, a été reproduite par
le sénéchal dans le rapport qu'il écrivit à la fin de sa mission. Elles contiennent toutefois ce détail, qui n'existe pas dans le rapport, que, après le jet des
traits lancés contre lui, le sénéchal « ordonna au maître de l'artillerie de
dresser et de faire fonctionner ses machines contre la tour de la *Cité* d'où
les traits étaient partis et contre les défenses de la *Cité*, en épargnant toutefois l'église ».

(1) M. L. Delisle fait justement remarquer à ce propos « qu'un tel épisode montre ce qu'étaient encore les guerres privées dans le midi de la France au
milieu du xiii⁰ siècle. On y voit aussi combien l'autorité royale était pré-
caire en Périgord dans la première moitié du règne de saint Louis ». (*Recueil
des historiens de France*, t. XXIV, préface, p. 212.)

liers et des sergents armés qui poursuivirent le sénéchal et ses compagnons jusqu'aux murs de la *Ville*, en poussant contre eux des clameurs menaçantes. Ensuite, le sénéchal requit l'évêque de Périgueux, de la part du roi et au nom de la fidélité due au souverain, de lui livrer les tours, qu'il avait dans la *Cité*, en vue de réprimer la malice et l'orgueil de ceux qui ne veulent pas obéir au roi, pour maintenir la paix dans l'évêché et faire observer les droits de la couronne. L'évêque répondit qu'il ne remettrait pas ses tours, qu'il livra incontinent au comte et aux *citoyens*, et prétendit qu'il ne tenait rien du roi. A cette réponse, le sénéchal demanda affectueusement à l'évêque et le requit de la part du roi, de veiller à ce que, du fait desdites tours, nul dommage ne fût porté à lui-même, à ses compagnons ni aux gens de la *Ville*. L'évêque repartit qu'il ne se mêlerait de rien. Aussitôt, comme le sénéchal s'éloignait, on lança contre lui, du haut de l'une de ces tours, des traits dont l'un blessa son cheval et dont plusieurs blessèrent des *bourgeois* qui l'avaient accompagné.

Sur ces entrefaites, le sénéchal apprit que le comte sollicitait le secours de Hélie Rudel (1), de plusieurs autres vassaux du roi d'Angleterre, et du vicomte de Limoges. Par lettres, il défendit à ce dernier, de la part du roi, de porter aucun dommage aux *bourgeois*, ni de permettre qu'aucun des siens leur en portât, puisqu'ils s'étaient offerts à satisfaire à la justice du roi. Le sénéchal fit la même défense aux vassaux du roi d'Angleterre. Mais, au mépris de cette interdiction, le vicomte de Limoges, Hélie Rudel et ses fils, les vicomtes de Fronsac et de Bénauge, Pierre de Bordeaux, Gaillard, fils de Rostand de Solar, tous deux citoyens de Bordeaux, Amalvin de Vares, Bernard de Mouleydier, frère de Hélie Rudel, R. de Montaut, Boson de Gragnols, Eble de Bourdeille, P. Aitz et ses fils, Ligier d'Aubeterre, les chevaliers de Montagrier, et plusieurs autres, avec toutes leurs forces, tant en cavaliers qu'en fantassins, vinrent, le jour de la fête de Saint-Pierre-ès-Liens (2), mettre le siège devant le *Puy-Saint-Front*. Ils investirent la *Ville*, incendièrent et détruisirent ses moulins et ses granges, et saccagèrent ses jardins et ses vignes. Il faut savoir à cet égard qu'un prêtre, nommé Pierre *de Risona*, envoyé par le comte à la cour du roi, revint de cette cour le samedi avant la fête de Saint-Laurent (3) et remit au comte des lettres royales lui défendant de porter aucun dommage aux personnes

---

(1) Hélie Rudel était seigneur de Bergerac.

(2) 1er août 1246.

(3) 4 août.

ni aux biens des *bourgeois* jusqu'à l'arrivée de maître Pierre du Fai, chevalier, que le roi envoyait aux parties de Périgord. Ce même jour, les gens de la *Cité* de Périgueux reçurent un message analogue.

Le lendemain, qui était un dimanche (1), le comte et les *citoyens*, avec les gens du roi d'Angleterre, c'est-à-dire les vicomtes de Fronsac et de Bénauge, P. de Bordeaux, Amalvin de Vares, Olivier de Chalais, Ar. de Bouville, Bérard de Mouleydier et plusieurs autres, tentèrent un assaut contre deux portes de la *Ville*, saccagèrent des jardins et des vignes appartenant à des *bourgeois*, incendièrent des granges et, attaquant ensuite l'église de Boulazac (2), distante de la *Ville* d'à peu près une lieue, ils en brisèrent les portes et firent main basse sur les choses qui se trouvaient dans l'église, c'est-à-dire l'huile et la cire qui servaient pour l'autel, les livres sacrés et le blé, non sans avoir incendié le bourg et les maisons de cette paroisse qui dépend de l'église de Saint-Front et de certains *bourgeois* de la *Ville*, et, ce même dimanche, ils infligèrent de nombreux dommages à beaucoup de gens.

Le lundi suivant (3), des habitants de la *Cité* se saisirent d'un bourgeois de la *Ville* nommé P. *Agaruce*, qui se promenait sans armes, hors de la *Ville*, avec des religieux, et, ce même jour, le comte le fit pendre à un arbre devant le *Puy-Saint-Front*.

Le mardi (4), le comte et ses alliés renouvelèrent leurs insultes contre la *Ville*, dévastant ses vignes et lui prodiguant maints graves dommages. Ils s'emparèrent, ce jour-là, d'un arbalétrier au service de la *Ville*, nommé Aymard, à qui, le lendemain, le comte fit couper la main droite et arracher les yeux.

Le vendredi suivant, qui était la fête de Saint-Laurent (5), un chevalier, compagnon du comte, nommé Hélie Foucaud, arracha la lèvre à une femme de la *Ville*, et, par des tortures, força maintes gens à lui payer rançon. En outre, comme le fils d'un noble, Amalvin de Pestilhac, défenseur de la *Ville*, avait franchi sans armes la porte du *Puy-Saint-Front*, il fut blessé par un trait et mourut de sa blessure. Tous ces méfaits furent accomplis par le comte et les *citoyens*, nonobstant l'ordre du roi contenu dans les lettres qui avaient été remises

---

(1) 5 août.

(2) Boulazac, auj. c⁰ᵉ du cant. de Saint-Pierre-de-Chignac, arr. de Périgueux.

(3) 6 août.

(4) 7 août.

(5) 10 août.

au comte, et malgré la défense du sénéchal qui leur avait été signifiée par les Frères Prêcheurs.

Le mardi avant la fête de Saint-Barthélemy (1), comme les *bourgeois* et leurs gens, se fiant à la sûreté qui leur avait été promise par le sénéchal, étaient sortis de la *Ville* pour aller quérir le blé, le bois, les raisins et autres aliments dont ils manquaient, le comte et les citoyens, à cette nouvelle, assaillirent, avec leurs complices, Boson de Gragnols, H. de Périgueux, tous deux neveux de Géraud de Malemort (2), Ar. de Bouville, neveu d'Hélie Rudel, P. Aitz, Amalvin de Vares et d'autres vassaux du roi d'Angleterre, le maire et les *bourgeois*, à l'instigation de Gui d'Estissac qui les livra et, ensuite, passa du côté adverse, se précipitant le premier avec ses compagnons contre les gens de la *Ville*. Deux cents *bourgeois* et vingt femmes, dont quelques-unes étaient grosses, furent massacrés, et plus de trois cents habitants du *Puy-Saint-Front* furent emmenés en captivité. Ce Gui d'Estissac avait juré sur les saints Évangiles d'assister les *bourgeois* et la *Ville* contre leurs ennemis et, pour ce faire, avait reçu des subsides pendant plus d'une année.

Bien plus, comme maître Pierre du Fai, chevalier, député par le roi aux parties de Périgord, avait envoyé devant lui Hugues Masseua, sergent royal, porteur de lettres du roi et du chevalier du Fai lui-même, défendant au comte et aux *citoyens* d'infliger aucun dommage aux *bourgeois* et aux gens de la *Ville*, ledit sergent vint, le 27 août au matin, trouver le comte et les *citoyens* et leur lut l'ordre du roi et celui du chevalier, son délégué. Ceux-ci, au mépris de ces injonctions et mettant le comble à leurs méfaits, employèrent cette même journée à arracher les vignes des *bourgeois* dont les *citoyens* prirent les fruits ; en outre, les compagnons du comte tuèrent, ce jour, deux hommes de la *Ville*, en prirent un autre et incendièrent des granges et des étables appartenant à des bourgeois et même la léproserie dite de *Salvanio*, infligeant aux gens de la *Ville*, par la capture de leurs bêtes et autres biens, des dommages importants.

Même les trêves assurées par maître Pierre du Fai n'empêchèrent point de nouveaux forfaits : un laboureur du *Puy-Saint-Front* fut tué, en secret, près de la *Ville*, par des ennemis des *bourgeois* ; on le trouva couvert de plaies et la gorge coupée. Et un homme de la *Cité* tua, en cachette, le fils d'un *bourgeois* devant les murs de la *Ville*. »

---

(1) 21 août.

(2) Géraud de Malemort avait été le prédécesseur de Pons de La Ville comme sénéchal du Périgord.

Comme on a pu le voir, Pons de La Ville donnait raison, dans cette affaire, aux *bourgeois* qui s'étaient comportés en sujets loyaux de la couronne. Non contents d'accepter que le roi réglât les contestations qu'ils avaient avec le comte et avec la *Cité*, ils avaient aidé le sénéchal à mettre à la raison les perturbateurs de la paix. Celui-ci avait, d'ailleurs, et dès le 18 août, reconnu les services rendus, et promis aux *bourgeois* de leur faire rembourser, sur le produit du commun, les dépenses qu'ils avaient faites de ce chef (1).

Malgré la surexcitation des esprits, l'ordre ne tarda pas à se rétablir, grâce peut-être à l'arrivée de ce commissaire spécial envoyé par le roi, maître Pierre du Fai, chevalier, dont il est question à deux reprises dans le rapport du sénéchal (2). Au mois de novembre 1246, Hélie, comte de Périgord, s'amendait en présence du roi, s'engageant à lui être fidèle, à le servir loyalement, à garder la paix avec les habitants du *Puy-Saint-Front*, à ne leur faire aucun mal ni à permettre qu'on leur en fît, à relâcher les prisonniers et à s'en rapporter à ce qui serait décidé, de ses griefs et de ses plaintes, par les envoyés du roi, à la suite de l'enquête dont ce prince les avait chargés, pendant que, de leur côté, le maire et les fondés de pouvoir du *Puy-Saint-Front* prenaient les mêmes engagements (3).

Ce premier pas vers un arrangement devenu indispensable eut pour conséquence un compromis dans les mains de trois envoyés du roi, Pierre d'Ernancourt, chevalier du roi, maître Guillaume de Limoges et Garnier, clercs du roi, entre le

---

(1) Cet acte est transcrit dans nos pièces justificatives (n° III) d'après le *Rec. de 1775*, pp. 48-49.

(2) Pierre du Fai était en route au moment le plus critique de la lutte. Un message qu'il adressait au comte et aux *citoyens* de Périgueux parvint dans cette ville le 26 août 1246. Une allusion à la mission qu'il avait remplie se trouve dans la sentence du mois de septembre 1247, qui règle les rapports de la *Ville* du *Puy-Saint-Front* avec la *Cité* (v. pl. loin, pp. 32-34).

(3) Arch. nat. Trésor des Chartes, J 292, Périgord, n° 3. Original scellé. Sceau, en cire blonde, sur double queue, du comte de Périgord Hélie VI, décrit dans l'*Inventaire* de Douët d'Arcq sous le n° 1003. Ces lettres du comte sont reproduites dans Teulet, *Layettes du Trésor des Chartes*, t. II, pp. 644-645, n° 3568, et dans le *Rec. de 1775*, pp. 51-52.

comte, le chapitre de Saint-Étienne, les chevaliers et habitants de la *Cité*, et divers *bourgeois* du *Puy-Saint-Front*, d'une
part, les maire et consuls et la communauté du *Puy-Saint-
Front*, de l'autre, pour le règlement définitif de toutes leurs
querelles (3 juillet 1247) (1). Le même jour, le comte donnait
son fils comme otage et, en garantie de l'exécution de son
engagement, son château de la Rolphie et ses autres biens (2).
Il fit plus encore : dans le courant du même mois, il fournit
comme *pleiges* ou cautions quatre de ses partisans (3).

Cependant, le chapitre de Saint-Etienne ne restait pas inactif : le samedi 17 août suivant, il nommait un fondé de pouvoir, l'archidiacre Raoul *de Lastours*, pour le représenter auprès du roi (4).

Tel était l'état de la question, lorsqu'intervint le jugement
définitif du roi, rendu à Vincennes, au mois de septembre
1247 (5), qu'il convient d'analyser ici avec quelque détail :

1° Tous les revenus, tous les droits que le comte avait au *Puy-
Saint-Front* avant la guerre, seront placés sous la main du roi, tout
le temps que vivra le comte, ou, du moins, tout le temps qu'il plaira

---

(1) Arch. mun. de Périgueux, FF 20, pièce 1, et Arch. nat.. *Trésor des
Chartes*, J 292, *Périgord*, n° 4; original scellé. Cette dernière charte était
scellée de neuf sceaux sur double queue ; il ne reste plus que des fragments
des deux derniers en cire blanche. Reprod. dans J. de Laborde, *Layettes du
Trésor des Chartes*, t. III, p. 13, n° 3608, et dans le *Rec. de 1775*, pp.
54-56.

(2) Arch. nat., *ibidem*, J 292, *Périgord*, n° 8. Original scellé. Fragment de
sceau en cire blanche pendant sur double queue. Le sceau d'Hélie VI, comte
de Périgord, est décrit dans l'*Inventaire* de Douët d'Arcq sous le n° 1003. Reprod. dans J. de Laborde, ouv. cité, t. III, p. 14, n° 3609, et dans le *Rec. de
1775*, p. 53.

(3) Arch. nat., *ibidem*, J 292, *Périgord*, n° 5. Original scellé en cire verte
sur double queue, du sceau de Pierre de Saint-Astier, évêque de Périgueux,
décrit dans l'*Inventaire* sous le n° 6812, Reprod. dans J. de Laborde, ouv.
cité, t. III, p. 14, n° 3611.

(4) Arch. nat., *ibidem*, J 292, *Périgord*, n° 6. Original scellé. Traces de
deux sceaux sur simple queue. Reprod. dans J. de Laborde, ouv. cité, t. III,
p. 14, n° 3612.

(5) Arch. mun. de Périgueux, FF 20, pièce 3. Reprod. dans le *Rec. de
1775*, pp. 56-60.

au souverain qui, pendant trois ans, en fera la répartition entre les veuves et les orphelins de la *Ville du Puy-Saint-Front* et leurs héritiers.

2° Silence éternel est imposé au comte quant à ses prétentions sur le mesurage du blé, le commandement de l'armée de la *Ville*, la suppression du consulat, les publications à son de trompe ou autrement qu'il voulait être faites en son nom au *Puy-Saint-Front*, et la démolition de ses maisons dans cette ville, toutes choses sur lesquelles il était en contestation avec les *bourgeois*.

3° Le comte restituera les rançons de certains habitants du *Puy-Saint-Front*.

4° Le roi tiendra sous sa main le château de la Rolphie tant qu'il lui plaira. Tout cela fut ainsi décidé pour punir le comte, cause de tant de morts, des violations de trêves et des dommages de toute sorte subis par les *bourgeois*, et, surtout, afin de lui faire payer une amende de 2000 marcs d'argent qu'il avait encourue pour avoir rompu la trêve, il y avait un an avant la Saint-Jean.

5° L'union et communauté de la *Ville* et de la *Cité* est maintenue.

6° Pendant quatre ans, les maires seront nommés par le roi qui pourra les prendre même en dehors de la *Ville* et de la *Cité*; ils seront rétribués par la communauté.

7° Les habitants de la *Cité*, à l'exception des chanoines et des clercs, payeront 40 livres d'amende qui seront distribuées aux veuves et aux orphelins des morts de la *Ville*.

8° Ils serviront, en outre, une rente perpétuelle de 20 sous aux chanoines, prêtres et clercs de Saint-Front, qui concourront à la célébration de l'anniversaire des morts du *Puy-Saint-Front*.

9° Les *bourgeois* du *Puy-Saint-Front* feront faire un vase d'argent doré, du poids de 7 marcs, pour placer l'hostie sacrée sur l'autel de Saint-Étienne de la *Cité*, à cause des pierres que leurs machines lancèrent contre cette église.

10° Le comte, ni le chapitre de Saint-Étienne, non plus que les habitants de la *Cité* et du *Puy-Saint-Front*, ne recevront aucune indemnité à l'occasion de la guerre.

11° Les hommes [du *Puy-Saint-Front*] qui suivirent le parti du comte recouvreront les immeubles qu'ils possédaient en dehors de la *Ville*; ceux qu'ils avaient dans la *Ville* seront vendus ainsi que leurs biens meubles, et le prix en sera distribué aux héritiers des morts; de plus, ces hommes devront résider dans les biens possédés par eux à une demi-lieue de l'une et de l'autre ville.

12° Le *vigier* (1), recouvrera sa *vigerie* telle qu'elle était avant la guerre, avec tous les droits en dépendant, et les revenus de cette *vigerie* lui seront restitués depuis le moment où Pierre du Fai, chevalier, alla à Périgueux, jusqu'à ce jour. Sur les démolitions de maisons, l'abatage des bois, les injures, les dommages provenant du *vigier* ou de son frère ou des *bourgeois* du *Puy-Saint-Front*, il est imposé un silence éternel aux uns et aux autres (2).

Cette sentence, il est facile de s'en convaincre, était une nouvelle victoire pour le *Puy-Saint-Front*, qui obtenait le maintien du traité d'union (art. 5). De rechef, le joug de cette communauté, qu'ils avaient répudiée, était imposé aux habitants de la *Cité* comme au chapitre de Saint-Etienne ; en outre, les quelques transfuges, qui avaient quitté le parti du *Bourg* pour suivre celui du comte, étaient frappés comme des rebelles (art. 11).

Mais Hélie VI était évidemment le plus maltraité par cet arrêt; ce qui autorise à croire qu'il était aussi le plus coupable. Cependant, il se montra parfaitement résigné à sa défaite. Il fit même plus : quelque temps après, il alla visiter le roi à Crépy-en-Valois (avril 1248, n. st.). Le comte rendit hommage à son suzerain (3) et prit l'engagement de faire le voyage d'outre-mer avec le comte d'Artois (4). Cette détermination lui valut toutes les bonnes grâces du roi qui, sur le champ, lui accorda des lettres portant que « en raison de ce que le comte lui avait juré fidélité et fait la promesse de se croiser, il lui restituerait, après trois ans, les domaines et droits confisqués à la suite de la guerre contre les *bourgeois* du *Puy-Saint-Front*, et dont le revenu, pendant ces trois ans,

---

(1) Le *vigier* (la forme *viguier* est plus méridionale), sur lequel nous reviendrons souvent au cours de cette étude, tenait en fief du chapitre de Saint-Front une basse justice pénale (*vicaria*) qu'il exerçait sur une partie du *Puy-Saint-Front*. Sur le *vigier*, v. notre seconde partie, chap. IV (*Justices*), § 2, B.

(2) Cette clause ne laisse pas d'être assez obscure. — Nous avons, pour ce jugement, donné, avec quelques corrections, l'analyse de Dessalles, *Histoire du Périgord*, t. I, pp. 315-316.

(3) V. le *Rec. de 1775*, pp. 49-50.

(4) Arch. nat., Reg. du Trésor des Chartes, JJ 26, fol. 107 v°, pièce 122.

devait être distribué aux veuves et aux orphelins de ceux qui avaient été tués » (1).

Le silence qui règne sur les suites du jugement de 1247 et de l'engagement pris postérieurement, par Hélie VI, autorise à penser, d'une part, que la paix se rétablit entre ce seigneur et le *Puy-Saint-Front* mais que, de l'autre, Hélie ne tint pas la promesse qu'il avait faite au roi, puisqu'on ne le voit point figurer dans l'armée des croisés, et que, dès qu'il est de nouveau question du comte, c'est son fils mineur qui l'a remplacé (1251). Sans doute ne survécut-il guère à son serment.

Il ne paraît pas que la sentence royale ait satisfait la *Cité*. Une lutte sourde semble avoir subsisté entre les deux villes jusqu'en 1251. Alors, les deux adversaires prirent le parti de s'en remettre à deux arbitres, l'évêque de Périgueux, pour la *Cité*, et le maire du *Puy-Saint-Front*, pour la *Ville*, du soin de terminer leurs différends. Le 8 mars, les arbitres rendirent leur décision :

L'union des deux villes resterait indissoluble ; — la communauté serait administrée par un maire et des consuls, élus conformément aux règles de 1240 ; — les luttes et les querelles, s'il en surgissait de nouvelles, au lieu d'être vidées par les armes, seraient de la compétence des maire et consuls qui statueraient sur les torts et dommages ; s'il y avait résistance, fraude ou abus quelconque, le maire et l'évêque jugeraient en dernier ressort ; — il n'y aurait de saisies que pour le cens ou pour toute autre redevance foncière ; — il se ferait une nouvelle clôture entre la *Ville* et la *Cité* ; — pendant dix ans, les habitants de cette clôture seraient exempts de queste et de taille ; — les étrangers ne pourraient habiter que dans cette clôture ; — le terrain nécessaire pour la construction de cette clôture serait estimé loyalement et payé après la Saint-Jean ; par obolée de terre (2) on payerait en argent dix livres une fois et sans plus ; — on ne se reprocherait pas les dommages mutuellement causés ; on ne se vanterait ni ne s'accuserait de ces dommages et l'on ne se menacerait pas ; — si quelqu'un transgressait ces injonctions, il en serait puni pécuniairement ; — toutes haines, rancunes, injures, etc., seraient oubliées ;

---

(1) Arch. nat., Reg. du Trésor des Chartes, JJ 26, fol 197 v°, pièce 120. Reprod. dans le *Rec. de 1775*, pp. 60-61.

(2) *L'obolée (obolata)* était une mesure de terre qui était censée porter le revenu d'une obole. V. Du Cange, v° *Obolata terræ*.

— enfin, les habitants de la *Cité*, qui avaient causé des maux nombreux, se rendraient personnellement, en chemise et braie et sans chaussures, au couvent des Frères Prêcheurs, et là, à genoux et les mains jointes, ils demanderaient merci aux *bourgeois*, qui céderaient à leurs prières faites très distinctement (1).

La communauté des deux villes était définitivement établie.

(1) Arch. mun. de Périgueux, **AA** 33, p. 1. Reprod. dans le *Rec. de 1775*, pp. 62-65. — V. Dessalles, *Histoire du Périgord*, t. I, pp. 316-317.

CHAPITRE II

LA COMMUNAUTÉ DES DEUX VILLES JUSQU'AU TRAITÉ DE BRÉTIGNY

(1360).

§ 1. — *Fin du* XIIIᵉ *siècle.* — Nous connaissons mal l'histoire des premières années de la communauté : c'est à peine si, de loin en loin, quelque rare document vient jeter un faible jour sur cette période obscure.

Au mois de février 1255 (n. st.), un accord intervint entre le comte de Périgord, Archambaud III, et le chapitre de Saint-Etienne. Le chapitre voulait qu'Archambaud lui assignât un bien qui garantît le payement d'une rente annuelle de 20 sous léguée aux chanoines par le feu comte Hélie. Archambaud III y consentit (1).

Trois ans plus tard, en 1258, le même Archambaud III reconnaît devoir aux consuls du *Puy-Saint-Front* de Périgueux une somme de six-vingts livres de monnaie courante qu'ils lui avaient prêtée (2). Pour se couvrir de cette somme, les consuls retiendront trois termes de la rente annuelle de vingt livres qu'ils payent au comte le jour de Noël (3) ; ils prélèveront, en outre, pendant trois années, aux fêtes de Pâques, vingt livres sur les rentes et revenus que ledit comte possède à Périgueux « *tam in pedagio quam in bocharia et eus chamziels* (?) » (4).

---

(1) Bibl. nat., *Collection Périgord*, t. IX, 1ᵉʳ cahier, p. 91.

(2) Arch. mun., de Périgueux, CC 148, pièce 1.

(3) V. pl. haut p. 16, n. 4, et l'art. 20 du traité d'union de 1240.

(4) Il y a aux archives départementales des Basses-Pyrénées, sous la cote E 611, un registre où sont énumérés les droits appartenant au comte de Périgord dans la *Ville du Puy-Saint-Front* de Périgueux sur les vivres, les drapiers, les sabotiers, les tanneurs, les chaudronniers, les couteliers, les marchands de poivre, les poissonniers.

L'année suivante, le roi Louis IX conclut avec l'Angleterre le traité de Paris, ratifié le 4 décembre 1259. Nous savons que, par ce traité, Henri III renonçait pour toujours à la Normandie, à l'Anjou, à la Touraine, au Maine et au Poitou, et que, de son côté, le roi de France lui cédait tout ce qu'il avait de fiefs et de domaines dans les évêchés de Limoges, Cahors et Périgueux. Les domaines laissés au roi d'Angleterre formèrent le duché de Guyenne, mouvant de la couronne de France par la foi et l'hommage-lige. Cette cession ne comprenait point la ville de Périgueux : en effet, le traité exceptait formellement « les choses, que li Rois de France ne peut mettre hors de sa maine par lettres de lui ou de ses ancessors, les queles choses li Rois de France doit porchacier à bone foi, vers cels qui ces choses tienent » (1). Or, à maintes reprises, les rois de France avaient promis de ne point mettre *hors de leur main* les habitants de Périgueux. Aussi bien cela fut officiellement constaté dans les procès-verbaux de 1311, quand les commissaires des deux cours, à la tête desquels étaient, d'un côté, l'évêque d'Amiens, et, de l'autre, l'évêque de Norwich, vérifièrent les objets de la cession consentie par saint Louis (2). A quel point les intéressés, dont les privilèges avaient été réservés par le traité de 1259, surent s'en prévaloir, on peut le voir par le pacte conclu le 24 novembre 1263, à Brive, entre les consuls de Périgueux, de Figeac, de Brive et de Sarlat, avec le consentement du sénéchal et pour une période de dix ans. Tous jurèrent de défendre en commun le droit qu'avaient leurs communautés de rester perpétuellement dans la vassalité immédiate de la couronne de France. « Pour être plus assurés de vivre en paix, ils formèrent un

---

(1) V. les lettres du roi Henri III d'Angleterre, en date du 20 mai 1259, à Westminster, qui contiennent la teneur de ce traité en langue française, dans Rymer, *Fœdera* (dern. édit.), t. I, *pars* 1, pp. 389-390.

(2) Une copie moderne de ces procès-verbaux, en date du 16 juin 1311, à Périgueux, est conservée aux archives municipales de Périgueux, sous la cote FF 180. Ils sont reproduits dans le *Rec. de 1775*, pp. 156-162. Il est permis de croire que le traité de 1259 a exercé une influence indirecte sur le développement municipal de la ville. Les rois de France n'avaient-ils pas intérêt à favoriser une ville frontière ?

conseil de quatre prud'hommes qui seraient leurs arbitres. Ce conseil serait renouvelé chaque année par voie d'élection (1)».

Trois ans plus tard (1266), une contestation s'éleva entre le comte Archambaud III et les maire et consuls de Périgueux. Le comte prétendait battre monnaie au *Puy-Saint-Front* : il soutenait que ce droit avait appartenu à son père, avant la guerre que termina le jugement de saint Louis de 1247, et qu'il était lui-même absolument le maître du titre, de la quantité et de la qualité des espèces qui s'y fabriquaient, Le maire et la communauté s'opposèrent à cette prétention : ils affirmèrent que ce droit de battre monnaie appartenait si essentiellement à leur ville que le comte de Périgord avait été obligé d'obtenir permission de leurs prédécesseurs pour y faire frapper quelques espèces qui pouvaient avoir cours dans le reste du comté, et que cette licence même avait été modifiée et limitée par le règlement qui lui avait été imposé sur le titre et sur la qualité de la monnaie. Sur cette contestation, les parties compromirent entre les mains de Raoul de Mareuil, archidiacre de Périgueux, de Geoffroi de Saint-Astier et de deux *bourgeois* du *Puy-Saint-Front*, nommés Pierre d'Armagnac et Pierre de Lammarie, qui rendirent leur sentence le 6 novembre 1266. Les arbitres accordèrent au comte, mais pour trois ans seulement, la permission de battre monnaie au *Puy-Saint-Front* ; et, comme c'était une concession gracieuse, ils y mirent les conditions par lesquelles il paraît qu'avait été modifiée la licence primitive. En outre on lui fixa le titre et la qualité des espèces (2).

Le comte, débouté de sa demande, se réduisit alors à prétendre un droit de police sur la fabrication de la monnaie. Comme les pièces que la communauté faisait frapper, nommées *périgourdins,* avaient cours dans le comté, le comte voulut avoir sur la fabrique de ces espèces un droit d'inspection qui

---

(1) Arch. mun. de Périgueux, AA 3. Reprod. dans nos pièces justificatives (n° V).

(2) Cette sentence arbitrale, conservée aux archives municipales de Périgueux, sous la cote FF 21, pièce 1, est reproduite dans le *Rec. de 1775,* pp. 65-68.

lui fut encore disputé par les maire et consuls. Après bien des contestations, par lesquelles on craignait sans cesse de voir se renouveler la guerre, le comte et les consuls s'en remirent à deux arbitres, Etienne de Jovenals et Barnabé Jour-de-Dieu, tous deux *bourgeois* du *Puy-Saint-Front,* du soin de terminer leur différend. La sentence, en date du 16 août 1276, à Périgueux, détermina la forme et le titre des *périgourdins* qui se frapperaient dans la ville, indiqua le lieu où serait placée la fabrique, et décida que le comte pourrait nommer deux prud'hommes, habitants du *Puy-Saint Front*, qui, joints au conseil nommé par les consuls, « garderaient bien et loyalement la monnaie » (1).

Il semblait que cette sentence, qui sauvegardait les intérêts du comte et ceux de la communauté, dût mettre fin à la contestation. Il n'en fut rien. Il s'éleva entre eux, peut-être à propos de l'exécution de ce jugement, un nouveau litige qui amena, le 12 juillet 1277, un nouveau compromis dans les mains de quatre arbitres, Itier de Sauzet, Arnaud de la Roche, Etienne d'Armagnac et Etienne de Jovenals. Les deux parties convenaient de respecter fidèlement l'arrêt rendu par saint Louis en 1247 et d'observer le présent accord jusqu'à la Saint-Michel ou plus longtemps même, à la volonté des arbitres, déclarant, en outre que, si ces derniers ne parvenaient pas à s'entendre, le sénéchal du Périgord prononcerait à leur place (2). Nous ne savons ce qu'il advint de cette composition. Il y a grande apparence que les difficultés persistèrent pendant deux ans encore entre le comte et la municipalité, et qu'elles ne furent tranchées que le 18 mars 1279 (n. st.), où un compromis final entre les mains d'Etienne de Jovenals et de Barnabé Jour-de-Dieu régla définitivement cette question épineuse de la fabrication de la monnaie (3).

Ces contestations qui, sans cesse, mettaient aux prises le comte et la municipalité, n'altérèrent pas, du moins au début,

---

(1) Une copie du xviii⁰ siècle de ce texte en langue vulgaire est conservée aux archives municipales de Périgueux sous la cote FF 21, pièce 2. Cette sentence est reproduite dans le *Rec. de 1775*, pp. 75-77.

(2) Bibl. nat., *Collection Périgord*, t. IX, 4⁰ cahier, p. 9.

(3) Arch. mun. de Périgueux, FF 21, pièce 4.

la bonne entente du *Puy-Saint-Front* et de la *Cité*. Dans l'intervalle qui s'écoula entre les deux jugements de 1266 et de 1276, les deux villes renouvelèrent le traité de 1240. Le dimanche 30 décembre 1269, les consuls tinrent une assemblée générale de tous les *bourgeois* et *citoyens,* dans laquelle fut lu, accepté et juré de nouveau le pacte d'union, dont une copie entière fut insérée au procès-verbal qui fut dressé et signé (1). Cette même année, le Parlement confirma une des prérogatives de la communauté. Nous avons vu que le consulat jouissait du droit de punir les malfaiteurs (2) : Raoul de Trapes, sénéchal du Périgord pour le roi de France, lui contesta le droit de les punir de mort. L'affaire fut portée devant le Parlement qui reconnut et proclama ce droit (3).

Aussi bien les sénéchaux ne cessèrent point de témoigner leur hostilité à la communauté. Mais nous venons de voir que, à l'occasion, le Parlement ne craignait pas de désavouer les manœuvres de ces agents trop zélés. Dans d'autres rencontres, la municipalité elle-même suffit à leur imposer raison. C'est ainsi que, en 1282, le sénéchal Jean de Villette, ayant voulu, sans doute, tenir ses assises dans la maison du consulat, en fut empêché et se vit contraint, le 24 septembre, de déclarer qu'il n'en avait pas le droit, non plus que celui d'user de la prison de la ville sans la permission de la municipalité (4).

L'année suivante, quelques. difficultés surgirent entre le *Puy-Saint-Front* et la *Cité*. En 1283, les deux consuls de la *Cité* ne voulurent plus se croire liés par le traité de 1240, renouvelé, comme l'on sait, en 1269. Il avait été convenu, lors de cette dernière confirmation, que la maison commune serait toujours au *Puy-Saint-Front* et que les consuls y jugeraient les affaires, survenues entre les hommes de la *Ville* et de la *Cité* (5), dont la connaissance leur appartenait. Les deux

---

(1) Arch. mun. de Périgueux, AA 32, pièce 2. Reprod. dans le *Rec. de 1775,* pp. 69-74.

(2) V. l'article 7 du traité d'union de 1240.

(3) *Olim* (éd⁰⁰ Beugnot), t. I, pp. 765-766.

(4) *Rec. de 1775,* pp. 229-230.

(5) Quoique les deux villes ne formassent qu'une communauté, l'on distingua toujours, dans cette communauté, la *Ville* et la *Cité*.

consuls ayant refusé d'aller traiter ces affaires au consulat, le roi ne tarda pas à condamner cette prétention. Par des lettres datées du mois de février 1284 (n. st.), à Paris, Philippe le Hardi, sur un arrêt du Parlement, obligea les deux consuls de la *Cité* à porter les affaires de ladite *Cité* « au consulat du *Puy-Saint-Front*, ou partout ailleurs où le maire et la majorité des consuls voudraient qu'elles fussent débattues ». En outre, le sénéchal du Périgord devait connaître de toutes les contestations qui pourraient s'élever, à l'occasion du maire ou de l'état de la ville, entre les consuls du *Puy-Saint-Front* et ceux de la *Cité* (1).

A peine ces lettres avaient-elles été signifiées aux maire et consuls du *Puy Saint-Front* et aux habitants de la *Cité* que de nouvelles difficultés s'élevèrent et amenèrent les deux parties devant le sénéchal Jean de Montignac. Celui-ci, le 16 juin 1284, rendit un jugement dont la teneur explique les prétentions des habitants de la *Cité* :

Les *citoyens*, prononce-t-il en substance, prêteront et sont tenus de prêter serment d'obéissance au maire ou aux administrateurs du consulat ; ils contribueront et seront tenus de contribuer à toutes les dépenses de la communauté ; ils doivent rembourser ce qui n'a pas été payé, au prorata de ce qui les concerne, après compte fait. Les sergents de la cour du consulat pourront en toute liberté ajourner, citer, prendre nantissement, saisir, exiger des gages, arrêter des hommes et conduire ou déposer le tout au consulat. Quant à la prison, les deux consuls de la *Cité* pourront enfermer dans une fosse à eux appartenant, et y garder jusqu'au matin les malfaiteurs arrêtés nuitamment ; mais, le matin venu, ils sont dans l'obligation et seront toujours tenus de conduire les malfaiteurs au consulat, dans la prison commune, sous peine d'amende ; et, comme cette faculté ne donne, en aucune manière, aux consuls de la *Cité*, le droit d'avoir une prison et d'en exiger une, la clef de la fosse appartient de fait au maire ou aux administrateurs du consulat, qui la confient aux consuls de la *Cité*, mais peuvent la reprendre quand bon leur semblera (2).

---

(1) Arch. mun. de Périgueux, FF 66, pièce 1. Les lettres royales sont reproduites dans le *Rec. de 1775*, pp. 81-84 et 221-222.

(2) *Ibidem*, FF 67, pièce 1. V. le *Rec. de 1775*, pp. 89-91 et 222-225.

Cette sentence fut confirmée par lettres de Philippe le Bel, en date du 31 janvier 1287 (n. st.), à Paris (1).

En 1286, une contestation nouvelle se produisit entre la municipalité et le comte Archambaud III. Nous avons vu que les deux parties avaient fait un arrangement au sujet de la justice criminelle, par lequel, moyennant 20 livres de rente annuelle, la municipalité rendait seule la haute justice au *Puy-Saint-Front* (2). Il y eut quelques difficultés sur les limites de cette justice qui, selon le comte, ne devait pas dépasser les murs de la *Ville*, et, selon la municipalité, devait s'étendre à toute la banlieue. Après d'assez vifs débats, le 11 mars 1287 (n. st.), une transaction intervint :

La rente annuelle fut portée à 40 livres, payables par moitié à la Noël et à la Saint-Jean ; le comte recevait, en outre, un marbotin d'*acapte* (3), à chaque muance de seigneur. En retour, la municipalité eut le droit d'exercer la justice criminelle dans la banlieue, dont les limites furent réglées. La municipalité était dans l'obligation de présenter à la cour du comte les condamnés à mort pour homicide, afin que l'exécution en fût faite immédiatement par les soins de ce dernier, en présence du maire, des consuls et de leurs gens, du comte ou de son prévôt et de ses gens, avec cette clause que, si le comte cherchait à différer cette exécution, les consuls auraient le droit d'y faire procéder eux-mêmes. Les immeubles du condamné et ses meubles autres que les objets d'or et d'argent, appartenaient à ses héritiers directs, comme s'il était mort naturellement. Quant aux objets d'or et d'argent, trouvés dans la circonscription de la justice de la *Ville*, ils étaient partagés par moitié entre le comte et la municipalité, après remboursement du douaire de la veuve et payement préalable des dettes. Si la veuve ou les enfants de celui qui avait été tué par l'exécuté étaient sans ressources, la municipalité devait les aider de sa moitié. Quant aux gens du comte, coupables de quelque crime ou délit dans le territoire de la *Ville*, ils devaient être jugés par le comte ou son prévôt et le consulat, dans la *Ville* même. Si, dans quelque cas relevant de la justice criminelle, il y avait appel d'une sentence des consuls à la cour du comte, l'affaire serait tran-

(1) Arch. mun. de Périgueux, FF 67, pièce 2. V. le *Rec. de 1775*, *loc. cit.*

(2) V. pl. haut p. 16, n. 4, et l'art. 21 du traité d'union de 1240.

(3) L'*acapte* était un droit de mutation payé au suzerain à chaque changement de seigneur.

chée en dernier ressort par le comte et quatre prud'hommes de la *Ville*. Les parties étaient, d'ailleurs, d'accord pour reconnaître que cette composition n'était pas applicable à la *Cité*, et qu'elle ne devait en rien porter atteinte aux décisions de 1247, rendues par ordre du roi (1).

Le lendemain de ce jour, c'est-à-dire le 12 mars, le comte Archambaud III et les consuls, après avoir rappelé qu'ils avaient conclu la transaction qui précède par la médiation et avec l'assistance de f. Bernard Barsalona, prieur des Frères Prêcheurs de Périgueux, d'Étienne de Jovenals et d'Étienne d'Armagnac, *bourgeois* de la *Ville*, convinrent de donner, pour deux années, à ces arbitres le pouvoir de la modifier à leur gré (2). Cette composition fut ratifiée par des lettres du roi Philippe le Bel, datées du mois d'avril 1293, à Paris (3).

Cependant, les maire et consuls cherchaient à s'immiscer dans la juridiction temporelle du chapitre abbatial sur la paroisse de Saint-Front. La composition du 11 mars 1287 (n. st.), entre le comte et la municipalité, laissait à celle-ci toute liberté ; et, comme les usurpations se justifiaient toujours par le succès, les maire et consuls, peu soucieux de l'acte de février 1246 (n. st.), émané de l'abbé et du chapitre de Saint-Front (4), se crurent, sans doute, assez forts pour atteindre leur but. Ils le visaient déjà depuis quelques années ; car le jugement, dont nous parlerons tout à l'heure, déclare expressément que les premières tentatives d'empiétement remontaient au temps de Philippe le Hardi. L'abbé et le chapitre s'en émurent et l'affaire fut portée devant le Parlement. Nous ne connaissons pas les allégations des deux parties ; mais le jugement qui fut prononcé en 1290 nous

---

(1) Arch. mun. de Périgueux, FF 22, pièce 1. Reprod. dans le *Rec. de 1775*, pp. 95-104, et dans nos pièces justif. (n° VI).

(2) Arch. mun. de Périgueux, FF 22, pièce 2. Reprod. dans le *Rec. de 1775*, pp. 104-105.

(3) Arch. mun. de Périgueux, FF 22, pièce 5, dans un vidimus de l'official de Périgueux, en date du 28 octobre 1332. Il existe un autre vidimus de la même confirmation, en date du 25 janvier 1323 (n. st.), au *Puy-Saint-Front* de Périgueux, reprod. dans le *Rec. de 1775*, pp. 105-106.

(4) V. pl. haut, p, 24.

renseigne sur les réclamations et les prétentions du chapitre, en même temps qu'il nous apprend les droits incontestés de la municipalité (1). Voici l'analyse de cet arrêt :

L'abbé et le chapitre alléguaient, en leur nom et au nom du roi de France, leur co-seigneur (2), que le domaine, la justice et la juridiction de la *Ville*, dans l'étendue de la paroisse de Saint-Front, ainsi que le marché, appartenaient en commun à eux et au roi, sauf les affaires criminelles qui regardaient le comte ; et que ceux qui se disaient consuls les troublaient dans l'exercice de leurs droits en agissant en consuls, en faisant usage d'un sceau aux contrats, en levant tailles et questes, en exigeant le serment des habitants, en se mêlant de certaines affaires telles que les saillies ou balcons, les montres ou revues, en empêchant le marché, en usurpant les terrains vagues pour y placer les poids du blé et de la farine, etc., et ils demandaient que ces prétendus consuls fussent déboutés de leurs prétentions et condamnés à payer cinq mille marcs d'argent pour dommages et intérêts envers eux et le roi. Après discussion, il fut établi que : le domaine direct de la *Ville*, dans toute l'étendue de la paroisse de Saint-Front, appartenait au roi et au chapitre, en vertu du pariage, d'autant que la partie adverse reconnaissait elle-même que, lorsqu'une maison, une aire ou un emplacement y étaient obligés, hypothéqués, acensés, vendus ou autrement aliénés, les contractants se rendaient devant l'église où l'aliénateur se dévestissait et investissait l'acquéreur, dans les mains du chapitre agissant et recevant les lods et ventes pour le roi (3). Il fut aussi prouvé que, d'ancienneté, et avant le pariage, le chapitre avait une justice appelée cour du *cellérier*, possédée par indivis, depuis le pariage, par le roi et le chapitre ; que cette cour avait ses sergents appelés *mandes*, qui ajournaient les gens pour les affaires civiles. Il fut encore constaté qu'il y avait un *vigier* qui relevait du chapitre et avait la connaissance des causes criminelles, sauf les cas qu'on disait appartenir au comte ; lequel *vigier*

---

(1) V. les lettres du roi Philippe le Bel datées du mois de septembre 1290, à Paris, contenant l'arrêt du Parlement dont la date précise est inconnue, dans le *Rec. de 1775*, pp. 107-111. Une copie authentique de l'arrêt est conservée aux archives municipales de Périgueux sous la cote FF 38.

(2) En effet, nous avons vu plus haut (p. 24) que l'abbé et le chapitre de Saint-Front avaient, au mois de février 1246 (n. st.), cédé au roi la moitié de la cour du *cellérier*, c'est-à-dire de la justice temporelle civile qu'ils avaient dans une partie du *Bourg*.

(3) Il faut évidemment suppléer ici « et pour lui-même ».

avait un pilori et une prison ; et, comme il parut constant que les
consuls n'avaient aucune juridiction dans la paroisse, soit au civil,
soit au criminel, il leur fut interdit de s'y immiscer. — D'un autre côté,
il fut parfaitement établi que les consuls jouissaient légalement du
consulat et du sceau aux contrats ; qu'ils avaient le droit de percevoir
les tailles et les questes et de contraindre les retardataires à payer ;
que les habitants de la *Ville*, y compris ceux de la paroisse de Saint-
Front devaient leur prêter serment ; que le mesurage du blé, la maison
où il se vendait, les places où se trouvaient les poids publics du blé et de
la farine étaient de leur ressort ; qu'à eux incombait le soin de punir
les fabricants de mauvaises étoffes et les autres artisans pris en défaut,
sauf les vendeurs de chairs ladres dans les vieilles boucheries de la
paroisse ; qu'ils avaient une tour et un coffre communs, convoquaient
l'ost ou la chevauchée et les commandaient ; que les ponts, les murailles, les tours, les portails et les portes, les clefs de ces portes, les
fossés, les glacis, les barbacanes et autres fortifications de la *Ville*,
étaient dans leurs attributions et qu'ils devaient les garder et réparer ;
qu'ils devaient aussi garder et réparer les places publiques, les rues,
les chemins et les pavés. Le jugement ajoutait que le Parlement ne
voulait rien préjuger sur les droits du comte ni sur ceux du *vigier*(1).

Ainsi qu'on le voit, le chapitre réclamait une juridiction
presque exclusive sur la paroisse de Saint-Front : les procès
civils ressortissaient à la cour du *cellérier* qui, depuis 1246,
formait, comme nous savons, un pariage entre le roi et le
chapitre abbatial, et un autre magistrat, le *vigier*, qui relevait
uniquement du chapitre, connaissait de toutes les affaires
criminelles qui n'étaient point de la compétence du comte. Il
ne faut point s'étonner des exigences de l'abbaye : on se
rappelle l'origine du *Bourg* et comment il s'éleva peu à peu
sur des terrains qui, dans le principe, étaient la propriété du
chapitre. Dès lors, il était naturel que ce dernier prétendît
conserver un droit de juridiction sur ceux des habitants de la
Ville qui étaient de la paroisse de Saint-Front et dont les
aïeux, avant d'être des *bourgeois* autonomes, vassaux directs
du roi, avaient été les hommes de l'abbaye. Tel était, sans

---

(1) Nous avons reproduit l'analyse de Dessalles, ouv. cité, t. II, pp. 59-60.
Nous reviendrons dans notre seconde partie, au chap. IV (*Justices*), sur cet
acte important.

doute, le fondement juridique sur lequel le chapitre appuyait ses réclamations. On peut remarquer, en effet, qu'il ne prétendit jamais aucun droit sur la *Cité* qui, jusqu'à la réunion des deux villes, apparaît libre de toute seigneurie.

Il semble que, après l'arrêt de 1290 qui était une victoire pour lui, le chapitre tenta à son tour, à la faveur de la protection royale, d'empiéter sur les droits de ses adversaires et d'étendre indûment le ressort de la cour du *cellérier*. Cet essai d'usurpation n'eut pas le succès qu'en attendait son auteur. Aussi bien voici des lettres de Pierre Astores, baile (1) de Périgueux, à son avoué dans cette ville, Raimond Peycho, en date du 3 octobre 1290, à Sarlat, qui sont à cet égard fort instructives :

« ...Nous vous enjoignons de garder et défendre, en notre lieu et place, le maire, etc., les sergents et leurs gens, dans leurs droits, usages et coutumes, de ne pas les inquiéter à ce propos, à la requête de l'église de Saint-Front ni du *cellérier*, de ne vous immiscer en quelque manière que ce soit, dans leurs affaires ; ... nous vous ordonnons, en outre, de laisser les gens du consulat porter librement, dans la *Ville* et au dehors, leurs armes et leur bâton, et faire, dans toute la *Ville*, leurs publications avec trompes et sans trompes, droit qui leur appartient de toute antiquité ; nous vous défendons d'ajourner les habitants et de permettre qu'ils soient ajournés par nos sergents devant le *cellérier* de ladite église, et de les arrêter à la demande de ce dernier ; nous vous enjoignons de soutenir avec énergie ceux qui appelleront de l'audience de ladite église à l'audience du sénéchal, et d'ajourner les appelés sans retard, lorsque vous en serez requis par le maire, etc. ; car, relativement aux choses susdites, nous avons, à l'assise de Sarlat, reçu un ordre en ce sens de M⁰ Arnaud Clari, juge lieutenant du sénéchal, etc. (2). »

Cet échec ne découragea pas l'ambition du chapitre qui fit, peu après, mais, cette fois, avec plus de succès, un nouvel acte d'autorité qui ne laissa pas d'émouvoir la municipalité. Il

---

(1) Le baile (*bajulus*) était un officier du sénéchal. V. notre seconde partie, au chap. IV (*Justices*), § 3.

(2) Bibl. nat., *Collection Périgord*, t. XXVII, p. 400, copie d'après un original — que nous n'avons pas retrouvé — jadis conservé aux archives municipales de Périgueux.

établit, sans doute pour donner plus d'autorité au pariage, un sceau commun dans la paroisse de Saint-Front. Les maire et consuls réclamèrent auprès du roi : tout en le priant de confirmer la composition conclue avec le comte trois ans auparavant, si cette composition ne préjudicie en rien aux droits de la couronne (1), ils observent que le chapitre de Saint-Front possède en commun avec le roi *quamdam jurisdictionem vilem et pedaneam que non valet in universo nisi quindecim libras petragoricensis monete Capitulo et Regi,* laquelle juridiction, assise en la paroisse de Saint-Front, ne peut s'étendre hors de la *Ville* ; et que, se couvrant du nom du roi, le chapitre a fait faire un sceau qu'il dit être de la cour du pariage, et dont il se sert, non seulement hors de la paroisse de Saint-Front, mais même dans tout le royaume, pour le plus grand préjudice des droits du roi (2). Cette réclamation ne servit de rien : le Parlement de la Chandeleur 1291 (n. st.) décida que le sceau serait maintenu (3).

En 1295, un nouveau procès pendait entre les deux parties, au sujet de la justice du *cellérier*. La preuve en est dans des lettres du sénéchal Guichard de Marzi, datées de 1295, s. d. de mois, au camp devant Saint-Sever, où ce magistrat donne commission pour connaître de ce procès à ses juges Arnaud Clari et Géraud de Sabanac (4). Leur sentence, que nous ne connaissons point, ne termina pas les contestations entre le consulat et le chapitre. Trois ans plus tard, une autre controverse s'éleva, probablement au sujet de l'arrêt de 1290, sur l'étendue de la justice du pariage dans la paroisse de Saint-Front : le doyen, le chapitre et les agents du roi préten-

---

(1) Nous avons vu plus haut (p. 44 et n. 3) que le roi Philippe le Bel ratifia, en effet, cette composition au mois d'avril 1293.

(2) Cette requête des maire et consuls se trouve reproduite dans des lettres du sénéchal Jean d'Arrablay, en date du 25 mars 1293 (n. st.), au Mont-de-Domme, qui en donne reçu (Arch. mun. de Périgueux, FF 22, pièce 3, reprod. le *Rec. de 1775*, pp. 111-112).

(3) *Olim* (éd⁰⁰ Beugnot), t. II, p. 321.

(4) Bibl. nat., *Collection Périgord*, t. XXVII, p. 401, copie d'après un original — que nous n'avons pas retrouvé — jadis conservé aux archives municipales de Périgueux.

daient qu'elle devait s'étendre sur toute la paroisse, dans et
hors les murs de la *Ville* ; les consuls disaient au contraire
qu'elle ne dépassait point l'enceinte. L'affaire vint devant le
roi qui ordonna au sénéchal, par lettres datées du 26
janvier 1299 (n. st.), à Paris, d'informer sur la valeur et le
produit de la moitié de la juridiction du *cellérier*, qu'il possédait en vertu de l'acte de pariage de 1246 (1). Au mois d'août
suivant, cette enquête n'était pas encore faite, puisque, le 31
de ce mois, Gérard Flote, sénéchal du Périgord et du Quercy,
mandait au baile de Périgueux de procéder sans tarder à l'information prescrite par le roi (2). A cette date, le Parlement
avait statué : un arrêt du mois de février 1299 (n. st.) déclara
que la justice du pariage devait s'exercer dans toute l'étendue
de la paroisse de Saint-Front (3). Peu après, par des lettres
patentes en date du 30 mars 1299 (n. st.), à Paris, Philippe
le Bel reconnut et confirma le droit du consulat et de la communauté d'établir des impôts, pour les besoins de la ville, sur
tous les habitants indistinctement (4). ·

§ 2. — *1300-1305.* — Il est aisé d'imaginer que l'arrêt du mois
de février 1299 (n. st.), qui consacrait, relativement à l'étendue
de la juridiction du *cellérier*, les prétentions capitulaires, ne
satisfit point la municipalité. De fait, il paraît bien que cet
arrêt ait été rendu à la légère par des juges mal éclairés : le
Parlement, nous l'avons vu, n'attendit pas, pour statuer, le
résultat de l'enquête ordonnée par le roi.

Il est probable que cette sentence, dont on pouvait à bon
droit suspecter l'équité, resta lettre morte, et que la contestation n'en continua pas moins entre les deux parties. Nous

---

(1) Arch. mun. de Périgueux, FF 39, pièce 1. Il existe une copie de cet
acte à la Bibliothèque nationale, *Collection Périgord*, t. XXVII, p. 402.

(2) Arch. mun. de Périgueux, FF 39, pièce 3.

(3) *Olim* (éd^on Beugnot), t. II, p. 423.

(4) Arch. mun. de Périgueux, CC 1. Ces lettres royales sont reproduites
dans le *Rec. de 1775*, pp. 84-85. Douze ans plus tard, le roi adressait aux
consuls des lettres analogues, en date du 16 nov. 1310, à Paris (Arch. mun.
de Périgueux, *ibidem*, et *Rec. de 1775*, pp. 85-86).

pouvons l'inférer d'un nouvel arrêt du Parlement, en date du 15 mars 1302 (n. st.) :

Dans le procès en instance entre les maire et consuls de Périgueux et le chapitre de Saint-Front *super consuetudinibus, usibus et libertatibus dicte Ville*, la cour, après audition des parties, a décidé de surseoir au jugement et, cependant, d'enjoindre au sénéchal de lui communiquer l'original de l'enquête qu'il a gardé par devers lui (1).

Cet arrêt ajournait, il est vrai, la décision définitive, mais promettait un jugement plus réfléchi. Nous ne possédons point la sentence qui dut terminer le procès (2). A quelle époque fut-elle rendue et quelle en était la teneur ? Nous l'ignorons également. Il est vraisemblable que le chapitre eut gain de cause et que l'arrêt de 1299 fut confirmé (3).

Il semble que cette même année (1302) (4), quelques difficultés s'élevèrent entre la municipalité et le comte de Péri-

---

(1) Arch. mun. de Périgueux, FF 39, pièce 4.

(2) Les contestations entre le consulat et le chapitre de Saint-Front ne s'éteignaient que pour renaître aussitôt. On lit, en effet, dans un acte du 15 juin 1341, conservé aux archives municipales de Périgueux, sous la cote FF 51, pièce 1 : « A la suite d'un conflit de juridiction qui les divisait depuis un demi-siècle, le chapitre de Saint-Front et les maire et consuls de Périgueux, considérant les maux de toute sorte et les dépenses folles (*efrenatam multitudinem expensarum*) qui étaient résultés de leurs discordes, jugèrent avec raison que le parti le plus sage était d'y mettre un terme. » Dans une assemblée tenue dans le cloître de l'église Saint-Front, le 15 juin 1341, ils nommèrent des arbitres chargés de régler leur différend. Aussitôt avisé de cette décision, le roi Philippe de Valois s'empressa, par lettres du 31 juillet, au Bois de Vincennes, de favoriser cet accord, en dispensant les parties des amendes à encourir (Arch. mun. de Périgueux, FF 51, pièce 2).

(3) On peut l'induire du passage suivant, tiré d'un accord conclu le 29 nov. 1313, à Périgueux, entre les envoyés du roi et le chapitre (v. plus loin, §. 3, *ad an.* 1313) : «.... videlicet quod, quia jurisdictio et justitia quam dominus rex et ecclesia [Sancti Frontonis] communiter habent et obtinent in Villa Podii Sancti Frontonis, *videlicet quantum parrochia Sancti Frontonis Petragoricensis protenditur infra muros dicte Ville et extra*, etc... ». Le procès fut donc tranché avant l'année 1313.

(4) Disons en passant que, au commencement de cette année 1302, les maire et consuls se plaignirent au roi que des juifs fussent venus s'établir près des murs de la *Ville* : «... Quidam Judei prope muros ejusdem Ville, in districtu et jurisdictione eorumdem [majoris et consulum], causa morandi et ibidem habitandi, venerunt, et inibi publice mutuant ad usuras, contra usus

gord Hélie VII. Ce dernier, contestant aux consuls certains droits de juridiction, leur intenta un procès devant le Parlement de Paris. En outre, il confirma, le 19 juillet, à la maison de Hélie *de Périgueux*, chevalier de la *Cité*, qui toujours s'était montrée hostile à la municipalité, le privilége que le comte Archambaud lui avait octroyé en 1227 (1), c'est-à-dire le droit d'exercer la juridiction haute, moyenne et basse dans tout le comté (2). Cette concession comprenait notamment le bénéfice de certains des droits appartenant aux comtes dans la *Ville du Puy-Saint-Front*. Cependant, le comte ne tarda pas à revenir à de meilleurs sentiments : quelques jours après cette confirmation, le 8 août, comprenant qu'il lui valait mieux vivre en paix avec la communauté, il sanctionne après lecture la composition du 11 mars 1287 (n. st.) (3), fait abandon aux maire et consuls, pour s'acquitter d'une dette contractée envers la communauté, de la rente annuelle de 40 livres que ceux-ci lui avaient reconnue par cet acte, et s'engage à faire cesser l'action judiciaire en instance auprès du roi. La comtesse Brunissende acquiesce audit accord, auquel les consuls se rallient de leur côté (4).

---

antiquos et hactenus observatam consuetudinem et franchisiam dicte Ville.. ». Le roi tint compte de leur requête, et, par des lettres en date du 11 avril 1302 (n. st.), à Paris, ordonna au sénéchal de chasser ces juifs. Copie de ces lettres, dont nous n'avons pas l'original, se trouve à la Bibliothèque nationale, *Collection Périgord*, t. LXXII, pp. 214-215. Cette mesure se rattache évidemment à cette politique de persécution intéressée qui, quatre ans plus tard (1306), devait inspirer au roi la confiscation en bloc des biens des juifs. V. à ce sujet, Saige, *Des juifs du Languedoc*, pp. 87 et suiv.

(1) V. pl. haut, p. 16, n. 4.

(2) Bibl. nat. *Collection Périgord*, t. IX, 1er cahier, p. 23, copie d'après un original conservé aux archives départementales des Basses-Pyrénées.

(3) V. pl. haut, pp. 43-44.

(4) A la suite de cet acte est transcrit le mémoire produit par le comte au Parlement de Paris pour faire valoir ses droits de juridiction prétendus. Cet accord nous est parvenu dans un vidimus du 25 janvier 1303 (n. st.), conservé aux archives municipales de Périgueux, sous la cote FF 22, pièce 6, et reproduit dans le *Supplément au recueil de titres*, etc., 2e partie, pièce IX, pp. 33-38. — Par un acte du même jour (8 août 1302), les maire et consuls

La municipalité, il est facile de s'en convaincre, ne manquait pas une occasion de battre en brèche les prérogatives du chapitre abbatial. Nous l'avons vue, dans les quinze dernières années du xiiie siècle, engager avec lui des contestations variées dont l'issue était, fréquemment, malheureuse pour elle. Il ne paraît pas que ces échecs aient détourné les consuls de leur dessein. L'année suivante (1303), un petit événement s'accomplit, qui ne permet point de douter de la persistance de leurs prétentions :

Le dimanche 22 septembre, les maire et consuls s'emparèrent de la personne de Hélie Vigier, *vigier* du *Puy-Saint-Front*, sous le prétexte de quelques infractions (1) ; la municipalité le retint prisonnier dans la maison du consulat et ne consentit à le relâcher que s'il prêtait serment de ne plus entraver les affaires de la communauté ; ce qu'il fit (2).

Les choses n'en restèrent point là : la victoire de la municipalité devait être, comme on le verra, bien plus complète encore. Le dimanche 14 avril 1304, en plein chapitre de Saint-Front, Hélie Vigier, assisté de son frère, Pierre Vigier, considérant qu'il était toujours en querelle avec la munici-

---

s'engagèrent à revendre et céder à perpétuité à Hélie VII ou à ses successeurs la rente de quarante livres ci-dessus mentionnée, lorsque ledit comte ou les siens auraient remboursé un prêt de six cents livres qui lui avait été fait par la communauté. (Arch. mun. de Périgueux, CC 148, pièce 3.) Faut-il supposer que ce remboursement fut effectué, ou n'est-il pas plus probable que l'abandon de la rente, consenti par le comte, demeura lettre morte ? Toujours est-il que cette rente, abaissée de nouveau à 20 livres pour une raison et à une époque que l'on ne saurait préciser (c'est du moins entre les années 1302 et 1330), continua à être perçue par le comte. Nous verrons, en effet, plus loin (§ 4, *ad an.* 1330), que l'assemblée réunie le 16 novembre 1330 pour ratifier, sauf quelques modifications, le traité d'union de 1240, décida que « les vingt livres de rente seraient payées comme auparavant ». Elle fut plus tard rétablie au taux de quarante livres. (V. notre seconde partie, ch. II (*Finances*).

(1) « Propter aliqua que ipsi gubernator et consules dicebant ipsum Vigerium commisisse ».

(2) Arch. mun. de Périgueux, FF 5, pièce 2. Reprod. dans le *Suppl. au rec. de titres*, etc., 2e partie, pièce X, pp. 38-39. — Sur le *vigier* du *Puy-Saint-Front*, v. notre seconde partie, chap. *Justices*, § 2, B.

palité pour la *vigerie* qu'il exerçait en ce moment, du consentement de l'abbé et du chapitre de Saint-Front, dont il dit tenir cette *vigerie*, la céda à ladite municipalité, avec sa cour, ses droits, sa juridiction et ses émoluments, qui s'étendaient à la fois à la paroisse de Saint-Front et à celle de Saint-Silain, moyennant la somme de 50.000 sous, sous la réserve de la directe appartenant au chapitre de Saint-Front et de l'acapte de dix florins d'or, payables à chaque changement d'abbé, que désormais la municipalité devait acquitter à sa place (1).

On conçoit aisément l'importance de cet acte qui, s'il eût été exécuté, aurait complété, par l'adjonction de la basse justice, la juridiction criminelle que la municipalité possédait déjà au *Puy-Saint-Front*. On se rappelle, en effet, que les consuls tenaient en fief du comte l'exercice de la justice criminelle presque entière dans la *Ville*, moyennant une rente annuelle qui, d'abord fixée à vingt livres, avait été plus tard portée à quarante. Cela ressort clairement de la composition du 11 mars 1287 (n. st) (2), sanctionnée à nouveau par le comte Hélie VII, le 8 août 1302 (3). Quant à la *vigerie*, c'est-à-dire à la connaissance des procès criminels de peu d'importance dans les paroisses de Saint-Front et de Saint-Silain, elle était, avant la cession du 14 avril 1304, héréditaire dans la famille des Vigier, à qui le chapitre de Saint-Front l'avait inféodée. Désormais substituée à cette maison, la municipalité devait avoir aussi, avec l'agrément du chapitre, dont la seigneurie demeurait sauve, l'exercice de la basse justice. Malheureusement pour elle, il ne paraît pas, comme nous le verrons plus loin, que cet acte ait jamais été exécuté (4).

L'année suivante, c'est-à-dire en 1305, deux jeunes gens, fils du feu comte de Périgord Archambaud III et petits-fils de

---

(1) Arch. mun. de Périgueux, FF 5, pièce 3. Reprod. dans le *Rec. de 1775*, pp. 113-121.

(2) V. pl. haut, pp. 43-44.

(3) V. *ibidem*, p. 51.

(4) V. pl. loin, pp. 65 et suiv.

cet Hélie VI que saint Louis avait puni (1), cherchèrent à faire
revivre les entreprises de la maison dont ils étaient les héritiers : l'un d'eux, nommé Archambaud, était chanoine, l'autre, Boson, simple chevalier. Ils adressèrent conjointement
une requête au roi et lui représentèrent que leur aïeul Hélie,
avant la guerre qu'il avait faite aux habitants du *Puy-Saint-
Front*, avait été en possession de plusieurs droits de justice et
de seigneurie dans cette ville, droits dont ils ont intérêt à demander la restitution ; ils ajoutent que, la preuve ne pouvant en être faite que par le témoignage des anciens habitants, dont la plupart sont déjà parvenus à la vieillesse la plus
avancée, ils espèrent de la bonté du roi qu'il voudra bien
commettre sur les lieux des officiers chargés d'entendre les
témoins qu'ils comptent produire, et de constater, par les dépositions de ces derniers, les faits qu'ils entendent articuler.

Sur cette requête, Philippe le Bel fit expédier des lettres
datées du 7 juillet 1305, à Paris, par lesquelles il commet pour
l'enquête demandée Me Jean de l'Hôpital, clerc du roi, et le
sénéchal du Périgord, Jean d'Arrablay (2). Celui-ci, ne pouvant
y vaquer lui-même, délégua à sa place, par des lettres en date
du 12 octobre 1305, au Mont-de-Domme, M^o André Roux, chanoine de l'église de Saint-Front (3).

Dès le lendemain de ce jour (13 octobre), les deux commissaires se mirent à l'œuvre. A la requête des frères Archambaud
et Boson, ils firent ajourner les maire et consuls de la *Ville
du Puy-Saint-Front* (4), pour venir dire leurs raisons et
assister, s'ils le jugeaient à propos, à la prestation du serment
des témoins assignés. Les maire et consuls comparurent,
soutinrent avoir des raisons péremptoires pour empêcher
l'enquête, demandèrent qu'on leur laissât copie des lettres

---

(1) Au mois de septembre 1247. V. pl. haut, pp. 32-34.

(2) Copie de ces lettres et des actes suivants, dont nous n'avons retrouvé les
originaux, est conservée aux archives municipales de Périgueux sous la cote
FF 180. Les lettres sont reproduites dans le *Rec. de 177 5*, pp. 121-122.

(3) *Rec. de 1775*, pp. 122-123.

(4) La *Cité*, où les comtes n'avaient jamais prétendu aucun droit, était naturellement en dehors de la contestation.

de commission, ainsi que des faits et articles qu'on leur avait opposés, et réclamèrent, en outre, un délai suffisant pour produire leurs moyens. Les commissaires, jugeant qu'un délai ne pouvait que rendre l'enquête plus malaisée, passèrent outre à la réception du serment des témoins, sans préjudice des droits respectifs des parties. Les maire et consuls, mécontents de cette décision, refusèrent d'assister à la suite de la procédure, qui fut suivie contre eux par défaut. Cependant, bien que l'enquête réclamée par les héritiers du comte n'ait eu aucun contradicteur, nous y verrons éclater l'illégitimité de leurs prétentions : les dépositions mêmes des témoins, qui y sont entendus, vont établir que ces prétentions furent appuyées, non sur aucun titre, mais sur des violences.

On voit d'abord, en tête du procès-verbal de cette enquête, les faits et articles qu'Archambaud et Boson veulent établir par les témoignages qu'ils ont recherchés. On rappelle la sentence qui, en 1247, avait condamné le comte Hélie VI et lui avait ôté la jouissance de tous ses droits et revenus, et la promesse que saint Louis lui avait faite, au mois d'avril 1248, de tout lui restituer (1) (art. 1 et 2). On y voit soutenu que, avant la guerre, le comte de Périgord était, au *Puy-Saint-Front*, seul en possession de toute espèce de juridiction temporelle (2) sur les délits dont on trouve ensuite l'énumération,

---

(1) V. pl. haut, pp. 34-35. Ce maladroit argument suffisait à lui seul à condamner les prétentions des demandeurs : en effet, il était facile de conclure que depuis 1251, époque de cette restitution, les comtes n'avaient joui d'aucun des droits que l'on voulait faire revivre, ce défaut de jouissance était une preuve certaine de l'inexistence de tout ce que l'on réclamait. Cette preuve est d'autant plus remarquable que, selon les termes mêmes de l'enquête, le roi avait saisi et mis en sa main « omnes reditus et omnia jura que habebat idem dominus Helias comes in Villa Podii Sancti Frontonis,.... de quibus per recognitionem consulum dicte Ville vel alias legitimo modo constaret ». Si donc, lors de la restitution, le comte de Périgord Archambaud III, ni son fils Hélie VII après lui, n'avaient été mis en possession d'aucun des droits que les jeunes Archambaud et Boson réclamaient en 1305, c'est qu'effectivement il fut vérifié que l'existence de ces droits n'était prouvée « nec per recognitionem consulum nec alias legitimo modo ».

(2) « .... Erat solus et in solidum in pacifica possessione vel quieta juris exercendi omnimodam jurisdictionem et justitiam temporalem.... »

savoir : les violences commises avec les armes, le rapt, l'adul·
tère, le crime de faux, les empoisonnements (1) (art. 3-8). On
y articule qu'il a également la justice et la police sur tous les
poids et mesures, et de plus·vingt livres de rente à percevoir
tous les ans à Noël (art. 9·10). On y prétend que le comte de
Périgord avait, avant la guerre, le droit de mener et de com·
mander l'armée de la *Ville,* ou de choisir celui qui devait la
commander pour lui ; et que chaque habitant ou *bourgeois*
était tenu de lui envoyer un homme ou un sergent d'armes,
toutes les fois qu'il en recevait l'ordre par la proclamation,
sous peine d'une amende de soixante-cinq sous et un denier
(art. 11-13) ; qu'enfin, il pouvait exiger de tous les habitants
et *bourgeois* le serment de fidélité, et avait le droit de les
convoquer par un héraut ou trompette, toutes les fois qu'il
voulait les assembler (art. 14-15), etc. (2).

Toutes ces obligations, il est facile de s'en convaincre,
étaient formellement contredites par les nombreux actes inter-
venus depuis le jugement de 1247 entre le comte et la municipalité. Nous les avons analysés à leur place ; il est inutile
d'y revenir (3). Quoi qu'il en soit, il est curieux de lire les
dépositions des témoins : leurs paroles, pleines de simplicité,
où les détails piquants abondent, ont été fidèlement trans·
crites. Nous rapporterons ici les dépositions des ·deux premiers. La plupart, parlant de faits qui avaient près de
soixante ans de date, ne pouvaient avancer que des on dit
très généraux. Aussi bien, c'est à quoi se réduisent le plus
grand nombre de leurs allégations, dont quelques-unes même

---

(1) Nous savons que, antérieurement à 1240, le comte avait acensé ces
droits à la municipalité moyennant une rente annuelle. Dès lors il n'en avait
plus l'exercice.

(2) L'enquête porte sur dix-neuf chefs. Les quatre derniers n'intéressent en
rien les droits de la *Ville,* mais concernent principalement la parenté des
réclamants.

(3) On peut en lire la discussion juridique dans le *Mémoire sur la constitution,* etc... (1775), pp. 135-137.

sont contradictoires Telle est, par exemple, la déposition du premier témoin :

Pierre Richard, *citoyen* de Périgueux, *octogenarius et ultra, prout ex aspectu sui corporis evidenter apparebat*, déclare qu'il a ouï dire que, plusieurs années avant la guerre dont il s'agit, le comte Hélie connaissait des fausses mesures au *Puy-Saint-Front* (1) ; que lui-même en a vu plusieurs exemples dont il ne peut citer aucun, eu égard à l'éloignement du temps. Comme on lui demande aussitôt combien il y a d'années que se sont passés ces faits dont il ne se souvient pas, il répond qu'il y a environ quarante ans (2). Le même témoin dit que le comte de Périgord avait un sergent d'armes par lequel il faisait *tradi et tailliari mensuras bladi et vini, alnas et cubitus*, et que ce sergent, dont le nom lui échappe, avait six doigts à une main. S'il ajoute qu'il a vu le comte exiger un serment de fidélité de quelques habitants, il a soin de corriger immédiatement : *plures contradixerunt et fuit proclamatum ad arma*. Si Pierre Richard dépose qu'il a ouï dire que le comte Hélie a marché jusqu'à un endroit nommé *Vernh* (Vergt) (3) avec l'armée de la *Ville*, il ne dit point qu'il se soit mis à sa tête, et il ajoute qu'il ne sait si ces troupes marchaient comme ses alliées, comme payées par lui ou comme lui devant le service (4).

Le second témoin, Raimond Martin, *bourgeois* de la *Ville* dit qu'il y a environ soixante ans que le comte fit juger dans la *Ville* par ses gens (5) un homme nommé Bruelh. Mais il ne sait, ni quel crime ce dernier avait commis, ni où il l'avait commis, ni à quelle peine il fut condamné (6). Le même Raimond Martin raconte un fait singulier

---

(1) « ... Erat in possessione cognoscendi et puniendi per se vel per allocatos suos in dicta *Villa* de falsa alna et falsis mensuris vini et bladi, de falsis ponderibus, etc... ».

(2) Cette assertion suffit à prouver la faiblesse du témoignage, car, quarante ans avant l'enquête, il y en avait près de vingt que le comte Hélie VI avait été condamné par le roi.

(3) Auj. ch.-l. de cant. de l'arr. de Périgueux.

(4) Le treizième témoin, Simon Merlin, explique ce fait et déclare qu'il a vu les troupes de la *Ville* marcher jusqu'à Vergt, mais à la prière du comte et comme ses alliés (*tamen rogati*).

(5) « .... Per bajulos et allocatos suos... ».

(6) Un autre témoin, qui dépose du même fait, nous apprend que ce Bruelh avait été arrêté par les gens du comte hors de la *Ville* (déposition du quatorzième témoin, Hélie Derode).

qui peut donner une idée de la manière dont le comte Hélie établissait son prétendu droit de justice : *Cum quidam avunculus vel patruus dicti testis teneret quamdam adulteram dictam* Lapiga *in domo sua, dictus dominus Helias Thalayrandi accessit ad domum patrui sive avunculi, et cum pulsaret dictus comes ad ostium et vellet eum capere et punire pro delicto, dictus avunculus sive patruus exivit ad fenestram et dixit : Domine comes, vos non intrabitis ; et dixit cuidam de familia sua : Porta illi sexaginta et quinque solidos quia pro delicto adulterii non teneor sibi ad plus* (1). Le même explique, en détail, le fait du serment, dont a parlé le premier témoin. Le comte Hélie, un jour, assemble dans l'église de Saint-Front, non des habitants de la *Ville*, mais quelques paysans des environs. Là, il veut les obliger à lui prêter serment de fidélité : le bruit s'en répand, et à peine deux ou trois l'ont-ils prêté qu'arrivent plusieurs consuls et des *bourgeois*. L'un d'eux frappe sur le livre des Evangiles que le comte tenait entre ses mains, et crie aux armes ; tous lui répondent ; l'émeute devient générale et peu s'en fallut qu'Hélie ne payât de sa vie l'acte de possession qu'il avait voulu se ménager (2), etc. (3). »

Les deux héritiers d'Archambaud III firent-ils usage de cette enquête, continuèrent-ils leurs poursuites contre les

---

(1) Est-ce là un acte de juridiction? On voit par ce témoignage que le comte, même après l'acensement consenti par lui à la municipalité, n'en avait pas moins persisté à prétendre exercer ses droits de justice dans la *Ville*, et qu'il avait l'habitude de procéder par intimidation, ce qui, dans la circonstance, lui réussit.

(2) Cette seule déposition prouve infiniment plus contre la seigneurie du comte que ne prouvent en sa faveur tous les autres on dit apportés à l'enquête. Voici, en effet, à quoi se réduisent ces faits anciens que l'on veut donner comme des monuments du pouvoir des comtes dans la *Ville* : le comte vient pour exiger de l'argent d'un *bourgeois*, sous prétexte qu'il mène une vie scandaleuse ; celui-ci ferme sa porte, mais, prêt à succomber sous la violence, il lui fait porter soixante-cinq sous, et le comte tient quitte son prétendu justiciable ; un autre jour, il assemble en secret quelques paysans dans une église ; c'est lui-même qui tient le livre des Evangiles pour les faire jurer ; on fait tomber le livre de ses mains, on prend les armes et on le chasse. Si ce sont là des marques de seigneurie, la *Ville*, en vérité, ne pouvait trop les publier pour établir son indépendance.

(3) Ving-six témoins déposèrent dans cette enquête dont le procès-verbal est reproduit tout au long dans le *Rec. de 1775*, pp. 121-156. V. sur cette enquête le *Mémoire sur la constitution*, etc. (1775), pp. 132-146, auquel nous avons fait quelques emprunts, et Dessalles, ouv. cité, t. II, pp. 93-96.

maire et consuls de Périgueux ? En 1319, ce même Archambaud, fils du feu comte de même nom, avait au Parlement une instance pendante entre lui, comme demandeur, et les maire et consuls de la ville de Périgueux, comme défendeurs. On ne sait quand ni pourquoi cette instance avait été introduite : peut-être Archambaud travaillait-il encore à se faire *rétablir* dans les droits qu'il avait prétendus en 1305. On voit cependant que, cette même année (1319), les maire et consuls furent deux fois obligés de le faire ajourner pour comparaître et venir soutenir ses demandes. Les ajournements existent (1), et ils prouvent, du moins, que la ville de Périgueux ne redoutait point les effets de l'enquête de 1305. Mais comme, depuis cette époque, il ne paraît pas que, à cet égard, il ait été rien jugé, il est vraisemblable que les demandes des comtes furent abandonnées comme insoutenables (2), et que, du jour de la contradiction manifeste qui leur fut opposée par la ville de Périgueux, la possession est toujours demeurée à celle-ci. Dès lors, il importe, en effet, de le remarquer, nous verrons les comtes et leur famille non plus réclamer des droits, mais essayer de se les faire attribuer par l'autorité royale (3).

§ 3. — *1305-1320.* — L'acquisition par la municipalité des droits et de la juridiction du *vigier* n'avait pas mis fin aux dissentiments qui la séparaient du chapitre de Saint-Front. Il fallait, d'ailleurs, l'approbation du roi, suzerain de la ville, pour que cette acquisition devînt définitive. Soit que les guerres avec la Flandre, soit que les embarras de toute sorte, suscités à la couronne, eussent empêché le roi de s'occuper de cette affaire, la ville, quatre ans après, ne l'avait pas encore obtenue. Le moment parut favorable en 1308, et des négociations furent entamées à cet effet. Comme on va le voir, le con-

---

(1) Ils sont reproduits dans le *Rec. de 1775*, pp. 184-186.

(2) V. d'ailleurs plus loin, § 3 *in fine.*

(3) V. le *Mémoire sur la constitution*, etc... (1775), p. 146.

sulat, dans l'intervalle, n'avait pas perdu son temps. Le roi
était représenté par Hugues de la Celle, chevalier, et par Jean
Calvet, son procureur (1) dans la sénéchaussée du Périgord.
La municipalité demandait que Philippe approuvât et con-
firmât la paix et la transaction arrêtées entre elle, l'abbé et le
chapitre, avec cette convention que la seigneurie et le ressort
appartiendraient à la couronne seule, et que le maire, les
consuls et la communauté tiendraient directement d'elle
tout ce que l'abbé et le chapitre leur cédait, sans être obligés
d'en faire hommage à l'abbé ni au chapitre. Le roi, de son
côté, devait délaisser aux maire et consuls sa part dans la juridiction et l'émolument du sceau de la cour commune
entre la couronne et l'église de Saint-Front (2), et approuver
l'achat par la municipalité de la *vigerie* et de la juridiction
du *vigier*. Le roi devait encore céder à la municipalité toute
la juridiction et tous les autres droits qu'il avait dans la
paroisse de Saint-Front, se réservant seulement le ressort,
l'hommage, et recevant, en outre, trois cents livres de rente,
payables par la ville, moitié à la Saint-Jean, moitié à la Noël,
jusqu'au moment où cette rente serait assise sur un domaine
suffisant, acquis par la couronne, ou, par la ville, pour le
compte de la couronne, et cinq mille livres une fois données (3).

Ces prétentions des maire et consuls nous révèlent combien leur autorité avait grandi. Nous verrons plus loin les
raisons qui empêchèrent cet arrangement d'aboutir (4).

L'année suivante (1309) fut marquée par un gros incident
qui troubla profondément la communauté : on découvrit que,
depuis plusieurs années, les élections consulaires étaient en-

---

(1) Le procureur du roi était le défenseur des droits de la couronne dans
la sénéchaussée.

(2) La cour du *cellérier*, dont le roi, en vertu du pariage de 1246, possédait
la moitié.

(3) Cet acte fut passé à Angoulême le 21 avril 1308. Il est conservé aux
Archives nationales, sous la cote J 292, *Périgord*, nº 11. V. Dessalles,
ouv. cité, t. II, pp. 101-102.

(4) V. pl. loin, pp. 65 et suiv.

tachées de fraude. Le maire, Pierre Martin, et les consuls en
exercice furent dénoncés, reconnus coupables et traduits devant le Parlement. L'affaire fut aussitôt instruite et un arrêt
rendu, qui apprend, à la fois, comment on nommait les maire
et consuls et quelles manœuvres étaient venues vicier le
mode normal de l'élection. Il est intéressant d'en résumer
les principales dispositions :

Le mode et la forme de la création annuelle du maire et des
consuls, longtemps et paisiblement observés par les habitants de
Périgueux, étaient que, l'espace d'un an écoulé, le maire et les consuls
s'assemblassent au consulat ; que là, en présence de tous les habitants convoqués à son de trompe, ils déposassent leurs pouvoirs, et,
après avoir préalablement prêté serment de désigner les plus capables
et les plus dignes, fissent choix de quatre personnes parmi les habitants, hors les membres de la municipalité sortant de charge. Les
quatre élus, après avoir prêté serment à leur tour, en choisissaient huit
autres, toujours en dehors du maire et des consuls, lesquels, le serment aussi préalablement prêté, désignaient le maire et les consuls qui
devaient administrer la ville pendant l'année qui s'ouvrait. Or, il était
arrivé que, depuis plusieurs années, le maire et les consuls, pour
conserver toute leur influence, s'assemblaient clandestinement et désignaient en cachette les quatre électeurs qui devaient faire choix des
huit autres, leur imposaient leur volonté et leur faisaient nommer les
huit par eux désignés ; que ces huit, circonvenus à leur tour, pro-
clamaient le maire et les consuls qui leur étaient imposés.

Cette fraude ayant été découverte, et les malversations,
abus et violences, qui en étaient les conséquences ayant
été dénoncés au Parlement, il fut ordonné que la juridiction de la ville serait mise sous la main du roi, que les
maire et consuls, élus selon le mode accoutumé, seraient
présentés au sénéchal et qu'ils administreraient selon la manière ancienne. En outre, en punition des résistances faites
à l'autorité du roi, les portes de l'hôtel de ville furent brisées
et brûlées, et il fut décidé que l'hôtel resterait sans fermeture
aussi longtemps qu'il plairait au souverain ; que les maire et
consuls coupables, et leurs enfants jusqu'à la troisième génération, seraient exclus de la mairie et du consulat ; et qu'enfin
ce maire, ces consuls et un certain nombre d'autres indi-

vidus qui leur avaient prêté la main, payeraient au roi une amende de 6000 livres tournois et à Lambert Laporte, leur principale victime, 1000 livres tournois de dommages-intérêts, réparties sur les coupables par la cour elle-même (1).

Cet arrêt fut rigoureusement exécuté en ce qui concernait les maire et consuls condamnés, la saisie de la juridiction et la destruction des portes du consulat (2) ; mais, comme il arrive souvent, la couronne voulut profiter de la situation pour s'immiscer dans l'administration de la ville qui, pourtant, avait été expressément réservée. De là une plainte des maire et consuls sur laquelle le roi, par lettres en date du 5 juillet 1310, à Paris, interdit au sénéchal de les troubler dans l'exercice de leurs droits (3). Cela n'empêcha pas le lieutenant du sénéchal de renvoyer l'affaire, le 27 juillet, aux

---

(1) Les lettres royales qui reproduisent l'arrêt du Parlement, conservées aux archives municipales de Périgueux sous la cote FF 6, sont datées du 26 avril 1309. L'arrêt lui-même se trouve in-extenso dans les *Olim* (éd⁰ⁿ Beugnot, t. III, pp. 366-372), daté de l'année seulement. Une copie manuscrite de ce même arrêt, transcrite dans la *Collection Périgord* de la Bibliothèque nationale, t. LXXII, p. 22, lui assigne la date du 26 avril 1309, à Cachan, qui est celle des lettres royales précitées.

(2) V. aux archives municipales de Périgueux, sous la cote FF 8, pièce 1, une requête en forme de consultation, en date du 25 septembre 1310, à Sarlat, adressée au Conseil du roi par Jean d'Arrablay, sénéchal du Périgord et du Quercy : « Le sénéchal, par lettres royales du 23 août 1310, a reçu l'ordre d'installer en la charge de maire de Périgueux Arnaud Carlan (*al.* Carlon), valet du roi ; mais plusieurs difficultés l'embarrassent. L'arrêt du Parlement, rendu l'année précédente (1309), portait, entre autres choses, que toute la juridiction de la ville serait mise sous la main du roi et, néanmoins, que les bourgeois et habitants pourraient, comme par le passé, élire chaque année leurs maire et consuls, à charge de les présenter au sénéchal. En vertu de la première clause, le roi, par ses lettres du 12 mai 1309, transcrites sur la présente requête, avait commis Mᵉ Hélie de Creyssac pour exercer la juridiction communale. Comme il ressort du texte de cette commission qu'Hélie de Creyssac est seul préposé à cet exercice et que le maire semble n'y avoir plus aucun droit, le sénéchal, avant de procéder à l'installation dudit Arnaud Carlan, prie le Conseil du roi d'ordonner sur les faits qu'il expose ».

(3) Arch. mun. de Périgueux, BB 2. Reprod. dans le *Rec. de 1775*, pp. 154-156.

assises suivantes (1), où elle dut être terminée conformément aux ordres du roi et à la demande des maire et consuls.

Restait la mainmise du roi sur la juridiction communale, l'interdiction jetée sur les familles des coupables et la destruction des portes de la ville. Ces trois chefs de condamnation ne tardèrent pas à être le sujet de nouvelles réclamations (2), qui amenèrent le Parlement à ordonner une enquête sur laquelle cette cour se prononça, le 11 juin 1317. Elle rejeta la requête présentée (3) ; mais, cédant aux instances des réclamants, et comprenant qu'il était prudent de conserver sur les frontières françaises la fidélité d'une ville dévouée, Philippe le Long, seize jours plus tard, accorda des lettres de rémission portant que « la mainmise royale était retirée, que les portes du consulat seraient refaites et que les maire, consuls et leur famille, exclus des fonctions municipales jusqu'à la troisième génération, étaient réhabilités et reconnus de nouveau propres à exercer ces fonctions, à la condition cependant que la ville verserait au trésor 11000 livres tournois d'amende, payables en un certain nombre d'années » (4).

Peu de temps après l'arrêt de 1309, le Parlement, le mardi après l'octave de l'Epiphanie 1310 (n. st.), en rendit deux autres relatifs à la juridiction du *cellérier*, qui méritent que nous nous y arrêtions. Le plus important concerne une plainte formée par le chapitre et le chantre de l'abbaye de Saint-Front contre les enquêteurs (5), récemment envoyés par le roi

---

(1) Arch. mun. de Périgueux, BB 2.

(2) Des lettres du roi Philippe le Long, en date du 20 septembre 1316, à Paris, conservées aux archives municipales de Périgueux sous la cote FF 8, pièce 2, enjoignent au sénéchal d'informer sur la demande que lui ont adressée les maire et consuls de Périgueux à l'effet d'être rétablis dans l'exercice de leur juridiction.

(3) *Olim* (éd⁰ⁿ Beugnot), t. III, pp. 1164-1165.

(4) Arch. nat., Reg. du Trésor des Chartes JJ 54, fol. 34 r⁰.

(5) Les enquêteurs (*inquisitores*) étaient des officiers royaux, chargés de contrôler l'administration des baillis et sénéchaux et des agents inférieurs. Philippe-Auguste avait déjà envoyé dans les prévôtés des officiers spéciaux tirés de son conseil et chargés de répartir les tailles, de faire des enquêtes

en Périgord. Les plaignants disaient en substance qu'il était d'usage d'appeler de la cour du *cellérier* à la cour du chapitre, et que, cependant, les enquêteurs avaient défendu ces sortes d'appels ; que, malgré la coutume consacrée de sceller les certificats de l'unique sceau du chapitre, par les soins du chantre qui en tirait un revenu personnel, ces enquêteurs avaient pareillement défendu qu'on fît usage de ce sceau pour ces sortes d'actes ; ils disaient encore que, bien que la juridiction temporelle de la *Ville du Puy-Saint-Front* fût commune au roi et au chapitre dans les causes civiles comme dans les causes criminelles (1) ; bien que le roi et le chapitre, depuis la création du sceau commun, fussent en possession de créer des notaires publics, chargés de la confection des actes destinés à être scellés de ce sceau ; quoique, enfin, ils eussent le droit d'accorder à ces notaires des lettres d'institution, scellées du sceau du chapitre et de celui du sénéchal, — ces mêmes enquêteurs avaient défendu d'ajouter foi aux actes des notaires porteurs de lettres d'institution, scellées du sceau du chapitre et de celui du sénéchal, et voulaient que l'on ne considérât comme bons que ceux des notaires porteurs de lettres d'institution, scellées du sceau commun au roi et au chapitre, au détriment du chapitre et du chantre. Une enquête fut ordonnée ; mais, s'étant trouvée mal faite, elle dut être

---

sur tel ou tel fait. Saint Louis généralisa cette institution, qui devint un des bienfaits de son règne. Ces enquêteurs étaient tantôt des chevaliers, tantôt de simples légistes, tantôt des moines ou des chanoines. Ils ressemblaient aux *missi dominici*, mais avec plus de pouvoirs sur les agents surveillés. Ils étaient chargés de recueillir toutes les plaintes contre les officiers royaux ; ils pouvaient destituer les prévôts et autres agents inférieurs, mais non les baillis et sénéchaux coupables ; ils prononçaient leurs sentences en dernier ressort ou renvoyaient l'affaire au Parlement. — Ceux dont il est question ici sont vraisemblablement les deux enquêteurs Jean Ducis, chantre de Rouen, et Jean du Plantier, chevalier, qui élaborèrent, en 1302, le *statut concernant l'administration de la justice dans la sénéchaussée du Périgord et du Quercy et la taxe des frais de procédure*, en date du 31 décembre de cette année, à Périgueux, conservé aux archives municipales de Périgueux sous la cote FF 6.

(1) Nous verrons plus loin que la justice du pariage avait une compétence purement civile. (V. notre seconde partie, chap. IV (*Justices*), § 2, A.)

recommencée (1). Ces détails n'en sont pas moins très importants pour l'histoire de la cour du *cellérier*.

Le second des arrêts est de moindre portée. Bien que
la cour du *cellérier* eût, comme nous venons de le voir, un
sceau commun au roi et au chapitre et dont les enquêteurs
voulaient accroître l'importance, il ne semble pas qu'il y eût
alors un local affecté au siège de la juridiction du pariage.
Aussi le procureur de l'abbé et du chapitre demanda-t-il au
roi « que la maison d'un nommé Guillaume Guy, confisquée
pour les méfaits de ce dernier, et dont la moitié appartenait
au chapitre » servît à cet usage. Après information, il fut
décidé que, si ledit procureur maintenait sa demande, le
Parlement ordonnerait une enquête à cet égard (2).

On se rappelle que, le 14 avril 1304, la municipalité acquit
solennellement la *vigerie* des mains d'Hélie Vigier, qui la
tenait du chapitre de Saint-Front en fief héréditaire (3). Quatre ans plus tard (1308), nous avons vu les consuls tenter auprès du roi des démarches qui, outre l'approbation royale
nécessaire à cet acte, devaient leur assurer de nouveaux privilèges (4). Le chapitre ne pouvait ignorer cette manœuvre
qui ne tendait à rien moins qu'à le dépouiller de ses droits.
Il en prévint l'effet, fort habilement, et fit au roi des ouvertures qui furent acceptées. Deux actes nous renseignent sur
cette négociation.

Le premier nous apprend que le roi Philippe le Bel avait
traité, par l'entremise de ses représentants, de la cession à la
couronne de la juridiction temporelle du chapitre (5), moyennant une juste récompense ; mais que, les actes passés n'étant
pas définitifs, il avait, pour terminer l'affaire, chargé, par lettres
datées du 29 mai 1313, à Paris, Hugues de la Celle et Pierre
de Blanosque, chevaliers, d'aller sur les lieux la conclure, à

----

(1) *Olim* (éd⁰ⁿ Beugnot), t. III, pp. 402-403.
(2) *Idem, ibidem*, pp. 403-404.
(3) Voir plus haut, pp. 52-53.
(4) Voir plus haut, pp. 59-60.
(5) C'est-à-dire la moitié de la justice du *cellérier* dont le roi possédait
déjà l'autre moitié, et la suzeraineté de la *vigerie*.

la satisfaction de tous les intéressés et pour le plus grand
avantage du bien général. Sur quoi, ces fondés de pouvoir se
rendirent à Périgueux, s'adjoignirent le sénéchal et le procureur du roi dans la sénéchaussée, et arrêtèrent, le 29 novembre 1313, avec le fondé de pouvoir du chapitre et le chapitre
lui-même, l'arrangement suivant :

*La juridiction et la justice que le roi possède en commun avec lui
au Puy-Saint-Front, le chapitre les cède au roi,* ainsi que la juridiction de la paroisse de Saint-Georges, près Périgueux, sauf les fiefs et
autres revenus, pour la somme de deux cents livres de petits tournois de rente, que le chapitre se procurera au moyen de quatre mille
livres de petits tournois une fois données par le roi, quittes de tous
droits. Il est bien entendu néanmoins que le chapitre aura la faculté de
juger au *Puy-Saint-Front* les procès, crimes et délits de ses hommes, ainsi qu'il le faisait par le passé, sans réserve ni difficultés,
comme aussi sans aucune innovation. Le domaine direct des maisons, greniers et autres dépendances, dans toute l'étendue de la paroisse de Saint-Front, ainsi que les lods et ventes de ces maisons,
greniers, etc., resteront en commun. Il est, cependant, permis aux
chanoines, comme ils sont très petitement logés, et quoiqu'il leur soit
interdit de faire des acquisitions autrement que pour leur logement,
d'acheter quatorze maisons sans payer de lods et ventes, sous cette
condition qu'elles seront de mainmorte. *Le chapitre cède encore au
roi tout le droit féodal qu'il a sur le vigier et la vigerie.* Enfin, il est
convenu qu'il n'y aura plus de sceau commun dans la *Ville,* mais un
sceau royal (1).

Le dimanche suivant (2 décembre), d'après le second des
deux actes, le roi, devenu suzerain de la *vigerie,* rachetait
d'Hélie Vigier, dont la famille était préposée à cette justice,
l'exercice de son droit. Les mêmes fondés de pouvoir, porteurs de lettres royales, accompagnés du sénéchal et d'un
des procureurs royaux de la sénéchaussée, traitèrent de la
sorte avec Hélie Vigier :

Ledit Vigier cède au roi la *vigerie* et les droits qui en dépendent,
telle que lui et ses ancêtres l'ont toujours possédée, à titre de fief

____

(1) Arch. nat., Reg. du Trésor des chartes JJ 50, pièce 7.

tenu de l'abbé et du chapitre de Saint-Front, avec hommage, serment de fidélité et acapte de huit florins d'or à chaque muance de *vigier*, sauf les droits qui lui incombent personnellement, moyennant cent livres de petits tournois de rente à percevoir sur la sénéchaussée du Périgord, sur celle de Saintonge ou sur le comté d'Angoulême, et quinze cents livres une fois payées, à cette condition que ledit Hélie Vigier exercera ses fonctions et percevra les produits de la *vigerie*, tant qu'il n'aura pas reçu les quinze cents livres et qu'on ne lui aura pas assigné les cent livres de rentes. Il exige, en outre, que, dans cette assignation, il n'y ait rien de placé sous la juridiction des maire et consuls de Périgueux, et que sa famille, ses biens et lui-même soient sous la sauvegarde spéciale du roi, avec un gardien particulier (1).

Il ne semble pas que les deux actes que nous venons d'analyser aient été exécutés. En réalité, le roi n'acquit pas la *vigerie* (2), et la cour du *cellérier* ou du pariage continua à être commune entre le roi et le chapitre (3). Il y a grande apparence que la couronne, alors fort endettée, ne put pas plus payer les 4000 livres exigées par le chapitre que la somme

---

(1) Arch. nat., Reg. du Trésor des chartes, JJ 50, pièce 4.

(2) V. notamment un mandement du roi Philippe de Valois, en date du 19 janvier 1330 (n. st.), à Paris, enjoignant au sénéchal du Périgord, sur requête des chanoines et du *vigier* de Saint-Front, d'informer sur les avantages qu'il y aurait à réunir en une seule cour celle du pariage et celle du vigier. *Le vigier tient à fief sa juridiction de l'abbé et du chapitre de Saint-Front et en perçoit seul les émoluments* ; au contraire, les revenus de la juridiction temporelle du pariage sont répartis par tiers entre le roi, le chapitre et le juge. D'ailleurs, les revenus des deux cours sont d'égale importance (Arch. mun. de Périgueux, FF 40, pièce 3). Il est certain que cette fusion ne se fit pas : les actes postérieurs à 1330, qui concernent ces deux cours, ne permettent pas de supposer qu'elles aient été un instant réunies.

(3) Plusieurs actes postérieurs à la date de la cession (29 novembre 1313), par exemple le mandement royal du 19 janvier 1330 (n. st.), mentionné dans la note précédente, parlent de la cour du *cellérier* comme étant encore commune entre le roi et le chapitre. Il semble du moins que cette cession ait eu pour résultat d'encourager le juge du pariage à commettre des abus de pouvoir. On peut l'inférer d'une plainte portée le 23 janvier 1314 (n. st.), par le procureur de la communauté contre le *cellérier* « qui avait fait construire une prison et empiété, en maintes reprises, sur le droit des consuls ». (V. dans notre seconde partie, chap. IV (*Justices*), § 2, A, *in fine*, une note relative à cette affaire.)

réclamée par Hélie Vigier. Mais ces négociations, pour n'avoir pas été suivies d'effet, n'en constituaient pas moins, on le comprend, un échec fâcheux pour la politique de la municipalité. Cependant, loin de s'abandonner, elle continua de garder jalousement ses privilèges et témoigna, une fois encore, qu'elle ne craignait pas de rappeler les officiers royaux au respect de ses droits. C'est ainsi que, le 28 avril 1314, elle fit constater officiellement par le juge-mage que les prisons de la ville appartenaient à elle seule, et que les représentants de la couronne ne pouvaient s'en servir qu'avec sa permission (1).

Pendant les cinq années qui suivent (1315-1320), l'histoire de la ville de Périgueux devient soudain fort obscure. C'est à peine si quelques rares documents, qu'il est difficile d'interpréter, viennent éclairer cette période d'un faible jour. Aussi est-il malaisé d'entrevoir la liaison des événements. Nous donnerons donc la suite chronologique des faits, en résumant les conjectures par lesquelles Dessalles s'est essayé à les expliquer.

Philippe V avait succédé à Louis X, son père, le 25 novembre 1316. Au mois d'avril suivant, la municipalité chargea deux consuls, Guillaume de Margo et Itier Chatuel, d'aller à Bourges porter au nouveau roi l'hommage de la ville et lui prêter le serment de fidélité. Un acte émané de Philippe V, en date du mois d'avril 1317, à Bourges, le constate officiellement (2). Vers la même époque, le 22 février précédent, le lieutenant du sénéchal, ayant, sans doute, prétendu à nouveau disposer, sans autorisation, de la prison consulaire, la municipalité contraignit cet officier à reconnaître formellement, ce qui avait été fait en 1314, que la prison avait été mise bénévolement à sa disposition par les consuls (3).

---

(1) Arch. mun. de Périgueux, FF 7, pièce 3. Reprod. dans le *Rec. de 1775*, pp. 162-165.

(2) *Ibidem*, AA 5, pièce 1. Reprod. dans le *Rec. de 1775*, pp. 167-168.

(3) V. le *Rec. de 1775*, pp. 231-232. La date de cet acte, ainsi énoncée : « die martis in festo kathedre sancti Petri, anno Domini 1317 », doit renfermer une erreur. C'est en 1317 que la fête de la chaire de saint Pierre (22 février) tomba un mardi ; suivant le style du temps, le millésime inscrit au bas de l'acte aurait dû être 1316.

Dans ce même temps, de graves événements, que nous connaissons mal surgirent à Périgueux. Des discordes intestines, qui, dès l'année 1315, nécessitaient l'intervention du sénéchal (1), éclatèrent entre le maire et les consuls du *Puy-Saint-Front*, d'une part, et de l'autre, Lambert Laporte (2), les consuls de la *Cité* et les clercs des *Ville* et *Cité* de Périgueux. Quelle en était la cause ? Tout porte à croire que les troubles étaient dus, au moins en partie, à la conduite tenue par le maire et les consuls du *Puy-Saint-Front* dans la répartition et la levée des impôts. Peut-être des procédés brutaux à l'égard de certains contribuables avaient-ils excité quelque mécontentement contre eux. Il semble, en outre, qu'on leur reprochait d'avoir éludé l'arrêt de 1309 et ses conséquences (3).

---

(1) Cette année-là, la municipalité eut des difficultés avec les habitants de la *Cité* qui, à la suite d'une rixe sanglante engagée par eux contre les maire et consuls et les gens de leur suite, avaient fermé leurs portes et pris une attitude belliqueuse. MM** Léger et Chavanton procédèrent à une première information. L'affaire se poursuivit devant G. de Savanot, commissaire envoyé de Cahors, et Bertrand de Gourdon. Enfin, le sénéchal vint lui-même à Périgueux. La cause fut instruite devant lui par audition de témoins, au couvent des Frères Prêcheurs. (Arch. mun. de Périgueux, registre de comptes pour l'année 1314-1315, coté CC 41.)

(2) Il semble que ce Lambert Laporte est le même que celui qui porta plainte, en 1309, contre les maire et consuls. V. plus haut, p. 62, la fin de l'arrêt du Parlement.

(3) Voici la traduction des articles rédigés à cette occasion par Lambert Laporte, les consuls de la *Cité* et les clercs des *Ville* et *Cité* de Périgueux contre le maire et les consuls du *Puy-Saint-Front* : « Pierre Martin, en son vivant maire de Périgueux, et plusieurs de ses collègues au consulat ont été, pour leurs démérites, condamnés par la cour du Parlement et exclus, eux et leurs descendants jusqu'à la troisième génération, de toute participation aux charges consulaires. Ne pouvant administrer par eux-mêmes, lesdits interdits (*privati*), par des menées coupables, ont réussi à faire entrer dans le corps consulaire certains de leurs parents et amis. Ces derniers, à leur tour, ont créé des procureurs et syndics de leur parenté et à leur entière dévotion. S'appropriant les sceaux du consulat, ils ont, dès lors, engagé follement la communauté et vexé de mille manières tous ceux qui auraient pu leur faire opposition. Par des machinations frauduleuses, sous le prétexte du bien public, ils ont obtenu des gens du roi, moyennant le prix de 11000 livres tournois, la restitution des droits de justice et le rappel des interdits. A

Une plainte fut portée au roi avec une copie de l'arrêt (1). Nous verrons tout à l'heure ce que fit la couronne et quelle suite eut l'affaire.

Ces dissensions n'étaient pas pour déplaire aux deux ennemis nés de la communauté, le comte et le chapitre de Saint-Front, qui, s'ils ne les avaient pas fomentées, ne manquèrent pas du moins d'en profiter. Depuis longtemps, des divergences portant sur l'étendue de leurs juridictions respectives les divisaient : le moment leur parut venu d'y mettre fin. Déjà, en 1316, un rapprochement fut tenté. Il y est fait allusion dans des lettres du roi Louis X au sénéchal du Périgord, en date du 27 mai 1316, à Paris (2). Un an plus tard, le 12 avril 1317, un lien plus étroit vint unir les deux parties : un acte de pariage fut conclu entre elles, qu'il est intéressant d'analyser :

Le comte et la comtesse (3) avaient de vives contestations, souvent réitérées, avec le chapitre au sujet des hommes et des terres possé-

l'aide des finances communales, ils ont encore obtenu que Hugues *de Juliano*, gendre d'un des interdits, fût réintégré dans sa charge de notaire, qui lui avait été retirée jadis sous l'inculpation de faux. Son beau-père, Pierre de Lachapelle, est sergent général et garde de la ville « ut sic non immerito dici possit quod lupus rapax effectus est ovium gardiator ». Prétextant une contribution à payer au roi, lesdits consuls, procureurs et syndics ont levé sur les habitants une somme de 2000 livres tournois qu'ils ont ensuite gardée pour eux. L'émolument des *boîtes* (provenant du pesage du blé) était affermé couramment 3000 livres périgourdins ; ils l'ont accensé à un de leurs complices pour le prix de 1000 livres, d'où, pour la ville, une perte annuelle de 2000 livres. Pour acquitter la finance de 11000 livres promise aux gens du roi, ils ont compris les clercs dans les rôles de la taille, et, ne pouvant les faire contraindre par le ministère des sergents royaux, ils ont prélevé sur eux des gages dont la vente leur a procuré 200 livres en plus de ce qui était à payer. De pauvres gens, dans l'impossibilité de payer leur taille, en ayant appelé au roi, lesdits consuls les emprisonnèrent « in tenebroso carcere » et, par la terreur, les obligèrent à retirer leur appel. De tels excès continueront s'il n'y est porté prompt remède. » Après avoir rappelé les persécutions dont lui-même a été l'objet, Lambert Laporte proteste contre l'élection des consuls actuellement en charge et dont un seul n'est pas au nombre des interdits ; il demande, en outre, que les deux précédentes municipalités rendent les comptes de leur admininistration. (Arch. mun. de Périgueux, FF 75.)

(1) Voir plus loin les lettres de Philippe le Long, datées du 26 juin 1318.

(2) Arch. dép. des Basses-Pyrénées, E 617.

(3) Archambaud IV et sa mère et tutrice, Brunissende de Foix.

dés par les uns et les autres dans diverses paroisses des environs de Périgueux Pour couper court à leurs divisions, d'un commun accord, ils constituent un pariage et société de leursdits droits de justice, comme suit : le chapitre met dans la société la juridiction qu'il exerce dans les château et châtellenie de Périgueux, etc. De leur côté, le comte et sa mère apportent les droits de justice qu'ils ont dans les château et châtellenie susdits, etc.... Tous les ans, le jour de la fête de Saint Jean-Baptiste, à Périgueux, il sera créé en commun un juge, un greffier, des sergents et autres employés nécessaires pour administrer la juridiction commune. Le comte et le chapitre désigneront d'un commun accord le lieu où se tiendront les assises et où seront placées la prison et les fourches patibulaires. Dans toute l'étendue du pariage, la justice sera rendue conformément aux règles établies par le présent acte. Le pariage ne donnera aucun droit nouveau sur les hommes ni sur les choses aux parties contractantes. Si le pariage venait à se dissoudre, tout rentrerait dans l'état primitif. Les cens, rentes, redevances, etc., déjà existants, seront perçus par les parties contractantes, respectivement, comme par le passé ; on rendra la justice suivant la manière accoutumée dans les affaires inhérentes au domaine direct des deux parties, etc.... (1).

Cet arrangement fut approuvé par le roi au mois de juillet 1318 (2).

On conçoit aisément combien ce pariage fortifiait l'union des deux ennemis héréditaires de la communauté et devenait ainsi redoutable à cette dernière (3). Cette marque d'hostilité ne suffit pas à Brunissende de Foix, mère et tutrice du jeune comte Archambaud. Le 9 février 1318 (n. st.), elle crut devoir

---

(1) Arch. nat., Reg. du Trésor des chartes, JJ 56, pièce 462. Ce pariage portait donc sur les divers droits de justice que les deux parties possédaient dans la châtellenie de Périgueux et ailleurs. La châtellenie de Périgueux était le territoire comtal qui dépendait du château *(castrum)* de la Rolphie ; elle s'étendait sur plusieurs paroisses des environs de la ville.

(2) Arch. nat., *ibidem*.

(3) Ce pariage est visé dans des mandements du sénéchal du Périgord et du Quercy de l'année 1333 (Arch. mun. de Périgueux, FF 26). Ces actes nous apprennent que « les officiers de la cour du pariage établi entre le comte de Périgord et le chapitre de Saint-Front avaient voulu étendre leur juridiction et contraindre plusieurs habitants de la paroisse d'Atur à reconnaître leur compétence ». Sur les plaintes qui lui en ont été portées par les maire et consuls, le sénéchal enjoint au baile et aux sergents du roi d'ajourner les parties à ses prochaines assises à Périgueux.

affirmer par devant notaire le droit qui appartenait au comte d'empêcher les maire et consuls et même les commissaires royaux de lever sur ses officiers et gens « taille ni autre subside » (1). Le 12 avril suivant, Archambaud IV et sa mère confirmaient à la maison de Pierre *de Périgueux* les privilèges qui lui avaient été concédés en 1227, puis renouvelés en 1302 (2).

Cependant, les troubles devenaient tels dans la ville, que la couronne, saisie, comme nous l'avons dit, d'une plainte en forme, comprit la nécessité d'agir avec vigueur. Des lettres du roi Philippe V en date du 26 juin 1318, à Paris, adressées à Raoul de Jayac, Itier *de Fano*, clercs, et à Bertrand de Roquenégade, chevalier, s'expriment ainsi :

Nous vous envoyons, sous notre contre-sceau, les articles remis à notre cour par Lambert Laporte, *bourgeois* de Périgueux, et ses co-plaignants, Pierre de Lacropte, damoiseau, Pierre de Montbrier, clerc et consul fondé de procuration des habitants de la *Cité* de Périgueux, et Raymond Brun, clerc, pour lui et les autres clercs de la *Cité* et du *Puy-Saint-Front* de Périgueux vivant cléricalement, et nous vous demandons de vous rendre tous les trois ou, du moins, deux d'entre vous, à Périgueux, sans le moindre retard, pour informer aussi diligemment que faire se pourra sur ces articles et sur ceux qu'on voudra vous remettre, touchant les plaintes formées depuis deux ans par les habitants de la *Cité* et du *Puy-Saint-Front* contre les maire et consuls, comme au sujet des caisses où est déposé l'argent à l'usage de la municipalité, afin de savoir comment elles ont été instituées et si la municipalité avait le droit de les instituer, de quel avantage ou de quel inconvénient elles sont et peuvent être pour nous et pour le public. Vous informerez aussi sur l'état et condition de la *Cité* et de la *Ville* et sur la manière dont se conduisent et gouvernent les administrateurs. Pendant que vous vous occuperez de cette enquête, vous saisirez les caisses et la juridiction du consulat et vous les ferez gérer par des personnes capables, jusqu'à nouvel ordre. Vous ferez restituer, sous cautions, les biens des clercs et des

---

(1) Bibl. nat., *Collection Périgord*, t. ix, 4ᵉ cahier, p. 5.

(2) *Ibidem* (extrait des arch. dép. des Basses-Pyrénées), t. IX, 1ᵉʳ cahier, p. 23. V. pl. haut, pp. 10, n. 4, et 51.

laïcs de la *Cité* et de la *Ville*, pris, dit-on, injustement par lesdits administrateurs, contre lesquels de graves plaintes ont été portées... Nous voulons, du reste, que l'arrêt déjà rendu par notre cour (1) obtienne son plein et entier effet... Vous ferez en sorte, cependant, de rétablir la paix et la concorde, si cela vous est possible, en prenant pour base la décision rendue autrefois par notre bisaïeul le roi saint Louis (2).

Ces lettres furent suivies de deux autres. Les premières, du 20 septembre, recommandent à Bertrand de Roquenégade, puisque Raoul de Jayac et Itier *de Fano* ne peuvent l'assister, de s'adjoindre le sénéchal ou tout autre, et de faire à eux deux ce que ses collègues ne peuvent accomplir avec lui (3). Les secondes, du 10 novembre, presque analogues, autorisent Bertrand de Roquenégade à s'adjoindre un homme capable et lui enjoignent de ne pas différer plus longtemps de traiter ces affaires (4). Sur quoi, le 7 décembre, le commissaire, conjointement avec Philippe de Grialon, juge-mage de la sénéchaussée, saisit la juridiction du consulat, le consulat lui-même et ses caisses, en confie l'administration à Pierre Desmons, clerc du roi, et lui commande de faire restituer sous cautions tous les biens confisqués ou saisis sur des clercs (5). Pierre Desmons administra, de fait, les finances de la communauté pendant un an, depuis le vendredi après la Saint-Martin d'hiver (17 novembre) 1318, jusqu'au dimanche après la Saint-André (2 décembre) 1319. Il nous reste de sa gestion un compte de recettes et dépenses très précieux pour l'étude du budget municipal (6).

Quatre jours après la fin de la gestion de Pierre Desmons, le 6 décembre, Raymond, abbé de Charroux, au diocèse de

---

(1) Il s'agit de l'arrêt rendu par le Parlement en 1300. V. pl. haut pp. 61-62.

(2) Arch. nat., J 292, *Périgord*, n° 13, et Arch. mun. de Périgueux, FF 75. Reprod. dans le *Suppl. au Rec. des titres*, etc., pp. 43-46.

(3) Arch. mun. de Périgueux, FF 75.

(4) *Ibid., ibid.*

(5) *Suppl. au Rec. des titres*, etc., pp. 46-47.

(6) Arch. mun. de Périgueux, CC 7. Reprod. dans le *Rec. de 1775*, pp. 170-184.

Poitiers, et Pierre Delage, archidiacre de Buzançais, au diocèse de Bourges, se rendirent à Périgueux, en qualité de commissaires royaux, et convoquèrent les habitants des *Ville* et *Cité* sur une grande place dépendant du couvent des Frères Prêcheurs. Quatre mille personnes ou environ s'y trouvèrent réunies, auxquelles ils dirent qu'ils venaient, au nom du roi, réprimer les abus commis autrefois par les maire et consuls, recevoir les comptes desdits consuls, punir les coupables, apaiser les esprits, rétablir la paix et la concorde entre les habitants des deux villes, pourvoir à leur bonne administration, enfin établir entre le roi et la communauté un pariage profitable à tous. L'assemblée, consultée, décida que les commissaires royaux s'adjoindraient Lambert Laporte, Jean Chatuel, bailli du Grand fief (1), deux prud'hommes par chacun des quartiers de l'Arsault, du Plantier, de la Limogeanne, de l'Aiguillerie et Saint-Martin, de Taillefer, des Farges, de l'Aubergerie, de Saint-Hilaire, de la rue Neuve, des Boucheries, du pont de Tournepiche et de la Cité, et les consuls actuellement en charge. Séance tenante, elle procéda à l'élection desdits prud'hommes et déclara sanctionner d'avance les décisions prises dans l'intérêt commun (2). Nous ne savons ce qu'elles furent ; mais l'entente qui régna depuis lors entre les habitants et la municipalité, prouve que l'accord fut rétabli. Quant au pariage, dont nous ignorons d'ailleurs l'objet, il demeura non avenu. En effet, le comte en poursuivit aussitôt la résiliation devant le Parlement (3) et, trois ans plus tard, le roi lui donna gain et cause (4).

---

(1) C'est-à-dire le Grand fief d'Aunis.

(2) Arch. mun. de Périgueux, FF 76. Reprod. dans le *Rec. de 1775*, pp. 187-191.

(3) Il recourut pour cela aux bons offices du pape. Par lettres qu'on peut dater de la fin de l'année 1319 ou du commencement de l'année 1320, Jean XXII manda au bouteiller de France, Henri de Sully, de faire ajourner à une autre session du Parlement, postérieure à celle du 1er mars 1320, toute décision sur le pariage intervenu « entre le roi et les consuls du *Puy-Saint-Front* de Périgueux, au préjudice d'Archambaud, comte de Périgord » (Arch. du Vatican, Reg. 110, p. II, f. 77 v°).

(4) V. pl. loin les lettres du roi Philippe le Long, en date du 27 avril 1322, à Gisors.

Ce dernier événement vient à point pour rappeler que le litige, soulevé en 1305 par la maison de Périgord contre les maire et consuls (1), n'était pas éteint. A deux reprises, en 1319, la municipalité fit citer Archambaud à comparaître devant le Parlement pour y soutenir ses prétentions (2). Le procès durait encore en 1329 et fut maintenu en état en 1330 (3), par suite de la mort d'Archambaud, avec cette observation que Roger-Bernard, frère d'Archambaud IV et héritier du défunt, serait cité en temps utile. Les maire et consuls n'en obtenaient pas moins défaut contre lui un mois plus tard (4), et la cour, en 1333, les autorisait à se retirer. D'où il résulte, ou que la poursuite fut abandonnée par Roger-Bernard, ou que les parties furent mises hors de cour et de procès.

§ 4. — *1320-1334.* — Quoique les troubles, qui avaient un moment agité Périgueux, eussent été apaisés dès la fin de l'année 1319, le comte n'en persista pas moins après cette date dans sa politique hostile à la communauté. En 1320, il se plaignit au roi que les consuls prétendissent avoir le droit d'imposer ses sergents comme le reste de la population, tandis que, de temps immémorial, ses prédécesseurs et lui avaient, à l'en croire, créé au *Puy-Saint-Front* des sergents exempts de queste et de taille (5). Sur cette plainte, le roi ordonna au sénéchal du Périgord d'enquérir, afin de savoir ce qu'il en était, et de prononcer suivant les informations qu'il recueillerait (6). Nous ne savons quelle suite eut l'affaire.

---

(1) V. pl. haut, pp. 53 et suiv.

(2) Les ajournements sont reproduits dans le *Rec. de 1775*, pp. 184-186.

(3) V. Dessalles, ouv. cité, t. II, pp. 143-144, d'après les archives du Parlement de Paris, aux Archives nationales.

(4) V. Dessalles, *op. et loc. cit.*, d'après les archives du Parlement de Paris.

(5) Arch. mun. de Périgueux, FF 182 (copie du xviiie siècle).

(6) V. Dessalles, ouv. cité, t. II, p. 148 et n. 4, d'après les archives dép. des Basses-Pyrénées.

Il semble que la royauté ait alors voulu encourager les tentatives des comtes. On peut supposer que l'autonomie presque
complète, dont jouissait la ville, avait dû donner quelque ombrage à la couronne : ce n'était peut être pas sans un
secret plaisir qu'elle observait les entreprises du comte.
Cependant, la situation de Périgueux, véritable sentinelle
avancée postée tout auprès des domaines anglais, lui com-
mandait de la ménager. Il importait donc de dispenser habilement les faveurs royales, de façon que les deux adversaires,
sans prendre trop d'avantage aux dépens l'un de l'autre,
eussent un égal intérêt à demeurer fidèles. Plusieurs actes
paraissent inspirés de cette politique. En l'année 1320, un
pariage fut conclu entre les officiers du roi et Archambaud de
Périgord, agissant au nom d'Archambaud IV, comte de Périgord, son neveu. Le roi mettait dans ledit pariage « la seigneurie et l'émolument des rentes qu'il a en la parroisse de
Saint-Front de Pieregors, *item* l'émolument et l'exécution
du scel, lequel lui est commun avec le chapitre de Saint-
Front ». Le 15 septembre 1320, à la Tour, près Avignon, le
comte de Périgord confirma ce traité sous réserve de l'agrément de sa mère, Brunissende, dont on devait demander la
ratification (1). La royauté devait donner d'autres preuves de
ses bonnes dispositions envers le comte (2).

Il nous faut ici ouvrir une parenthèse pour évoquer la
grande persécution des lépreux qui marqua l'année 1321 (3).
Ce fut une exécution en masse dont nous trouvons à Périgueux des témoignages certains. La cause en est connue : le
peuple, en proie aux épidémies, rendait volontiers les « lépreux répugnants » (4) responsables de ses maux. On sait

---

(1) Bibl. nat., *Collection Périgord*, t. IX, 4ᵉ cahier, p. 1.

(2) V. pl. bas, p. 82.

(3) Nous nous sommes aidé, pour le récit de la persécution des lépreux, de
l'excellent travail de M. Lehugeur, *Histoire de Philippe le Long, roi de
France* (1316-1322), tome I (*le Règne*), pp. 421-429.

(4) Sur les lépreux ou *mésels* (l'appellation *cagots* ne se rencontre pas
dans les documents de l'époque) ou autres malades considérés comme tels,
voir Michel, *Histoire des races maudites*, t. I, p. 284. Cf. aussi *Académie*

combien le moyen âge était dur pour les êtres difformes de corps et d'esprit ; le lépreux n'était pas moins suspect que l'épileptique ; on aimait à croire que le diable s'en était mêlé et l'on exécrait les « mésels » au nom de la religion et du bien public.

Au printemps de cette année (1), une croyance absurde partit tout à coup d'Aquitaine et se répandit parmi le peuple crédule avec une vitesse prodigieuse. On avait, disait-on, découvert une conspiration épouvantable : les *mésels* et les juifs, étroitement unis, avaient entrepris d'empoisonner les cours d'eau, les puits et les fontaines pour faire périr tous les chrétiens de France et d'Allemagne, en un mot pour « enher-ber tout le monde ». Il est probable qu'il y eut en Aquitaine, à ce moment, des morts dues à des eaux de puits contami-nées, fièvres typhoïdes et autres. La foule détraquée commit des atrocités qui s'étendirent à toute la France, à l'exception de la Flandre et de quelques provinces. Ce fut la populace qui donna le signal du massacre ; puis la folie des couches infé-rieures de la société se communiqua bientôt par contagion à toutes les parties du peuple, aux bourgeois, aux seigneurs, aux officiers royaux. La ville de Périgueux n'en fut point exempte : les comptes de l'année 1320-1321 (2) ne laissent aucun doute à cet égard.

Le jour du jeudi saint (16 avril), un grand nombre de

---

de *Médecine*, séance du 1er novembre 1892. — A Périgueux, les lépreux sont désignés par le mot *digiet* (cf. [à Bordeaux, en 1328], *foren ars los digetz et gafetz*, passage relevé par Lévy, *Prov. Suppl. Wœrt.*, mais traduit inexacte-ment par « sioch », infirme), et il est très curieux de constater l'existence en provençal de ce mot fréquent en ancien français (cf. Godefroy, *Dictionnaire de l'ancienne langue française*, v° *Degiet*, où la traduction exacte manque d'ailleurs). L'étymologie en est incertaine.

(1) Cf. Lehugeur, *op. et loc. cit.* : « Vers la Saint-Jean, disent plusieurs chroniqueurs, mais l'ordonnance de Philippe le Long relative aux lépreux étant du 21 juin 1321, il faut avancer d'une quinzaine de jours la date de départ de cette rumeur, qui arriva, selon les lieux, un peu avant ou un peu après la Saint-Jean. » Les textes que nous analysons prouvent qu'elle est encore antérieure.

(2) Arch. mun. de Périgueux, CC 42.

de lépreux des environs de la ville furent appréhendés au corps et conduits à Périgueux. On les interna en plusieurs endroits, au pont de la Cité, à l'hôpital du Toulon, au prieuré de la Daurade, à la « tête du pont de pierre » et à la maladrerie de Saint-Hippolyte. Quelques-uns, parmi lesquels un nommé Blanquet, furent emprisonnés au consulat.

La municipalité subvient tout d'abord à leurs besoins, mais les fait surveiller très étroitement. On envoie de différents côtés, à Razac, à Beauregard, à Montagrier, prendre des renseignements sur leur compte. Deux habitants sont même délégués à Tours, pour en entretenir le roi. Cependant, on s'occupe de les désinfecter. Pour cela, on les garrotte, et, après leur avoir fait prendre du vin afin de soutenir leurs forces, on les enfume (1). Avec des crocs, qui les torturent tout en les tenant à distance, on les *questionne* pour les forcer à avouer leur crime (2). Enfin on les brûle vifs (3), ou, comme il arrive quelquefois pour les lépreuses, on les emmure (4). Ces sauvages rigueurs étaient, comme on va le voir, conformes aux prescriptions royales.

En effet, la couronne elle-même ne tarda pas à sévir contre les lépreux. Trois ordonnances désignent « les lépreux fétides » (5) à la sévérité des justiciers royaux, non comme des

---

(1) « Costet palha e rams vert per fumar los digietz, xii d. » (Arch. mun. de Périgueux, CC 42, f° 14 v°.)

(2) « Baylien a St. Lemozi per far los goff (*sic* = gaffes) en que foren ques tioynat li digiet, xv d. » (Arch. mun. de Périgueux, *ibidem*, f° 9 r°.)

(3) « Baylien que costet la bucha per ardre los prumiers digietz, xviii s. — Item, baylien a W. Gastinel per far reyrardre los digietz qui foren ars al pon de la Bourona, iv s. o vi d. — Item, per ardre las digietas en bucha, xviii d. » (Arch. mun. de Périgueux, *ibidem*, f° 17 r°, et 6 r°.) Le mot *reyrardre* ne peut signifier ici brûler de nouveau, mais faire une nouvelle exécution par le feu.

(4) En effet, nous lisons à deux reprises dans les comptes de l'année 1321-1322 (Arch. mun. de Périgueux, CC 43), d'abord que l'on fit des travaux à la maladrerie de Saint-Hippolyte pour y emmurer les lépreuses, puis que « trois sous furent payés à Arn. Marbot et à son compagnon, qui ouvrirent la maison des lépreuses et la refermèrent après avoir enfermé la lépreuse Marie ».

(5) Le roi emploie lui-même cette expression. V. Bibl. nat., *Collection Doat*, t. CIX, fol. 154.

malades qu'il faut isoler, mais comme des révolutionnaires
qu'il faut détruire. La première, qui date du 21 juin 1321, est
la plus importante : le roi y recommande à ses baillis et sénéchaux d'agir au plus vite et d'empêcher que quiconque ne
s'arroge ce droit, qui n'appartient qu'aux officiers royaux ;
tous les lépreux, hommes, femmes, enfants de plus de quatorze ans, qui ont échappé jusqu'ici à la fureur populaire,
seront donc saisis et jetés en prison ; on les interrogera au
plus tôt ; ceux qui avoueront leurs maléfices seront brûlés ;
ceux qui refuseront de faire des aveux seront mis à la torture
« jusqu'à ce que la vérité s'échappe de leur bouche », et,
l'aveu obtenu, ils seront brûlés comme les premiers. Les
enfants de moins de quatorze ans, garçons et filles, seront
enfermés pour la vie. Les femmes enceintes resteront en prison moins longtemps : elles en sortiront le jour où leur
enfant pourra être sevré et « se passer d'elles » ; mais, ce jour-
là, elles seront torturées et brûlées.

Tout n'est pas fini avec le supplice et la mort : comme les
lépreux sont au plus haut chef coupables de lèse-majesté et
d'attentat contre la chose publique, leurs biens demeureront
dans la main du roi jusqu'à nouvel ordre, et seront affectés,
en partie à la nourriture des lépreux incarcérés, en partie à
celle des frères, sœurs et autres personnes qui en jouissaient
déjà précédemment, c'est-à-dire aux gardes-malades (1).

En un mot, cette ordonnance (2) est une proscription en

---

(1) Cf. à Périgueux les comptes de l'année 1320-1321 (Arch. mun. de Périgueux, CC 42) : la ville confisque les sommes d'argent que portaient les lépreux conduits à Périgueux et fait vendre à son profit les bestiaux qu'ils
possédaient.

(2) L'ordonnance que nous possédons (Bibl. nat., *Collection Doat*, t. VIII,
fol. 115 ; reprod. dans *Bibl. de l'Ecole des Chartes*, 1857, pp. 270-272) n'est
adressée qu'au bailli de Vermandois, mais il n'est pas douteux qu'elle n'ait été
générale : « Nous avons fait prendre, dit le roi lui-même dans une lettre au
sénéchal de Carcassonne, les *mesaux* sur tous les pays de notre royaume »
(Bibl. de Rouen, ms. 3409, *Collection Leber*, fol. 113). Les deux ordonnances du 16 et du 18 août 1321 ne sont que des additions à la première
(Bibl. nat., *Collection Doat*, t. CIX, fol. 61) ; elles sont adressées à tous les
bailliages (Bibl. de Rouen, ms. 3409, *Collection Leber*, fol. 135).

masse. Un article particulier porte que, s'il se trouve des lépreux, hommes ou femmes, à qui la torture n'arrache aucun aveu et dont le crime ne puisse être prouvé, ils seront enfermés à perpétuité, réduits au pain et à l'eau. Mais l'habileté professionnelle des tortionnaires rendait cette chance de salut à peu près illusoire ; ils savaient ouvrir les mâchoires les plus rebelles, et il n'échappa vraisemblablement que les cataleptiques.

Quelques esprits résolument optimistes pourraient être tentés de croire que cette ordonnance cruelle fut destinée à satisfaire l'opinion publique et à sauver les lépreux des fureurs populaires. Mais de nombreux exemples prouvent que, loin de rester lettre morte, elle fut appliquée rigoureusement, et que les prisons royales furent, non des refuges hospitaliers, mais des lieux de tourments et de mort. Beaucoup de seigneurs montrèrent la même férocité. Philippe le Long s'était réservé la punition des lépreux comme coupables de lèse-majesté ; mais il était plein d'indulgence pour les seigneurs qui « débarrassaient la surface de la terre d'une pourriture aussi infecte » ; c'est ainsi que, les barons des sénéchaussées de Toulouse et de Carcassonne ayant massacré un grand nombre de lépreux, le roi, non seulement leur pardonne, mais encore les approuve d'avoir puni avec tant de vigueur « des crimes qui demandent une répression immédiate » ; et, dans une lettre que nous possédons, il les décharge de l'amende qu'ils ont encourue, les félicite de leur zèle et les prie de continuer. Aussi bien les hommes les plus instruits de ce temps partageaient les mêmes préjugés ; tous voient dans les lépreux des conspirateurs qui veulent détruire la chrétienté ; tous remercient Dieu « d'avoir démasqué leur perfidie » ; tous approuvent l'atrocité des supplices. La persécution ne cessa qu'en août 1321 (1), date à laquelle le roi ordonna de remettre dans l'état antérieur les biens des lépreux. Quant aux lépreux eux-mêmes, ils avaient à peu

______

(1) Postérieurement à cette date, on emmurait pourtant encore des lépreuses à Périgueux. Cf. les comptes de l'année 1321-1322 ; v. pl. haut, p. 78, n. 4.

près disparu dans le feu qui purifie tout ; mais l'ignorance, la misère et la débauche devaient bientôt les remplacer par d'autres ; la lèpre vengea les lépreux.

Nous avons dit plus haut (1) que, en 1320, la royauté parut encourager, au détriment de la communauté, la politique du comte. L'année suivante (1321), elle témoigna plus clairement encore de ses mauvaises dispositions à l'égard de la municipalité. Les maire et consuls avaient voulu, comme de juste, forcer les clercs du *Puy-Saint-Front* et de la *Cité* à contribuer aux dépenses communes. Sur le refus de ces derniers, ils avaient saisi les biens des récalcitrants et les avaient fait vendre. Les clercs se plaignirent au roi. Celui-ci, ayant nommé des commissaires qui firent une enquête sur les lieux, les parties entendues, maintint, le 7 août, les clercs dans la possession de leurs privilèges, avec ordre aux maire et consuls de leur restituer les biens saisis ou le prix provenu de la vente (2). Le droit de la municipalité était d'ailleurs indéniable et consacré par les documents les plus authentiques (3) ; à tel point que, bientôt après, deux lettres du roi Charles IV, datées, l'une du 25 mai 1324, l'autre du 30 avril 1326, lui reconnurent et lui confirmèrent la faculté d'imposer les clercs *sicut alios habitatores ville*, *pro dicte ville oneribus supportandis,... ratione bonorum immobilium et hereditariorum que in dictorum majoris et consulum territorio tenent et possident* (4).

Peu après, le procureur du roi prétendit que les maire et consuls avaient empiété sur la juridiction de la cour du pariage. Par lettres datées du 15 mai 1321, à Paris, le roi Philippe V, « ayant appris que, au mépris du respect qu'ils lui doivent et malgré ses défenses, les maire et consuls ne veulent pas reconnaître les droits de haute et basse justice

---

(1) P. 76.

(2) Bibl. nat., *Collection Périgord*, t. XII, p. 16.

(3) Cf. notamment l'article 22 du traité d'union de 1240 (v. pl. haut, p. 20).

(4) *Rec. de 1775*, pp. 86-87. Les lettres du 25 mai 1324 sont les plus explicites.

de la cour du pariage, troublent ses officiers, les violentent
même et les emprisonnent, desquelles choses le roi témoigne son étonnement », invite le sénéchal à réitérer ses défenses aux maire et consuls, et, s'ils persistent à n'en tenir
compte, à les contraindre de s'y conformer. Le lieutenant
du sénéchal ayant notifié ces lettres au maire de Périgueux,
à l'audience de la sénéchaussée, celui-ci demanda reconven-
tionnellement que défense fût faite au juge du pariage de
s'immiscer dans les causes dont la connaissance a été réservée
aux maire et consuls par l'arrêt du Parlement de 1290 (1).

Ce n'est pas tout. On se rappelle que, le 6 décembre 1319,
les commissaires royaux, venus à Périgueux pour apaiser les
troubles qui divisaient la ville, promirent au peuple, solennellement assemblé, qu'un pariage serait bientôt établi entre
le roi et la communauté (2). Ce projet effraya le comte qui
s'en plaignit au roi et trouva le moyen d'en empêcher l'exécution, sous le prétexte que la *Ville* tenait de lui sa juridiction moyennant 40 livres de rente (3). En effet, le 27 avril
1322, à Gisors, Philippe le Long donne des lettres par lesquelles il déclare qu'il ne veut faire de pariage avec les maire
et consuls de Périgueux qu'à la condition que le comte de
Périgord sera appelé et entendu (4).

---

(1) Arch. mun. de Périgueux, FF 45.

(2) «.... Societatem sive pariagium inter dictum dominum Regem et communitatem seu universitatem predictas, eo meliori modo et forma quibus poterunt ad utilitatem et commodum dicti domini Regis et communitatis seu
universitatis predictorum.... » (v. pl. haut, pp. 73-74).

(3) Nous avons déjà montré à plusieurs reprises ce que valait cette assertion ; nous n'y reviendrons donc pas. Les articles que le procureur du
comte proposa devant la Chambre des comptes contre ce pariage ont été conservés (Bibl. nat., *Collection Périgord* (d'après les arch. dép. des Basses-
Pyrénées), t. IX, 3° cahier, pp. 9-11).

(4) « Philippus, etc., dilectis et fidelibus gentibus nostre Camere compotorum Parisiensis, salutem. Nobis dilectus et fidelis noster Archembaldus,
comes Petragoricensis, gravi conquestione monstravit quod major et consules de Petragoris, de jurisdictione quam habent in *Villa* et *Civitate* Petragoricensibus et suburbiis dictorum locorum et eorum pertinentiis, quam jurisdictionem prefati major et consules a dicto comite tenent in feodum, ut

La couronne eut aussi des procédés vexatoires plus directs.
On sait que les francs-fiefs et nouveaux acquêts avaient été,
dès la fin du XIII° siècle, soumis à des droits (1). La municipalité de Périgueux prétendait en avoir été toujours exempte.
En 1324, le gouvernement, sollicité sans doute par des besoins d'argent, porta son attention sur cette source de revenus, et le sénéchal, par lettres datées du 8 janvier 1324 (n.
st.), au Mont-de-Domme (2), donna ordre de mettre sous la
main du roi les biens acquis par la municipalité de Péri·
gueux, pour lesquels, selon lui, elle devait payer le droit de
franc-fief (3). Celle-ci protesta sans tarder : le 19 janvier, elle
fit opposition aux prétentions du sénéchal (4). Nous ignorons
ce qu'il en résulta.

---

dicitur, sub annua pensione quadraginta librarum petragoricensium, nobiscum et cum capitulo ecclesie Sancti Frontonis Petragoricensis pariagium
facere nituntur, in gravamen et dispendium ipsius comitis et jacturam. Quo-
circa vobis committimus et mandamus quatenus.... ad dictum pariagium faciendum, nisi vocato dicto comite et in suis rationibus audito, nullatenus pro-
cedatis. Datum Gisortii, vicesima septima die aprilis, anno Domini M° CCC°
vicesimo secundo. » (Bibl. nat., *Collection Périgord* (d'après les arch. dép.
des Basses-Pyrénées), t. IX, 3° cahier, p. 1.) Quelque temps après, le pape
Jean XXII (dans la septième année de son pontificat, c'est-à-dire entre le
5 septembre 1322 et le 4 septembre 1323) écrivait au roi de France, à l'instigation du comte, pour lui demander de ne pas conclure de pariage avec les
consuls de Périgueux, au préjudice de ce dernier (Arch. du Vatican, Reg.
111, fol. 195 v°, cap. 824).

(1) Sur le droit de franc-fief, v. P. Viollet, *Histoire du droit privé*, etc.,
t. I, pp. 254-255 : « A partir de la seconde moitié du XIII° siècle, les roturiers éprouvèrent des difficultés pour l'acquisition des fiefs ou terres nobles.
Il faut lire notamment à ce sujet une ordonnance de Philippe le Hardi de
1275. Les roturiers furent soumis à un droit spécial quand ils acquéraient
des fiefs : ce droit est appelé droit de franc-fief, c'est-à-dire de fief noble. Le
droit exceptionnel d'acquérir des fiefs sans payer cet impôt fut accordé par les
rois aux bourgeois de plusieurs villes, aux officiers municipaux de certaines
autres, par exemple aux consuls de Limoges. Ce privilège représente l'ancien
droit commun disparu. »

(2) Auj. Domme, chef-l. de cant. de l'arr. de Sarlat, Dordogne.

(3) «... Cum consules, universitas de Petragoris pluresque alie persone in-
nobiles dicto ballivie plures res et bona nobilia de feodo seu retrofeodo dicti
domini regis acquisiverint, de quibus, ut dicitur, aliquam finantiam dicto domino regi minime prestaverunt nec aliquam gratiam obtinuerunt, etc... ».

(4) *Rec. de 1775*, pp. 191-194.

7

. Cependant, les Anglais tenaient déjà la campagne en Gascogne. Périgueux, devant l'imminence de la lutte, oublia les défiances de la couronne et l'injuste appui prêté par elle aux entreprises du comte, et affirma hautement sa fidélité au roi de France. Nous n'en voulons pour preuve que le fait suivant : Au commencement de l'année 1327 (n. st.), les maire et consuls, craignant l'invasion des ennemis, *pretextu guerre presentis Vasconie que est inter dominum regem Francie et Navarre, ex una parte, regem Anglie seu gentes ducatus Aquitanie, ex altera* , voulurent mettre la ville en état de défense. Ils s'aperçurent alors qu'une tour, dite *du Buis* et voisine de la maison d'un nommé Lambert de Grosset, était nécessaire à la sûreté de la place, à laquelle elle pouvait devenir redoudable, si les Anglais s'en emparaient. Le 15 mars, ils se transportèrent chez cet habitant pour le sommer de leur livrer sa maison et sa tour. Là, en présence de témoins et de notaires, ils lui exposent leurs droits et leurs titres. Ils rappellent l'arrêt du Parlement de 1290 (1), décidant que « la garde de la ville et de ses murs, tours, portes, fossés et ouvrages avancés, appartient de toute antiquité aux consuls, comme représentants de la communauté ». Forts de cette déclaration, ils observent que « ayant de justes sujets de crainte, ils veulent y parer dans la mesure du possible et garder et fortifier la ville ». Dans ce dessein, « comme une certaine tour, dite *du Buis*, qui se trouve devant les petits murs de la ville, est placée dans la partie de celle-ci la plus exposée et manque des protections nécessaires pour résister à la puissance des ennemis du roi ; comme, en conséquence de cette situation, ils veulent prendre ladite tour et la munir de balistes, espringales et autres engins, ils requièrent ledit Lambert de livrer au roi et à la communauté sa demeure, par où l'on accède à la tour, et la tour susdite avec toutes ses entrées, afin que, de ce côté, la ville puisse être mise en état de défense ». Sur cette réquisition, le propriétaire déclara qu'il était prêt à

---

(1) V. pl. haut, pp. 45-46. Ils pouvaient invoquer aussi l'article 10 du traité d'union de 1240 (v. pl. haut, p. 19).

obéir à l'arrêt et, après avoir fait toutes les protestations qui pouvaient sauvegarder sa propriété, il livra ses clefs et sa maison (1).

Ce dévouement méritoire eut, comme on va voir, une singulière récompense : trois ans plus tard (1330), la communauté essuya une nouvelle attaque, qui ne servit, il est vrai, qu'à lui assurer plus fortement ses droits. Le procureur du roi dans la sénéchaussée fit assigner les maire et consuls au Parlement : il demanda qu'ils fussent tenus de produire les lettres qui donnaient à la communauté et son existence politique et la juridiction dont elle jouissait, et conclut à ce qu'il leur fût défendu d'exercer aucun droit de consulat et de justice. Aussitôt, le roi ordonna une enquête des plus sévères : par lettres datées du 27 mai 1330, à Paris, il chargea le sénéchal du Périgord de se faire représenter les lettres en vertu desquelles les bourgeois de Périgueux jouissaient du droit de consulat, et d'en envoyer copie à la Chambre des comptes (2).

L'affaire, pourtant, traîna en longueur, et ce ne fut que le 31 mars 1332 (n. st,) que Jourdain de Loubert, alors sénéchal du Périgord, voyant qu'il ne pouvait s'en occuper lui-même, chargea Philippe de Grialon, juge-mage de la sénéchaussée, de le remplacer (3). Celui-ci, le 20 avril suivant, convoqua

---

(1) Arch. mun. de Périgueux, EE 9, pièce 2. Reprod. dans le *Rec. de 1775*, pp. 210-212.

(2) « Philippus etc... senescallo Petragoricensi et Caturcensi, etc... Intelleximus quod homines de Petragoris utuntur consulatu et pluribus casibus jurisdictionis quibus non sunt capaces, absque nostri atque predecessorum nostrorum auctoritate seu licentia, quod tolerare nolumus nec debemus. Ideoque mandamus vobis quatenus eisdem, ex parte nostra, precipiatis ut litteras et instrumenta, si quas habent super predictis, vobis exhibeant sine mora, quarum copiam mittatis sub manu publica per portitorem presentium dilectis et fidelibus gentibus compotorum nostrorum Parisiensium quibus, quanta sit eis fides adhibenda, rescribatis. Si vero dicti homines vobis in hac parte parere noluerint, ipsos ad hoc, viis et modis debitis, compellere nullatenus differatis, certifficantes ipsas gentes nostras de his que feceritis in hac parte. Datum Parisius XXVII maii, anno Domini M° CCC° XXX°. » Reprod. dans le *Rec. de 1775*, pp. 216-217.

(3) V. le *Rec. de 1775*, p. 217.

devant lui les maire et consuls. Ces derniers, loin d'éluder la citation, y obéirent avec empressement. Ils produisirent des explications tellement catégoriques et des documents en si grande abondance que ce commissaire royal, renonçant à les analyser, se borna à en prendre note et à constater que la communauté jouissait de son consulat depuis 1188, c'est-à-dire depuis 144 ans, sans la moindre interruption (1). L'année d'après, le Parlement, après avoir entendu les parties, rendit un arrêt qui confirmait les privilèges de la communauté (2).

Il ne semble pas que ces mesquines chicanes aient en rien troublé, comme elles pouvaient le faire naguère, la bonne entente des deux villes. En effet, le maire et les consuls du *Puy-Saint-Front* représentant les *bourgeois*, se réunirent sur ces entrefaites aux habitants de la *Cité*, afin de modifier d'un commun accord certains articles du traité d'union de 1240. Cette assemblée fut tenue le 16 novembre 1330. Il en fut dressé un procès-verbal qu'il convient d'analyser avec quelque détail :

Les deux parties, considérant que, depuis le traité de 1240, des discordes avaient éclaté entre'elles parce que les consuls et les habitants de ladite *Ville* disaient et affirmaient que les *citoyens* n'observaient pas l'union et composition susdite, qu'ils se servaient d'autres mesures que de celles, établies et scellées, de la *Ville* et prétendaient ne pas obéir à ladite union, qu'ils enfreignaient indûment, lesdits

---

(1) V. le *Rec. de 1775*, pp. 216-233. Une partie des pièces de l'enquête est conservée aux archives municipales de Périgueux sous la cote FF 38.

(2) Il est contenu dans des lettres royales en date du 13 août 1333, à Paris, conservées aux archives municipales de Périgueux sous la cote FF 10, pièce 1 et reproduites dans le *Rec. de 1775*, pp. 214-215. D'après Dessalles, ouv. cité, t. II, p. 163, le procureur royal aurait agi et provoqué l'enquête sur la plainte de l'évêque-abbé et du chapitre de Saint-Front alors hostiles à la communauté, comme on peut le voir par la suite des événements. Cette hypothèse est vraisemblable : en effet, deux actes, l'un du 21 juillet 1336 (v. pl. loin, p. 90), l'autre du mois de décembre 1340 (v. *ibid.*, p. 92), révèlent une action collective du procureur du roi et du chapitre de Saint-Front contre la municipalité de Périgueux (engagée *ad instantiam procuratoris regii et capituli ecclesio Sancti Frontonis Petragoricensis*). On peut supposer que, dès 1330, le procureur royal agissait à la même instigation.

citoyens soutenant le contraire.... ; les parties voulant elles-mêmes avoir et nourrir entre elles la paix, la concorde et la tranquillité, et éviter et totalement dissiper toutes voie, matière et occasion de haine, rancune et discorde, elles ont accédé à cette composition amiable et définitive :

Les maire, consuls et habitants des *Ville* et *Cité* susdites et chacun d'eux en particulier, pour eux, leurs successeurs et les autres habitants des *Ville* et *Cité*, ont ratifié, approuvé et expressément homologué la susdite union et composition et toutes les clauses contenues dans cet instrument, sous la réserve des modifications qui suivent :

Les habitants de la *Cité* observeront et tiendront et seront tenus d'observer et tenir les coutumes légitimes et justes de la *Ville*. Chaque année, après les élections consulaires, quinze habitants de la *Cité*, désignés par la municipalité, viendront à la maison de ville prêter le serment de fidélité et d'obéissance. Les autres habitants de la *Cité* prêteront le serment à la porte de la *Cité* dite porte *de Périgueux*, devant deux consuls, dont l'un sera de la *Cité* ; et si les habitants de la *Cité* ne veulent prêter le serment à ladite porte, en présence des deux consuls, au jour fixé pour cela, ils seront tenus de venir le prêter aux maire et consuls, au consulat ; à quoi, chaque année et aussi souvent qu'ils feront défaut, ils pourront être forcés par les maire et consuls, ou les consuls, s'il n'y a un maire.

Les consuls de la *Cité*, ou, au moins, l'un d'eux, seront convoqués pour toutes les affaires de la communauté, et le gardien de la prison et des clefs prêtera serment de fidélité entre les mains des maire et consuls.

Le marché se tiendra au *Puy-Saint-Front* ou ailleurs, selon qu'il semblera bon aux maire et consuls.

Le sceau de la communauté ne devra être apposé à des actes publics engageant les habitants de la *Cité* à des obligations extraordinaires ou à des dépenses, qu'autant que les consuls de la *Cité* ou l'un d'eux, ou, à leur défaut, deux prud'hommes de ladite *Cité*, auront pris part à la délibération de ces actes.

Les vingt livres de rente seront payées comme d'habitude (1).

------

(1) Cette disposition semble bien indiquer que, quoiqu'il en eût fait abandon aux maire et consuls en 1302 (v. pl. haut p. 51), le comte avait continué à percevoir sa rente, mais abaissée à l'ancien taux de vingt livres. Elle fut plus tard rétablie à celui de quarante livres (v. notre seconde partie, chap. II (*Finances*).

Les tailles imposées pour les affaires de la communauté seront établies par les maire et consuls ou leurs délégués ; les consuls de la *Cité* seront spécialement convoqués lorsqu'on établira la taille de la *Cité.*

Pour les fortifications, les maire et consuls donneront les ordres convenables ; les portes seront ouvertes et fermées en leur nom et sur leur ordre, de la manière qui paraîtra nécessaire, utile ou opportune à la communauté.

Les mesures du blé, du vin et de l'huile seront les mêmes et porteront la marque de la ville ; celles de la *Cité* seront remises par les consuls de la *Cité*, sous l'autorité des maire et consuls, et la *Cité* en aura le revenu.

. . . .

Les sergents auront le même costume, aussi bien celui qui reste à la *Cité* que les autres.

Si quelque difficulté s'élevait, par la suite, entre les habitants du *Puy-Saint-Front* et ceux de la *Cité*, les maire et consuls en décideraient (1).

Le reste est sans intérêt.

Peu après cette assemblée, dans le temps même où le procureur du roi attaquait, ainsi qu'on a pu voir, les droits du consulat, l'évêque, à sa coutume, tentait de profiter des embarras suscités à la municipalité pour lui en créer d'autres. En 1331, une des portes de la *Cité*, voisine par conséquent de l'évêché, la porte dite *de la Boucherie*, avait besoin de réparations ; il saisit cette circonstance pour élever des prétentions de tout point contraires au traité d'union de 1240. Aussi bien, voici le résumé de la protestation que les maire et consuls élevèrent, le 2 février 1331 (n. st.), contre ces prétentions, qui ne tendaient à rien de moins qu'à déposséder la municipalité d'un de ses droits les plus importants :

Les maire et consuls de Périgueux ont toujours (2) exercé la haute, moyenne et basse juridiction dans la *Cité*, de sorte que les murs, les portes, les clôtures, les tours et les barbacanes les concernent seuls ;

----

(1) Arch. mun. de Périgueux, AA 34. Reprod. dans nos pièces justificatives, n° VIII.

(2) Il faut évidemment suppléer « depuis l'union des deux villes ».

ils ont seuls le droit de disposer des clefs et de faire les réparations, de telle sorte que, si, parfois, ils ont pu confier une clef à quelqu'un, c'est qu'ils l'ont bien voulu. Cependant, la porte dite *de la Boucherie* s'étant trouvée avoir besoin d'une barre de clôture, au moment où cette barre allait être rétablie, l'official de Périgueux, au nom de l'évêque, est intervenu, a ordonné aux ouvriers de cesser leur travail, a excommunié les consuls et usé de tous les moyens d'intimidation ; ce qui, loin de les effrayer, encourage les officiers municipaux à demander justice, résolus qu'ils sont à s'adresser, s'il le faut, à l'archevêque de Bordeaux et même au pape (1).

Nous n'avons pas la suite de l'affaire ; mais le P. Dupuy, qui put consulter des documents disparus aujourd'hui, dit que la municipalité fit mettre « une serrure à la porte », c'est-à-dire fit rétablir la barre dont il vient d'être question (2).

§ 5. — *1334-1341.* — Il semble que, en 1334, la royauté ait commencé à prendre en considération les services qui lui avaient été rendus par la ville et soit venue à des sentiments plus favorables à la municipalité. On peut l'induire de plusieurs actes :

Par lettres datées du 13 décembre de cette année, à Paris, Philippe de Valois reconnaît aux maire et consuls le droit de contraindre les habitants de la *Cité* au payement des impôts ; en outre, il ordonne au sénéchal de poursuivre les récalcitrants, si besoin est (3). D'autres lettres, du 26 juin 1336, à Paris, témoignent d'une égale bienveillance. Des ordonnances avaient défendu aux sergents royaux de faire aucune fonction de leurs offices dans l'étendue des fiefs dont les seigneurs avaient droit de haute, moyenne et basse justice. Comme ces agents avaient entrepris d'exercer leur charge dans le territoire de Périgueux, la municipalité s'en émut et

---

(1) *Suppl. au Rec. des titres* etc... (1778), pp. 80-83.

(2) R. P. Jean Dupuy, récollet, *L'Estat de l'Eglise du Périgord depuis le christianisme* (1629), t. II, p. 108. Le P. Dupuy voit là la violation d'un compromis dont il n'apporte aucune preuve et qui semble n'avoir existé que dans son imagination. (Cf. Dessalles, ouv. cité, t. II, p. 164, n. 3.)

(3) Arch. mun. de Périgueux, CC 5, pièce 2. Reprod. dans le *Rec. de 1775*, pp. 87-88.

porta plainte au roi. Celui-ci enjoignit au sénéchal de leur
interdire toute sorte d'actes, dans l'étendue de la haute,
moyenne et basse justice de la ville, et de faire exécuter,
dans ce fief, les ordonnances qui étaient observées dans les
terres des autres vassaux de la couronne (1). Ce n'est pas
tout : des lettres datées du 3 juillet suivant, à Paris, firent
défense au sénéchal de forcer les habitants de Périgueux à
venir plaider hors de leur territoire (2).

Peu après, une mesure plus importante fut prise. En conséquence de poursuites intentées par le procureur du roi et
le chapitre de Saint-Front contre la municipalité, la juridiction de la ville et les émoluments du consulat avaient été saisis et placés sous la main du roi. Mais, en 1336, les maire et
consuls, qui venaient d'éprouver plusieurs fois la faveur
royale, se hasardèrent à réclamer la restitution de leurs
droits. Cette démarche fut suivie d'un plein succès : des lettres de Bernard Gervais, juge-mage de la sénéchaussée, au
baile de Périgueux, en date du 21 juillet 1336, à Cahors,
commandaient à cet officier de faire enlever les panonceaux
royaux des portes du consulat et des poids publics, et de
remettre les choses en leur dernier état (3). Peu après, cette
mesure équitable était complétée par une injonction de la
couronne au sénéchal d'avoir à veiller à ce que son subor-
donné, le procureur de la sénéchaussée à Périgueux, cessât de
troubler la municipalité dans l'exercice de ses droits judiciaires et financiers (4). Des lettres royales de l'année 1340
révèlent que la ville ne fut pas ingrate (5).

----

(1) Arch. mun. de Périgueux, FF 10, pièce 5. Reprod. dans le *Rec. de
1775*, pp. 233-235.

(2) *Ibidem*, FF 10, pièce 7. Reprod. dans le *Rec. de 1775*, pp. 235-236.

(3) *Ibidem*, FF 11, pièce 1. Reprod. dans le *Rec. de 1775*, pp. 239-242.

(4) Lettres royales en date du mois de février 1337 (n. st.), à Paris (Arch.
mun. de Périgueux, FF 10, pièce 3).

(5) Par ces lettres, conservées aux archives municipales de Périgueux sous la
cote CC 10, pièce 1, le roi enjoint au sénéchal de Toulouse de ne point mo-
lester les habitants de Périgueux par des levées d'argent ou de vivres, lesdits
habitants s'étant imposé déjà de lourds sacrifices pour défendre leur ville
contre les ennemis de la couronne.

Sur ces entrefaites, fut également terminé à l'avantage des maire et consuls un procès qui leur avait été intenté devant le Parlement par le comte de Périgord, Archambaud IV, seize années auparavant. Ce dernier les accusait d'avoir, à plusieurs reprises, empiété sur sa juridiction et sur celle du chapitre de Saint-Front, que l'on ne sera pas surpris de voir invoquer en cette affaire ; mais le grief principal concernait de prétendus excès commis par les habitants du *Puy-Saint-Front*, lors des obsèques de la comtesse Brunissende de Foix, mère dudit comte, en 1324. D'après les articles produits par le comte, le corps de sa mère avait été apporté à Périgueux pour être inhumé au couvent des Frères Mineurs ; le comte Archambaud IV et ses frères, le cardinal de Talleyrand et Roger-Bernard, et avec eux, une suite nombreuse de nobles dames, de barons et de chevaliers, étaient venus se loger audit couvent. Profitant de l'occasion, les consuls suivis d'une foule de peuple, *pensatis insidiis et more hostili... et pulsato cornu dicte ville, quod consueverant pulsare quando communitas excitatur ad parlamentum*, seraient venus, de nuit, à la maison des Frères Mineurs, dans le dessein de tuer le comte et tous ceux qui l'accompagnaient. Au cours de l'action, six archers de la suite du comte auraient été blessés mortellement. Archambaud conclut en demandant que les maire et consuls de Périgueux soient déclarés déchus du fief et de tous les droits de juridiction qu'ils tenaient de sa personne et de ses prédécesseurs (1).

Dans la défense qu'ils présentèrent, ceux-ci donnèrent de l'incident une version toute différente. Après avoir affirmé que, relativement aux prétendus abus de juridiction, ils n'ont fait qu'user des droits leur appartenant, au regard des événements survenus lors des obsèques de la comtesse Brunissende, ou plutôt dans la nuit qui suivit le service funèbre du septième jour, ils exposent que, prenant prétexte du grand nombre de personnes venues à Périgueux à cette occasion, le comte avait demandé à la municipalité de faire faire des pa-

---

(1) Arch. mun. de Périgueux, FF 24, pièce 1.

trouilles ; ce qui lui avait été accordé. Or, comme une patrouille était sortie en dehors des murailles, des gens de la compagnie d'Archambaud IV se mirent à insulter les *bour-geois, ipsos vocando rusticos et alias eosdem deridendo* ; puis, étant entrés un instant au couvent des Frères Mineurs, où le comte les attendait, ils en sortirent bientôt après et attaquèrent à main armée la patrouille, au moment où elle rentrait dans la ville, et blessèrent grièvement deux *bour-geois*. Les consuls n'hésitent pas à déclarer que tout cela s'accomplit au su et avec l'agrément du comte, *qui dictam villam et habitatores ejusdem habet odio capitali* (1).

L'affaire traîna en longueur. Par un arrêt du 3 août 1334, nous voyons le Parlement condamner le comte de Périgord aux dépens, sur la requête de plusieurs habitants de Périgueux qu'il avait fait citer, sans cependant prendre de conclusions contre eux (2); mais la solution définitive n'intervint qu'au mois de décembre 1340. Alors des lettres de rémission déchargèrent les maire et consuls de toute accusation, avec un éclatant éloge de la ville et de la municipalité, pour leur zèle à la défense du royaume et leur dévouement à la couronne (3). Les maire et consuls obtinrent un autre acquittement la même année, le même mois et peut-être le même jour, dans un des nombreux procès suscités par le chapitre de Saint-Front d'accord avec le procureur royal, sous le prétexte d'usurpation sur les droits du pariage (4).

---

(1) Arch. mun. de Périgueux, FF 24, pièce 2. Cf. *ibidem*, sous la cote FF 25, l'exposition, plus longuement développée, des moyens de défense de la municipalité incriminée.

(2) *Ibidem*, FF 24, pièce 7.

(3) Arch. nat., Reg. du Tr. des Ch. JJ 73, pièce 234. Expédition des lettres royales, en date du mois de décembre 1340, à Vincennes, est conservée aux archives municipales de Périgueux, sous la cote AA 7, pièce 1.

(4) Arch. nat., Reg. du Tr. des Ch. JJ 73, pièce 235. Expédition des lettres royales, en date du mois de décembre 1340, à Vincennes, est conservée aux archives municipales de Périgueux, sous la cote AA 7, pièce 2. La contestation, cependant, durait encore entre les parties, à moins que ce n'en fût une autre, au milieu de l'année suivante. Cf. Arch. nat., Reg. du Parl. X¹ᵃ 8847, fol. 250 v°, à l'année 1341 : «Causa que in Parlamento nostro Parisiensi pendet

C'est encore sous l'influence des services rendus que, au mois d'octobre 1341, Jean, évêque de Beauvais, lieutenant du roi en Languedoc et en Saintonge, confirma leurs privilèges, en reconnaissant que les biens des bannis, originaires de la ville, ne pouvaient tomber en commise ni être acquis à la couronne, et que le roi Philippe de Valois approuva ces lettres au mois de décembre suivant (1). Mais la situation ne tarda pas à se modifier.

§ 6. — *1341-1352.* — Il est superflu de rappeler que les comtes de Périgord n'avaient rien abdiqué de leurs prétentions sur la ville, et l'on se souvient que, à l'occasion d'un incident récent, Archambaud IV prit soin de les renouveler expressé· ment. Mais Périgueux était protégé par le prix que la couronne attachait à sa fidélité, et il semblait que ses ennemis choisissaient mal leur temps. Cependant, si, au début, leurs espé-rances parurent déçues, un moment vint où ils purent croire qu'ils touchaient enfin au but.

En l'année 1339, le comte Roger-Bernard, à la suite d'événe-ments étrangers à l'objet de cette étude (2), fut amené à céder au roi Philippe de Valois, tous les droits qu'il avait sur Ber-gerac et ses dépendances, moyennant une rente annuelle de 1600 livres tournois assise sur les juridictions de Mon-

---

inter procuratorem nostrum et procuratorem capituli ecclesie Sancti Frontonis Petragoricensis, ex parte una, — et majorem et consules *Ville* et *Civitatis* Petragoricensium, tam pro se quam nomine communitatis dictarum *Ville* et *Civitatis*, ex altera, — in statu, de voluntate et consensu procuratoris nostri, et Guillelmi de Cruce, procuratoris dicti capituli, et Petri de Alvera, procu-ratoris majoris et consulum predictorum, retentione et protestatione per partem dictorum majoris et consulum facta, quod, propter continuationem hujusmodi, non intendit in aliquo renunciare gratiis super hoc eisdem per nos factis, nec eisdem majori et consulibus aliquod prejudicium generetur. Die prima junii. »

(1) Les lettres de l'évêque de Beauvais sont datées de Bergerac, la confir-mation royale, de Paris (V. le *Suppl. au Rec. des titres*, etc... (1778), pp. 84-88).

(2). V. à ce sujet Dessalles, ouv. cité, t. II, pp. 174-183.

tignac, Mouleydier et Montcuq (1). A dater de ce traité, le roi prit possession de Bergerac et de sa seigneurie, qui restèrent définitivement annexés à la couronne. Mais l'assignation de rentes à prendre sur les juridictions précitées était loin de parfaire les 1600 livres promises par elle. Sur les réclamations du comte, le roi lui donna, en 1340, la terre et la châtellenie de Bourdeille (2), en compensation d'une autre partie de la rente.

Cependant le comte demandait toujours qu'on achevât de lui assigner ce qui lui restait dû. On s'en occupa en 1341, et des lettres du 10 novembre de cette année nous apprennent que Jean, évêque de Beauvais, lieutenant du roi en Languedoc et en Saintonge, avait été chargé de ce travail, mais que, ne pouvant le faire, il en avait confié le soin, une première fois, à Pierre Descombes, juge royal de Bergerac, qui, n'ayant eu, non plus, le temps d'y vaquer, recevait une seconde injonction de ne pas différer davantage. Le comte ne demandait qu'à lui faciliter la tâche :

Le procureur du comte nous a fait connaître en détail le revenu de la juridiction dont la moitié appartient au roi, en vertu du pariage établi, en 1246, entre la couronne et le chapitre de Saint-Front, le revenu des ventes et du sceau qu'ils possèdent également par indivis, le revenu du droit du commun de la paix que le roi est dans l'usage de percevoir à Périgueux, le revenu de ce même droit qu'on lève annuellement sur les bourgs et paroisses de Trélissac (3), etc...; ledit procureur demande que tous ces revenus soient assignés audit comte.

Ce qui eut lieu, du moins en partie, car, de ces différents revenus, la part du roi dans les produits de la justice du pa-

---

(1) Dessalles, ouv. cité, t. II, p. 183. — Montignac, auj. chef-l. de cant. de l'arr. de Sarlat ; Mouleydier, auj. c⁰ᵉ de l'arr. et du cant. de Bergerac; Montcuq, auj. cⁿᵉ de Saint-Laurent-des-Vignes, cant. de Bergerac (siège d'une ancienne châtellenie connue aussi, au xivᵉ siècle, sous le nom de châtellenie de Bergerac, d'après de Gourgues, *Dictionnaire topographique du département de la Dordogne*).

(2) Bourdeille, auj. cⁿᵉ du cant. de Brantôme, arr. de Périgueux.

(3) Trélissac, auj. cⁿᵉ du cant. de Périgueux.

riage et le droit du commun de la paix lui furent attribués (1). Il semble que la moitié des ventes ne lui fut adjugée
que plus tard (2).

Cette décision mécontenta les habitants de Périgueux, qui
comprirent les graves conséquences qu'elle ne pouvait manquer d'entraîner pour eux. Aussi n'hésitèrent-ils pas à tenter
d'en empêcher l'exécution. Ils alléguèrent leur privilège de
ne pouvoir être séparés de la couronne, et soutinrent que le
comte n'avait jamais eu aucun droit dans la ville. Leurs démarches furent si bien dirigées que, au mois de janvier 1342
(n. st.), le roi leur accorda des lettres qui, en confirmant
tous leurs titres anciens, révoquaient la cession consentie au
comte par l'évêque de Beauvais (3). Mais ces lettres portaient
une trop rude atteinte aux desseins et aux intérêts du comte
pour qu'il n'essayât pas d'en paralyser les effets.

Roger-Bernard prétendit que les démarches de la municipalité et des *bourgeois* avaient été faites à son insu. Pour tirer
l'affaire au clair, le roi, par lettres en date du 18 mars 1342

---

(1) Dessalles, ouv. cité, t. II, p. 189. Le comte dut être mis en possession
de ces droits postérieurement à 1342 (v. notre seconde partie, ch. IV (*Justices*), § 2, A, *in fine*). Il les détenait encore en 1398 (d'après le procès-verbal
d'une saisie opérée à cette date à l'encontre du comte de Périgord ; v. plus
loin, § 7, une note à ce sujet).

(2) V. plus loin, § 7, la clause de l'accord du 7 juillet 1353 entre la municipalité de Périgueux et le comte de Périgord, relative à cette moitié des ventes.

(3) Arch. nat.. Reg. du Tr. des Ch. JJ 72, pièce 318. Reprod. dans le *Roc.
de 1775*, pp. 242-245. Cf. aussi les lettres suivantes, en date du 15 janvier
1342 (n. st.), à Saint-Germain[-en-Laye] : « Dilectis et fidelibus gentibus nostris presens Parisius parlamentum tenentibus et seneschallo Petragoricensi
aut ejus locumtenenti salutem. Mandamus vobis quatenus causas septas et
non septas, negotia, res, possessiones et bona majoris, consulum et habitatorum *Ville* et *Civitatis* Petragoricensium, usque ad annum a XIXe die februarii
proxima computandum, manuteneatis in statu, *non permittentes contra ipsos
aut eorum communitatem aliquas fieri indebitas novitates*, quas, si factas
fuisse inveneritis, ad statum pristinum et debitum reducatis et faciatis reduci,
quod eisdem de gratia concessimus speciali, non obstante quod alias consimiles eis concesserimus die predicta finiendas. Datum apud Sanctum-Germa-
num, die XVe januarii, anno Domini M° CCC° XLI°, per dominum regem in
registris suis. (Presentata et publicata fuit in Camera Parlamenti die XXIIIIe
julii anno XLII°.) » (Arch. nat., Reg. du Parlement X^{1a} 8847, fol. 157 v°.)

(n. st.), « lès le Pont-Sainte-Maxence », enjoignit à Pierre Descombes, son juge à Bergerac, de citer les maire et consuls et opposants aux Requêtes de l'Hôtel, pour la quinzaine de Pâques (1). Tout espoir n'était donc pas perdu pour le comte. Deux jours après, il est vrai, le roi paraissait se raviser et, s'estimant sans doute suffisamment éclairé, maintenait en faveur de la communauté la décision prise au mois de janvier précédent (2).

La citation n'en eut pas moins son effet, et, trois jours après l'expiration de la quinzaine de Pâques, lorsque, très probablement, on ignorait encore en Périgord ce qui s'était passé aux Requêtes de l'Hôtel, où les maire et consuls s'étaient présentés, Pierre Descombes, siégeant à Périgueux dans le couvent des Frères Mineurs, n'hésita pas à prendre une décision par laquelle, sans avoir égard à l'appel interjeté ni aux lettres royales, la ville était condamnée à payer dorénavant au comte le droit du commun de la paix et à lui obéir comme elle obéissait naguère au roi (3).

Cependant, l'affaire suivait son cours devant les Requêtes de l'Hôtel. Conformément à la citation reçue, le maire, les consuls et autres opposants avaient comparu au jour indiqué avec « les lettres et privilèges desquels ils entendoient s'aider contre ledit comte » ; mais, au lieu de reconnaître les droits que leur attribuaient ces lettres, les gens des Requêtes renvoyaient les parties devant l'évêque de Beauvais qui, involontairement ou à dessein, laissa tout en suspens jusqu'au mois

---

(1) Bibl. nat., *Collection Périgord*, t. IX, 3ᵉ cahier, p. 80. V. Dessalles, ouv. cité, t. II, pp. 190 et suiv.

(2) Le 20 mars, le roi adressa au chancelier le mandement suivant : « De par le Roy, chancelier, savoir vous faisons que nostre entente n'est pas de bailler au comte de Pierregort ou a autres aucune de nos rentes, profits et émoluments a nous appartenant en la ville de Pierregort. Si vous mandons que aux consuls d'icelle ville vous faites délivrer nos lettres a eux octroyées, lesquelles sont en la Chambre des comptes. Donné a Saint-Christophe-en-Halate le 20ᵉ jour de mars 1341 » (Arch. nat., Reg. du Tr. des Ch. JJ 73, pièce 318).

(3) Bibl. nat., *Collection Périgord* (d'après les archives départementales des Basses-Pyrénées), t. IX, 3ᵉ cahier, p. 80.

d'août. Encouragé sans doute par ces retards et assuré d'autre part, comme nous le verrons tout à l'heure, des bonnes dispositions du roi, Roger-Bernard devint alors plus pressant (1). Le 6 août, il obtenait des lettres annihilant tout ce qui avait été accordé antérieurement à ses adversaires. Ces lettres, adressées à l'évêque de Beauvais, portaient :

.... Et ainsi est encore et a esté par les illicites oppositions et frivoles desdits consuls et habitants desdites villes retardée ladite assignation estre faite audit comte, en son grand grief et dommage, si comme il dit ; pour quoi nous vous mandons... que, lesdites parties appelées par devant vous,.... sur toutes les choses dessusdites et les dépendances d'icelles, et sur le fait et teneur desdits privilèges et de toutes les circonstances des débats et discors des susdits, souverainement et de plein et sans forme de jugement, par l'inspection desdits privilèges ou autrement, ainsi comme bien vous semblera à faire, vous informés bien et diligemment et sans délai, et, ce que vous en trouverez avec vostre avis, nous réserviez féablement soubs vostre seel... afin que, sur ce, nous y puissions pourvoir de tel et convenable remède comme bon nous semblera, etc.....

L'évêque, empêché, délégua le baile royal de Périgueux, Guillaume Hugues, pour le remplacer. Après plusieurs ajournements successifs, les maire et consuls, cités en dernier lieu devant le Parlement de Paris, répondent au baile qu'ils n'acceptent ladite citation qu'autant que le roi et le Parlement voudront eux-mêmes l'admettre. Ils ont, en effet, par devers eux des lettres royales, qui, non seulement, confirment leurs privilèges, mais déclarent nuls tous actes de procédure qui viendraient à l'encontre ; c'est pourquoi ils entendent ne se départir en rien desdits privilèges (2).

On peut imaginer quelle habileté le comte dut déployer pour essayer de fixer à sa cause la faveur royale, si incertaine qu'elle oscillait sans cesse de l'une à l'autre partie. Il trouva, il est vrai, un appui précieux dans le fils aîné de Philippe,

----

(1) V. Dessalles, ouv. cité, t. II, pp. 190 et suiv.
(2) Arch. mun. de Périgueux, FF 27, pièce 1. Reprod. dans le *Rec. de 1775*, pp. 245-248.

Jean, duc de Normandie, qu'il accompagna dans ses chevauchées à travers le royaume et de qui la protection ne devait
jamais se démentir. Nous n'en voulons pour preuve que des
lettres émanées de ce dernier, en date du 27 mai 1342, à
Avignon, qui, en considération des « bons et agréables services rendus longtemps et fidèlement » au roi et à lui-même,
concèdent au comte de Périgord la faveur d'établir dans ses
terres un juge d'appeaux qui connaîtra des « premiers appels,
dans les causes tant criminelles que civiles » (1). Cette conduite avait acquis aussi à Roger-Bernard les bonnes grâces
du roi : Philippe VI, par lettres du 9 juin 1342, au Bois de
Vincennes, ordonna au Parlement de mettre en surséance et
tenir en état toutes les affaires du comte « jusques a un
mois après son retour du voyage qu'il a entrepris avec le
prince Jean » (2).

Nous ne savons ce qu'il advint de la citation des maire et
consuls devant le Parlement. Toujours est-il que le comte crut
devoir recourir à Jean, duc de Normandie, alors lieutenant
du roi, son père, en Languedoc, dont il avait éprouvé déjà la
protection. En fait, Roger-Bernard n'eut qu'à se louer de sa
détermination : par des lettres données à Montpellier, le
4 juillet 1344, ce prince lui adjugea purement et simplement
les trois sources de revenus qu'il convoitait ; et, comme si
cette décision devait être définitive, ces lettres furent sanc-
tionnées par Philippe VI en janvier 1345 (n. st.) (3). Il
y eut, cependant, encore un revirement, qui ne devait pas

____

(1) V. le *Rec. de 1775*, pp. 249-250. Cette autorisation fut confirmée par
le roi en 1344 (d'après les archives départementales des Basses-Pyrénées).
V. Dessalles, ouv. cité, t. II, p. 194 et n. 4.

(2) Bibl. nat., *Collection Périgord* (d'après les archives départementales
des Basses-Pyrénées), t. IX, 3ᵉ cahier, p. 48. Voici exactement les raisons
que donne le roi : « ...Comme nostre amé et féal le comte de Pierregort soit alez
dé nostre commendement à Avignon, en la compagnie de nostre tres cher et
amé fils le duc de Normandie, et d'illeques il doyve aller en certaines parties
de nostre royaulme ou nous l'avons ordonné, pour garder l'oneur et l'estat
de nostre royaulme, etc... » Cette copie porte la date inexacte du 20 juin, qui
doit être restituée au 9 de ce mois.

(3) Arch. nat., Reg. du Tr. des Ch. JJ 72, pièce 332.

être le dernier, et, en février 1346 (n. st.), le roi de France, par de nouvelles lettres, dans lesquelles il résumait ce qui s'était passé depuis 1339 et prétendait que la confirmation, qu'il avait accordée en janvier 1345 (n. st.), avait été subrepticement obtenue, révoqua l'assignation faite au comte, gardant pour lui tous les revenus adjugés et déclarant qu'ils ne seraient jamais aliénés de la couronne (1).

Néanmoins, Roger-Bernard ne désarma pas et s'adressa de nouveau à Jean, qui, chose à peine croyable, lui accorda, au mois d'août 1346, d'autres lettres qui mettaient le comte en possession de tout ce dont il avait été déjà dépossédé deux fois. Ces lettres, que le roi n'hésita pas à confirmer au mois de novembre suivant (2), le même roi les révoqua six mois plus tard (11 mai 1347) (3). Il semblait que le dernier mot restait à la municipalité; mais le comte trouva des moyens dilatoires (4), et nous verrons cette interminable affaire se poursuivre encore sous le règne suivant.

Ces vicissitudes de la faveur royale n'altérèrent point la fidélité de la ville. Il y eut, en effet, en 1345, entre le 24 juin et le 6 août, un complot pour livrer Périgueux aux Anglais (5) ; mais cette tentative, sur laquelle nous n'avons pas de détails, échoua. Cette même année, les ennemis essayèrent une attaque de vive force qui, de même, resta infructueuse. Selon Froissart, qui nous en a laissé le récit (6), le comte de Derby avait quitté Bordeaux pour aller assiéger Bergerac, que le comte de l'Isle-Jourdain était venu occuper à la tête des troupes du roi de France. Bergerac fut pris. Derby s'y reposa deux jours, puis se dirigea sur Périgueux. Chemin faisant, il soumit Lisle, mais n'osa attaquer Bourdeille. Il semble que

---

(1) Arch. nat., Reg. du Tr. des Ch. JJ 72, pièce 444, et Arch. mun. de Périgueux, FF 27, pièce 2.

(2) Arch. nat., Reg. du Tr. des Ch. JJ 68, pièce 197.

(3) *Ibidem*, Reg. du Tr. des Ch. JJ 72, pièce 444.

(4) V. Arch. mun. de Périgueux, FF 27, pièce 3.

(5) Bibl. nat., *Collection Périgord*, t. XLIX, fol. 112 *bis*. V. Bertrandy, *Etude sur les chroniques de Froissart*, pp. 49, 50 et n. 1 et 51.

(6) *Chroniques de Froissart*, I⁰ʳ livre, par. 215 (éd⁰ⁿ Luce, t. III, pp. 58-59).

la forte situation de Périgueux, où s'étaient enfermés « li contes de Pieregorth et messires Rogiers de Pieregorth, ses oncles, et li sires de Duras et bien six-vingt chevaliers et escuiers dou pays », eut vite fait de le décourager. Les Anglais se retirèrent, s'emparèrent du château d'Auberoche, dont les habitants se rendirent sans coup férir, ainsi que de Libourne, et rentrèrent à Bordeaux.

La belle conduite de Périgueux eut sa récompense. Au mois d'avril 1347, en considération de leur constante fidélité et comme dédommagement à leurs pertes, Philippe de Valois accorda à ses habitants le privilège de ne pouvoir être cités ni ajournés, pour quelque affaire que ce pût être, que devant le sénéchal ou devant le Parlement de Paris (1). Et, comme si cette concession ne devait pas paraître suffisamment rémunératrice de leur dévouement, moins d'un mois après, le 11 mai, le jour même où il révoquait pour la dernière fois les lettres octroyées à Roger-Bernard par le duc de Normandie (2), le roi, sans tenir compte des instances du comte, et pour prouver d'une manière plus évidente encore l'estime qu'il faisait des maire et consuls, leur attribua deux mille livres à prendre par moitié sur le gros commun du Périgord et sur le petit commun de Périgueux,

.... Attendus et considerez les grans travauls et escandles que nos amez et feaulz les mere, consouls et commune de la ville de Pierregort ont eus et soutenus longuement, durant nos guerres, en résistant a nos ennemis et gardant et deffendant ladite ville a l'onneur et proffit de nous et de nostre royaume, contre nozdiz ennemis qui, par trois fois (3), sont venus a grans chevauchées par devant

---

(1) Ces lettres sont datées du 7 avril 1347, à Breteuil-en-Beauvoisis. Elles sont conservées aux archives municipales de Périgueux sous la cote FF 12, pièce 2, et reprod. dans le *Rec. de 1775*, pp. 253-254.

(2) V. pl. haut, p. 99 et n. 3.

(3) On peut inférer de ce passage que les Anglais se seraient présentés plusieurs fois devant Périgueux. Nous n'avons pu contrôler la vérité de cette allégation. Toutefois, les comptes de l'administration des maire et consuls pour cette année (Archives municipales de Périgueux, CC 61 et 62) mentionnent plusieurs alertes du mois d'août au mois d'octobre. Les paysans des alentours étaient venus chercher un refuge dans la ville, et l'on s'attendait à tout instant à voir les ennemis apparaître devant elle.

ladite ville, faisant leur pouvoir de l'acquerir ou destruire par force, etc.... (1).

Il ne paraît pas qu'aucun événement important soit survenu dans la ville pendant les cinq années qui suivirent cet élogieux témoignage.

§ 7. — *1352-1360*. — A peine Jean le Bon commençait-il à régner que le comte Roger-Bernard, fort de la faveur que ce prince lui avait toujours témoignée, crut le moment venu de tenter contre les privilèges de la communauté un suprême assaut. En février 1352 (n. st.), il obtint de lui des lettres qui remirent en vigueur celles que Jean lui avait octroyées au mois d'août 1346 (2). Mais la situation faite aux bourgeois par les lettres royales du 11 mai 1347 (3) n'en était pas moins très embarrassante pour le comte. Aussi, au lieu d'entrer immédiatement en possession, Roger-Bernard joua-t-il de ruse et laissa la ville, pendant plus d'un an, dans une sécurité trompeuse. Les maire et consuls cessèrent de se tenir sur leurs gardes. Le comte saisit ce moment et son entreprise fut conduite avec tant de bonheur que les bourgeois n'en eurent connaissance qu'au moment où ils ne pouvaient plus essayer d'y résister.

Les maire et consuls furent avertis le 21 juin 1353 « par quelques amis de la ville, ... soucieux de son honneur et de ses intérêts, ... que le comte de Périgord, avec toutes ses forces, voulait... à tort ou à raison, faire à la ville la guerre à feu et à sang, et avait l'intention de détruire, ruiner et arracher tous les blés et toutes les vignes des bourgeois, de remplir

---

(1) Ces lettres, datées de Montdidier, sont conservées aux archives municipales de Périgueux, sous la cote CC 10, pièce 2, et reproduites dans le *Rec. de 1775*, pp. 251-253. Sur les 2000 livres accordées par le roi, 1000, prélevées sur le gros commun, devaient être employées à refaire ou réparer les fortifications, dont une partie s'était effondrée à la suite d'une forte crue de la rivière de l'Isle.

(2) Arch. nat., Reg. du Tr. des Ch. JJ 84, pièce 173. V. pl. haut, p. 99 et n. 2.

(3) V. pl. haut, p. 99 et n. 3.

de soldats et de pillards toutes les églises et autres lieux des environs, et de ne rien négliger de ce qui pourrait les accabler ». Ces amis avaient ajouté « qu'on pouvait se faire une idée des desseins du comte par le soin qu'il avait eu de garnir et d'occuper les églises de Champcevinel (1) et de Trélissac (2), qu'il avait fortifiées, ce qui suffisait pour causer des dommages irréparables ». C'étaient là de puissants arguments, car on touchait à l'époque de la moisson. Le parti le plus sage était donc de traiter avec le comte, ce dont les habitants de Périgueux finirent par convenir d'un commun accord (3).

Immédiatement après avoir reçu les pouvoirs nécessaires, les maire et consuls entrent en pourparlers avec le comte. Cinq jours après (le 26 juin), les bases d'un traité étaient posées et acceptées de part et d'autre, avec l'approbation des trente prud'hommes du conseil (4) et la promesse des maire et consuls d'obtenir celle de la communauté tout entière. Cette dernière ratification fut accordée le dimanche 30 juin (5), et les deux parties convinrent du dimanche d'après (7 juillet), pour donner à ce traité la solennité voulue et le revêtir de toutes les formalités. Cet acte est d'une telle importance qu'il est indispensable de l'analyser ici avec quelque détail (6) :

Après avoir exposé et affirmé qu'en échange de sa terre de Bergerac, le roi de France lui a définitivement concédé la moitié par indivis de la cour du pariage, dite *du cellérier*, et tout le commun levé dans la ville et ses faubourgs, le comte déclare qu'il est et a été depuis longtemps en paisible possession, ou à peu près, de ces droits, au vu et au su de tout le monde, sans débat ni contradiction de la part de qui que ce soit ; qu'il ne s'en est jamais dessaisi et qu'il n'a jamais fait aucun acte qui pût infirmer celui qui va suivre, dont le but est de

---

(1) (2) Auj. c^{nes} du cant. de Périgueux.

(3) *Rec. de 1775*, pp. 260-265.

(4) V. sur cette institution, notre seconde partie, chap. I (*Organisation communale*).

(5) V. Arch. mun. de Périgueux, FF 28, et le *Rec. de 1775*, pp. 282-291.

(6) Arch. mun. de Périgueux, FF 28 et 29. Reprod. dans le *Rec. de 1775*, pp. 265-282.

former une confédération avec le maire, les consuls et la communauté de Périgueux et de leur être largement agréable. Pour cela, il
leur cède à perpétuité cette moitié de juridiction et ce droit du commun, pour en jouir et user en toute liberté, moyennant une rente annuelle de cinquante livres de monnaie périgourdine, payable, vingt-
cinq livres à la Saint-Jean, et les vingt-cinq autres à la Noël, et un
droit d'acapte d'un florin ou marbotin d'or, à chaque avènement d'un
nouveau comte de Périgord, auquel ils déclareront en même temps
qu'ils tiennent cette moitié de juridiction et tout ce commun de lui
comme du seigneur direct, sans autre obligation ni devoir envers lu
ou ses successeurs. Si, par la suite, le comte venait à acquérir la
moitié des ventes que le roi perçoit dans la paroisse de Saint-Front
en commun avec l'abbé et le chapitre (1), il s'engage, dès maintenant, à
en faire le transport aux maire et consuls, moyennant une nouvelle
rente de dix livres, et il leur en délivrera à cet effet des lettres en bonne
forme. Cette cession est arrêtée sous la réserve du consentement du
roi. D'ailleurs, le comte se fait fort d'obtenir la ratification du présent
arrangement par des lettres scellées du sceau royal, voire même par
des lettres du pape, si cela est nécessaire.

De leur côté, les maire et consuls, du consentement exprès des
trente prud'hommes, reconnaissent la vérité des assertions du comte
et acceptent l'acense aux conditions imposées, mais également sous
la réserve de la volonté et du consentement du roi, ajoutant que, désormais, quand il se fera des proclamations dans la *Ville*, dans la
Cité et dans les faubourgs, à son de trompe ou par la voix du crieur
public, à l'exception de celles qui regardent la couronne, elles se fe_
ront toutes au nom du comte, du maire et des consuls et avec des
pennons aux armes du comte, de la ville et du maire, mais avec
l'expresse restriction que, de cette manière de faire les proclamations,
non plus que de l'apposition de ses armes sur les pennons, il ne résultera pour le comte aucune juridiction, haute, moyenne ou basse,
ni aucune sorte de droits dans la ville, et que si, par hasard, il s'avisait jamais d'avoir quelque prétention à cet égard ou d'apporter quelque entrave à l'action des maire et consuls, toute proclamation faite
durant la contestation serait nulle, et les armes comtales seraient
effacées des pennons, sans toutefois que les autres clauses de ce traité
cessassent d'être obligatoires.

---

(1) Il semble que ce droit ait été ultérieurement adjugé au comte. V. aux
archives municipales de Périgueux, sous la cote FF 33, l'énumération, faite
préalablement à une saisie, de l'*actif* du comte de Périgord en 1398.

De plus, il est convenu entre le comte et les maire et consuls que tout premier appel, soit de la cour du consulat, soit de la cour commune du *cellérier*, pour quelque cause que ce puisse être, lors même qu'on appellerait au roi ou à son sénéchal, sera porté, sans contrainte, à lui comte ou au juge d'appeaux qu'il doit établir dans la ville (1) ; lequel juge connaîtra des causes civiles et criminelles et devra être originaire de la ville ou y habitant. Il est bien entendu que, quoi qu'il puisse arriver, ni cette moitié de juridiction, ni ce droit du commun ne pourront tomber en commise, être saisis ni mis sous la main des comtes. Il est convenu, en outre, que les contestations qui pourront survenir entre les contractants seront soumises à des arbitres choisis d'un commun accord. On s'engage, de part et d'autre, à tenir très religieusement ce traité, dont les clauses n'ont d'autre but que l'utilité et avantage du comte, du maire, des consuls et de la communauté. Toutefois, les deux consuls de la *Cité*, en y intervenant, font observer qu'il ne saurait porter atteinte aux franchises et libertés de celle-ci, dont les droits doivent demeurer intacts. Ses habitants ne contribueront pas au paiement de la rente ni de l'acapte et ne jouiront non plus des émoluments résultant du traité, sauf les cas d'appel et les proclamations avec les pennons aux triples armes, etc......

Cet arrangement, pour devenir exécutoire, devait être revêtu de l'approbation royale. Or, aucun document ne permet de supposer qu'il l'ait jamais reçue ; il est vraisemblable qu'il demeura lettre morte (2). Jean le Bon, il est vrai, confirma au comte le droit d'instituer un juge d'appeaux, au mois de

---

(1) Nous avons vu plus haut (p. 98) que, le 27 mai 1342, Jean, duc de Normandie, fils aîné du roi, accorda au comte de Périgord la faveur d'établir un juge d'appeaux sur ses terres. Dans le procès-verbal de la délibération de la communauté de Périgueux tenue le 21 juin 1353 (v. pp. 101-102), il est dit que ce juge sera établi et que les appels auront lieu, pourvu toutefois que le comte puisse les obtenir du roi de France. (V. le *Rec. de 1775*, p. 263.)

(2) Un procès-verbal d'une saisie opérée en 1398, à Périgueux, à l'encontre du comte de Périgord, mentionne comme lui appartenant encore à cette date les droits à percevoir dans la ville qui lui avaient été cédés par le roi en 1341 et dont il avait, en 1353, ainsi que nous venons de le voir, négocié le transfert à la communauté (Archives municipales de Périgueux, FF 33).

janvier 1354 (n. st.) (1) ; mais, en fait, il est permis de conjecturer qu'il en fut de cette faveur comme du traité. Elle n'eut pas de suite (2).

Cependant, la guerre se ranimait plus ardente entre la France et l'Angleterre. Alors les habitants de Périgueux, naguère dédaigneusement abandonnés à la convoitise de Roger-Bernard, devinrent l'objet de la sollicitude de la couronne qui, de ce moment, négligea les intérêts du comte. Nous savons que plusieurs tentatives avaient été faites par les ennemis pour s'emparer de la ville (3). Par lettres en date du 14 mars 1354 (n. st.), à Périgueux, le sénéchal recommanda aux maire et consuls de faire garder soigneusement les portes de la ville, d'organiser des patrouilles de jour et de nuit, et de faire exécuter au plus tôt les ouvrages de fortification reconnus nécessaires ; et, comme une *grosse vinade* (4) avait été imposée pour ce dernier objet par la municipalité, il enjoignit aux officiers royaux de contraindre au paiement de cette taxe les habitants qui refuseraient d'y contribuer (5). Ces lettres furent le prélude d'une série de mesures favorables à la communauté. C'est ainsi que, le 26 avril 1355, de Tournai, le roi Jean en adressa d'autres à Jean de Clermont, seigneur de Chantilly, maréchal de France et son lieutenant « ès parties de Pierregort et des païs entre les deux rivieres de Loire et

---

(1) Laurière, *Rec. des ord. des rois de Fr.*, t. IV, p. 276. Ce droit lui fut encore confirmé en 1356, par des lettres royales datées du mois d'août, à Breteuil-en-Beauvaisis (Bibl. nat., *Collection Périgord* [d'après les archives départementales des Basses-Pyrénées], t. IX, 1er cahier, p. 6).

(2) Cf. Dessalles, ouv. cité, t. II, p. 231, et aussi le *Mémoire sur la constitution*, etc... (1775), p. 175 : « Il n'existe aucun monument qui établisse que les sentences du consulat de Périgueux aient, dans aucun temps, été réformées par ce tribunal d'appels qui avait été accordé au comte. »

(3) Au mois de septembre 1353, comme les Anglais rôdaient sans cesse autour de la ville, la municipalité avait prescrit de doubler les postes (v. les comptes de l'administration des maire et consuls pour l'année 1352-1353, aux archives municipales de Périgueux, sous la cote CC 63).

(4) La *vinade* était une taxe foncière établie sur les vignes.

(5) Arch. mun. de Périgueux, EE 10, pièce 4. Reprod. dans le *Rec. de 1775*, pp. 256-260.

de la Dourdoingne », par lesquelles, considérant la détresse
des habitants de Périgueux et sachant par personnes dignes
de foi que la ville est environnée de « quatorze lieux ou forte-
lesses de nos ennemis », qu'elle est, en outre, si épuisée
d'hommes et d'argent qu'elle « s'en pourroit perdre se on n'y
mettet remede et secours de gens d'armes a pié et a cheval »,
il ordonne d'envoyer à Périgueux, sous la conduite d'un
« bon et souffisant capitaine », tel nombre de gens d'armes
qu'il jugera nécessaire et de faire payer leurs gages par les
trésoriers des guerres (1).

La *Cité* était moins bien fortifiée que la *Ville*. Elle se trouva
plus accessible à l'invasion et, malgré le secours envoyé par
le roi en 1355, les Anglais s'en emparèrent de nuit et par esca-
lade en 1356. Ils en étaient déjà maîtres au mois de mai de
cette année (2). Les maire et consuls firent des efforts incroya-
bles pour délivrer leurs concitoyens : ils craignaient que le
roi ne leur imputât cet échec et redoutaient peut-être plus
encore que, s'il reprenait la *Cité*, il ne la regardât comme
une conquête et ne voulût la soustraire à la communauté. Ce
fut dans ces circonstances que, au mois de mai 1356, le roi
adressa aux maire et consuls des lettres par lesquelles il les
rassurait contre cette double crainte. Il commence par y faire
l'éloge de leur constance et de leur fidélité ; puis, après avoir
exposé le fait de la prise de la *Cité*, rappelle que, malgré le
malheur que cette dernière a eu de tomber entre les mains
des Anglais, elle n'en est pas moins, en droit, soumise à la
juridiction des maire et consuls qui la gouvernent au nom de
la communauté. Aussi promet-il que l'occupation de la *Cité*
ne préjudiciera pas à leurs privilèges et que, dès que la *Cité*
sera rentrée sous l'obéissance du roi, *seu vi armorum, seu per
compositionem, vel alias quocumque modo*, le consulat recouvrera l'entier exercice de ses droits (3).

---

(1) Arch. mun. de Périgueux, EE 10, pièce 5. Reprod. dans le *Rec. de 1775*,
pp. 292-294.

(2) V. le *Rec. de 1775*, p. 294, *in fine*.

(3) Arch. mun. de Périgueux, FF 13, pièce 1. Ces lettres sont reproduites
dans Laurière, *Rec. des ord. des rois de Fr.*, t. III, pp. 55-56, et dans le
Rec. de 1775, pp. 294-296.

Les Anglais tenaient encore la *Cité* à la fin du mois d'octobre. Nous en avons la preuve par des lettres en date du 26 octobre 1356, au Louvre, où le dauphin Charles confirme aux habitants de Périgueux l'octroi d'un subside de 500 livres tournois par mois pour fortifier leur ville (1). Peu après, l'ennemi fut délogé (2). Le cardinal de Périgord, Hélie Talleyrand, frère du comte, que l'inexécution du traité de 1353 faisait peut-être persister dans une politique hostile à la communauté (3), prétendit, pour faire échec à la municipalité, qu'il avait lui-même arraché la *Cité* des mains des Anglais et qu'il devait à ce titre continuer de la gouverner en maître (4). Quoi qu'il en fût de la vérité de cette allégation, la démarche du cardinal

----

(1) « ....Comme nostre tres chier frere le comte de Poiliers, lieutenant de nostredit tres chier seigneur et pere par dela la riviere de Loire et en toute la langue d'oc, ait donné et ottroyé a noz bien amez les maire et consulz de la ville de Périgueux, pour faire brides, engins et autres reparations necessaires pour la garde et deffense de ladite ville contre noz ennemis qui tiennent la *Cité* de Pierregueux occupée, cinq cens livres tournoys par moys, etc... ». Ces lettres, adressées aux Trésoriers de France, sont conservées aux archives municipales de Périgueux sous la cote CC 12 et reproduites dans nos pièces justificatives, n° XII.

(2) Nous ignorons les détails de l'affaire.

(3) V. Bibl. nat., *Collection Périgord* (extrait des arch. mun. de Périgueux), t. XXVII, p. 405, la copie d'un acte du 5 novembre 1356 en vertu duquel « le juge de la cour commune entre le comte et le chapitre de Saint-Front, appelée *du cellérier*, défend, sous peine de soixante sous tournois, qu'aucune personne de la paroisse de Saint-Front soit citée, dans les causes criminelles et civiles ressortissant à ladite cour, devant un autre juge séculier que lui-même ». Cet acte, dirigé, on peut le croire, contre les maire et consuls, est une autre preuve que le traité du 7 juillet 1353 n'avait pas été mis à exécution. En effet, on se rappelle que cet arrangement comportait le transfert à la communauté de la moitié de la juridiction du *cellérier* qui appartenait au comte depuis 1341 ; or, dans l'acte que nous venons d'analyser, postérieur de trois années au précédent, l'officier exerçant la justice du pariage se qualifie encore de « juge de la cour commune entre le comte et le chapitre de Saint-Front ».

(4) V. le *Rec. de 1775*, p. 304. D'après le *Mémoire sur la constitution*, etc..., (1775), le comte et le cardinal de Périgord auraient repris la *Cité*, après avoir conclu avec le roi d'Angleterre un traité par lequel ils se faisaient remettre cette place ; mais aucune preuve n'est citée à l'appui de cette allégation.

eut un plein succès : en janvier 1357 (n. st.), il obtenait de
Charles, fils aîné et lieutenant du roi prisonnier, des lettres
par lesquelles ce prince lui faisait don de la place conquise (1). Il semble qu'il y fît acte de seigneurie, mais les
maire et consuls n'entendaient pas laisser prescrire leurs
droits. Comme plusieurs agents de la maison de Périgord
avaient institué à la *Cité* une cour, une audience et un marché hebdomadaires et, de plus, fait dresser des fourches patibulaires et autres insignes de juridiction, la municipalité se
pourvut au Parlement contre cette usurpation, représentant
que, sous la protection et la sauvegarde du roi, elle avait seule
in solidum in Villa *et* Civitate *Petragorarum ac in territorio et
pertinentiis suis, infra terminos seu limites dicte ville, omnem jurisdictionem, altam videlicet mediam atque bassam, ac
merum et mixtum imperium* . Un arrêt rendu sur cette requête le 12 août 1357 ordonna au sénéchal du Périgord de
maintenir les maire et consuls dans la possession de leurs
privilèges, et, en cas de contestation, de faire assigner au
Parlement les auteurs du trouble (2). Cependant, malgré
cette sentence et divers autres actes destinés à la faire strictement observer (3), la *Cité* ne fut pas alors réintégrée dans

---

(1) Lettres conservées aux archives départementales des Basses-Pyrénées,
citées par Dessalles, ouv. cité, t. II, p. 259 et n. 1.

(2) Arch. mun. de Périgueux, FF 13, pièce 2. Reprod. dans le *Rec. de 1775*,
pp. 296-298.

(3) Citons : 1° (aux archives municipales de Périgueux, sous la cote FF 13,
pièce 3 ; reprod. dans le *Rec. de 1775*, pp. 299-301), une requête de la municipalité en date du 3 septembre 1357, demandant que le juge-mage ou lieutenant du sénéchal se transporte de Brive à Périgueux pour y faire exécuter
l'arrêt du Parlement. Au consul de Périgueux, Pierre de Vertville, qui lui
avait porté ledit arrêt, le juge-mage, Raymond de Marcillac, répond que les
ennemis occupent les chemins et qu'il ne pourrait se rendre à Périgueux, de
Brive où il était, « sino periculo sui corporis », etc. ; il prie les habitants de
Périgueux de l'excuser ; — 2° (aux archives municipales de Périgueux, sous la
cote FF 13, pièce 5 ; reprod. dans le *Rec. de 1775*, pp. 301-306), des lettres
de Charles, régent, datées du 27 avril 1359, à Paris. Après avoir rappelé les
faits exposés dans l'arrêt du Parlement du 12 août 1357, il ajoute que, peu
de temps après, le cardinal et le comte de Périgord, faisant valoir les grandes
peines que ledit cardinal s'était données pour reprendre la *Cité* sur les An-

la communauté, et les agents du cardinal, qui avaient refusé de s'en dessaisir, continuèrent à y commander, la question restant ainsi pendante (1). Elle ne fut définitivement tranchée, à l'avantage des maire et consuls, qu'en 1362, mais, cette fois, par Jean Chandos, vicomte de Saint-Sauveur et lieutenant du roi d'Angleterre (2). Entre temps, en effet, le désastreux traité de Londres (25 mars 1359), puis celui de Brétigny (8 mai 1360), avaient cédé à l'ennemi les « *Ville, Cité, terre et païs de Pierregurs* » (3).

---

glais et les vexations que les consuls de Périgueux leur suscitaient, obtinrent du roi un mandement de sursis à l'exécution dudit arrêt jusqu'après le retour à Avignon du cardinal, qui venait de se rendre à Bordeaux et, de là, devait aller en Angleterre, pour traiter des conditions de la paix entre les deux souverains. Or, le cardinal est de retour et les délais d'ajournement sont passés. Sur les instances de la municipalité, le prince enjoint au sénéchal de faire procéder à l'exécution de l'arrêt, et, s'il se présentait des oppositions, d'appeler l'affaire au prochain parlement à Paris.

(1) V. Dessalles, ouv. cité, t. II, p. 260.

(2) Le jugement rendu par Jean Chandos est du 24 mars 1362 (n. st.). V. Archives municipales de Périgueux, EE 13, pièces 1-3.

(3) V. aux archives municipales de Périgueux, sous la cote EE 12, pièce 1, des lettres royales données au Bois de Vincennes, le 12 août 1361, par lesquelles le roi Jean annonce aux maire et consuls la cession dont leur ville est l'objet. Il les délie des foi et hommage qu'ils devaient à la couronne de France et leur mande de reconnaître désormais l'autorité du roi d'Angleterre. Le mercredi d'avant Noël de la même année (22 déc.), le maréchal de Boucicaut remit la place à Jean Chandos, lieutenant du roi d'Angleterre.

DEUXIÈME PARTIE

Institutions Municipales

CHAPITRE I

ORGANISATION COMMUNALE

Nous ne saurions mieux faire, pour exprimer le caractère du régime municipal dont Périgueux jouit au moyen-âge, que d'emprunter au savant auteur de l'*Histoire de Bordeaux* la définition qu'il donne de la commune de cette ville :

Le mot de commune éveille à notre esprit l'idée d'une démocratie municipale, fièrement campée au milieu d'une société aristocratique, en face d'une noblesse féodale. La commune de Bordeaux était précisément le contraire de l'institution que ce mot semble rappeler. Bien loin de s'opposer au monde féodal, elle en faisait partie intégrante. Elle se gouvernait suivant ses principes. Elle ne faisait pas contraste avec les seigneuries, baronnies ou vicomtés, qui l'entouraient sur le pays de Bordeaux ; elle leur ressemblait à peu près en tout point : c'était, elle aussi, une seigneurie. Seulement, au lieu d'avoir à sa tête un seigneur héréditaire, elle avait des magistrats électifs. Sans doute, la création de la commune a inauguré l'avènement des classes moyennes au droit de gouverner ; mais elles n'y ont participé que pour se conformer aux lois féodales. L'émancipation de Bordeaux a été l'entrée de la bourgeoisie, à titre seigneurial, dans la hiérarchie politique. Au-dessus de la commune, en effet, il y a son suzerain, duc d'Aquitaine, roi d'Angleterre. Le lien qui les unit l'un à l'autre n'est pas ce devoir public d'obéissance à la loi et au souverain, qui a été le principe de l'Etat romain et qui est redevenu celui des Etats modernes : c'est le lien personnel de « la foi » unissant l'homme à l'homme et le seigneur au seigneur, c'est l'hommage couvert par la garantie du serment. La commune n'est tenue d'obéir au nouveau roi que lorsque ses chefs lui ont prêté serment et qu'en échange ils ont reçu de lui l'assurance d'être bien gouvernés. La solidarité des membres de l'Etat est le fait d'un contrat solennellement affirmé...... La Ville ne se connaissait d'autres devoirs que ceux auxquels l'obligeait sa déclaration...... Elle n'est pas seulement, en droit, l'égale des nobles ; elle a, de la noblesse seigneuriale, les titres et les attributs...... Dans son apparence matérielle, la cité présente le caractère militaire du monde des chevaliers. Elle a, pour sa garde et sa défense, des remparts et des tours ; elle a sa maison seigneuriale, qui est l'Hôtel de Ville. Elle possède un sceau, et ce sceau est le signe visible et tangible de son droit, l'instrument éternel et la sanction indélébile de son autorité, dont ses magistrats ne sont que les dépositaires momentanés.... Comme les seigneurs enfin, la commune a son donjon : c'est le beffroi de l'Hôtel de Ville, où résonne la Grosse Cloche, voix unique de cette seigneurie collective qui est la commune de Bordeaux (1).

Substituez au nom de Bordeaux celui de Périgueux, changez le suzerain qui est ici le roi de France, retranchez le mot de commune qui ne fut jamais appliqué à la constitution de Périgueux, quoique, au fond, elle ne puisse être plus exactement désignée que par ce vocable, et la définition, sans qu'il y ait lieu d'y d'ajouter ni d'en retrancher rien, convient à merveille au régime de la ville dont nous nous sommes proposé d'étudier les premières institutions municipales. C'est ce qui résultera, croyons-nous, de l'examen détaillé que nous allons en faire.

Dans la vaste enquête qu'il entreprit pour éclairer les origines de l'histoire du Tiers Etat, l'illustre Augustin Thierry fut amené à considérer l'organisation administrative de Péri-

____

(1) Camille Jullian, *Histoire de Bordeaux*, pp. 165-170.

gueux. L'appréciation qu'il en donne est, d'ailleurs, exacte dans ses grands traits :

Le Périgord offre dans sa capitale l'exemple d'une indépendance municipale qu'on peut dire absolue, et dont l'histoire abonde en particularités intéressantes. On y trouve, comme à Nîmes et à Narbonne, la séparation en deux villes, mais avec cette différence que la plus ancienne des deux, la *Cité*, conserve, jusqu'au milieu du xiii° siècle, un régime de tradition immémoriale (1), libre sous le patronage épiscopal (2) avec des formes aristocratiques et sans aucun nom spécial de magistrature, tandis que le *Bourg* a suivi le mouvement de l'époque en se donnant la constitution consulaire. De plus, on voit l'esprit de cette constitution révolutionnaire amener entre les deux villes déjà rivales un antagonisme politique et des luttes armées qui se terminent, en 1240, par la victoire du principe réformateur et la réunion en une seule communauté démocratique, sous le régime du consulat. En outre, ce régime subit lui-même une réforme : il est rendu plus actif et plus concentré par la superposition d'un maire aux douze consuls, pratique dont les villes de la Guienne, sous la domination anglo-normande, avaient appris les avantages dans leurs relations devenues plus fréquentes avec les communes du Nord. Sous cette constitution d'origine mixte, la ville de Périgueux posséda, jusqu'à la révolution de 1789, une complète souveraineté municipale, la liberté en tout, sauf l'hommage dû à la couronne, tel que le rendaient les feudataires immédiats ; c'est ce qu'exprimait cette formule officielle des délibérations publiques : les citoyens seigneurs de Périgueux (3).

---

(1) On reconnaît ici la théorie, chère à cet historien, de la persistance du régime municipal romain, théorie qu'il a adaptée tant bien que mal aux villes des différentes régions de la France. Elle est aujourd'hui abandonnée. Cf. A. Giry, *Histoire de la ville de Saint-Omer*, préface, p. 1 : et P. Viollet, *Histoire des institutions politiques et administratives de la France*, t. I, p. 317.

(2) Cela n'est exact qu'en partie. Il y avait à la *Cité* des nobles qui, pour nous, ne relevaient pas de l'évêque ni du chapitre de Saint-Etienne. Dans les actes où figure le corps des habitants de la *Cité*, il est ainsi désigné : « Omnes clerici, milites et donzelli, et alii laici *Civitatis* » ou encore « Capitulum Sancti Stephani et omnes clerici, milites et donzelli, et alii laici *Civitatis* ». Nous n'avons, au vrai, aucune donnée sur le régime de la *Cité* avant son incorporation dans la communauté.

(3) Augustin Thierry, *Tableau de l'ancienne France municipale*, dans l'*Essai sur l'histoire de la formation et des progrès du Tiers Etat*, pp. 301-302.

Il semble que ce régime, dont on ne pouvait mieux caractériser l'indépendance, était déjà en vigueur au *Puy-Saint-Front* dès le milieu du xıı° siècle : tantôt un maire et douze consuls, tantôt douze consuls seulement administraient la *Ville*. Nous pouvons l'inférer d'un procès-verbal du juge-mage de la sénéchaussée du Périgord, portant la date du 20 avril 1332, qui énumère les titres produits par les habitants de Périgueux, afin de justifier le droit qu'ils avaient de s'administrer municipalement. Entre autres actes :

Produxerunt [major et consules] *quamplures litteras antiquissimas, continentes diversos contractus inhitos* (sic) *dicta Villa Petragorarum inter plures singulares personas, que littere erant sigillate sigillo communitatis dicte Ville, quo, tempore antiquo, retroactis temporibus, tunc utebantur in eadem Villa, in quo sigillo sunt et erant caractera seu sculpture, videlicet quidam serviens armatus cum clypeo et ense, licet nunc quodam alio sigillo utantur, videlicet cum turre, ab una parte, et ymagine Sancti Frontonis ex alia, inter quas erat una que sic incipiebat : Communitas Ville Sancti Frontonis Petragoricensis... et est confecta sub data ab Incarnatione Domini* M° C° LXXXVIII° (1).

Il résulte de ce procès-verbal que, en 1188, le *Puy-Saint-Front* était administré municipalement et qu'il avait un sceau (2). Mais, par le seul fait que la communauté était organisée et en possession d'un sceau, il est probable qu'elle existait déjà depuis quelque temps. D'autre part, de nombreux documents, postérieurs à celui que nous avons cité, mais tous antérieurs, et de beaucoup, au traité d'union de 1240, furent également produits à la même enquête, qui mentionnent l'existence au *Puy-Saint-Front*, soit d'un maire et de douze consuls, soit seulement de douze consuls. Citons trois titres de 1205, 1209 et 1213 qui reproduisent les noms des douze consuls alors en exercice, sans maire. Par contre, des actes de 1220, 1222, 1224, 1225, 1228, 1230, 1234, nomment seulement les maires en fonction (3). Il semble que, avec le temps, la coutume de

---

(1) *Rec. de 1775*, p. 219.

(2) Sur les sceaux de la ville de Périgueux, v. Ph. de Bosredon, *Sigillographie du Périgord*, n° 31-37.

(3) V. le *Rec. de 1775*, pp. 219-220.

n'élire que des consuls tomba en désuétude. Toutefois, le traité d'union, pour la conclusion duquel le *Bourg* délégua ses douze consuls sans maire (1), la consacre encore, et les statuts municipaux que nous étudierons tout à l'heure la confirment aussi. Ce régime, comme nous l'avons vu, fut imposé en 1240 à la *Cité* vaincue et s'appliqua dès lors à la communauté tout entière (2).

Venons maintenant au mode de recrutement du maire et des consuls. Ces magistrats, cela va sans dire, devaient être pris dans l'*universitas* ; mais ils n'étaient pas, comme nous le verrons, créés directement par elle. Le maire, quand il y en avait un, était obligatoirement un *bourgeois* ; mais la *Cité* était toujours représentée au consulat par deux, quelquefois trois consuls. Si, par hasard, il survenait une contestation *occasione creationis majoris aut status loci* entre les consuls du *Puy-Saint-Front* et ceux de la *Cité*, le sénéchal en connaissait (3). Les fonctions du maire et des consuls étaient annuelles et, quoiqu'elles rapportassent peu (4), fort recherchées. Maire et consuls étaient élus, et les rouages de l'élection sont compliqués à l'excès, comme si la communauté n'avait voulu négliger aucune précaution pour se donner des administrateurs intègres et capables.

Aussi bien nous allons étudier dans ses détails un document fort instructif à cet égard : c'est un acte en provençal,

---

(1) V. le *Rec. de 1775*, p. 45.

(2) V. le traité d'union de 1240 : « ... Statuimus quidem quod predicta compositio in perpetuum observetur, et de nobis omnibus et successoribus nostris una fiat universitas perpetuo duratura, que secundum antiquas consuetudines Ville Podii Sancti Frontonis Petragoricensis gubernetur » (art. 3) ; et « ipse consuetudines observentur ita quod, ad universitatem regendam, de consilio et assensu dicte universitatis, eligantur major et consules, vel consules tantum, per quorum providentiam se regat universitas et illis obediat » (art. 4) ; dans nos pièces justif., n° II.

(3) V. les lettres royales datées du mois de février 1284 (n. st.), à Paris, analysées dans notre première partie, p. 42.

(4) Le maire et les consuls recevaient par an 50 livres tournois. V. pour les consuls, les comptes de l'année 1318-1319, reprod. dans le *Recueil de 1775*, p. 182 ; pour le maire, les comptes de l'année 1314-1315 (aux archives municipales de Périgueux, CC 41).

sans date, mais qui, selon toute vraisemblance, fut rédigé peu après le traité d'union. Il est intitulé : *Ayso qui senset es la manieyra com se deu far la electios qui se deu far chadan, lo dimmenc apres la Sanct Marti, del maior et deus cossols de Peregurs, o deus cossols ses maior, quant maior no y es fachs ni esliget* (1). Nous analysons :

L'élection doit se faire chaque année, le dimanche qui suit la Saint-Martin d'hiver (11 novembre). Les maire et consuls sortants élisent quatre prud'hommes, l'un de la *Cité*, les trois autres du *Puy-Saint-Front*, dont aucun n'aura été consul depuis trois ans. Ces quatre prud'hommes, à leur tour, en éliront huit, deux de la *Cité*, les six autres de la *Ville*, auxquels incombera la mission de créer les maire et consuls. Pour constituer le corps consulaire, les huit prud'hommes éliront d'abord un maire et huit consuls, ou huit consuls seulement, s'ils estiment que ce soit plus profitable aux intérêts des deux villes. De

---

(1) On trouve aux archives municipales de Périgueux, sous la cote BB 3, pièce 3, le compte-rendu du conseil général tenu dans l'auditoire du consulat, le vendredi dans l'octave de la fête de Saint-Martin d'hiver, l'an 1351. M⁰ Jean Meymin (Johannes Maximini), clerc et savant en droit, élu maire le dimanche précédent, avait refusé d'accepter cette charge, et son exemple avait été suivi par les douze consuls élus avec lui. Des plaintes s'étaient élevées, en effet, sur la manière dont les élections avaient été faites, non pas cette année seulement, mais surtout l'année d'avant. On n'avait pas observé assez fidèlement les anciens statuts, et des abus s'étaient introduits, qui pouvaient porter grand préjudice à la communauté. D'accord sur ce point, les maire et consuls de l'année précédente, ceux nouvellement élus, et, avec eux, les prud'hommes et grand nombre d'habitants, tant clercs que laïcs, s'assemblèrent en conseil général, et s'étant fait présenter le registre, muni de fermoirs et couvert d'une peau rouge, qui contenait les statuts de la ville sur la manière de procéder aux élections, tous s'engagèrent solennellement à les tenir pour bons et valables et à ne plus s'en écarter à l'avenir. Sur la requête de Guillaume Seguin et de Pierre Brunet, bourgeois, les notaires Hélie Chabrol (Caprooli) et Pierre de Chalmontelh dressent acte de la présente délibération et transcrivent à la suite le texte même desdits statuts. Suit ce texte, écrit en langue vulgaire, dont nous donnons le titre dans notre texte et dont l'original est perdu. Le procès-verbal de la séance dont il s'agit est reproduit dans nos pièces justificatives, n⁰ XI ; les statuts eux-mêmes sont contenus *ibidem*. L'arrêt du Parlement de 1309 (v. notre première partie, pp. 61-62) expose aussi, dans ses détails les plus importants, la manière dont on procédait à l'élection des maire et consuls.

ces huit consuls, six seront du *Puy-Saint-Front* et deux de la *Cité* ;
le maire devra toujours être choisi parmi les habitants du *Puy-Saint-
Front*. Pour compléter le nombre de douze consuls, les huit prud'hommes auront le droit de choisir les quatre prud'hommes qui les avaient
eux-mêmes désignés, ou d'autres à leur place.

Les maire et consuls sortants élisaient donc leurs successeurs par un scrutin au troisième degré (1). Ils n'étaient pas,
il est vrai, rééligibles immédiatement : dans une assemblée
générale tenue le 18 novembre 1241, il fut arrêté que nul ne
pourrait être réélu maire ou consul qu'après trois années ré-
volues (2). Mais, avec ce système électoral qui, pour produire
des effets sincères, eût exigé, de la part de tous les électeurs,
une exacte loyauté, des abus pouvaient, devaient même fata-
lement se glisser. Rien n'était plus facile pour les magistrats
sortant de charge que de créer des prud'hommes com-
plaisants et de se faire désigner, par eux, des successeurs à
leur dévotion, ce qui arriva, en effet, en l'année 1308-1309,
où l'on découvrit que, depuis quelque temps, la même fraude
était commise (3). Les serments imposés aux quatre, puis aux
huit prud'hommes, serments dont nous allons reproduire la
teneur, n'étaient qu'une garantie, en somme assez illusoire,
de leur indépendance.

---

(1) Le mode de nomination des jurats de Bordeaux, qui étaient directement choisis par leurs prédécesseurs, a inspiré à M. C. Jullian (ouv. cité, p.
173) ce jugement parfaitement fondé et qui peut s'appliquer aussi à la constitution de Périgueux : « La nature d'une constitution se révèle surtout dans la
manière dont l'autorité suprême s'acquiert et se transmet. A cet égard, nul
gouvernement ne fut plus aristocratique que celui de Bordeaux. Les jurats ne
représentent la commune que parce qu'ils l'administrent et qu'ils ont « juré »
de la défendre ; mais, s'ils sont les chefs et les protecteurs de leurs concitoyens,
ils n'en sont pas les mandataires. Ils ne tiennent leur pouvoir que de leurs
prédécesseurs, ils n'en sont responsables qu'envers leurs successeurs, et ce
sont eux qui les désignent. Le conseil de la jurade est, à vrai dire, une corporation politique, qui se renouvelle elle-même chaque année, à la fois éternelle
et périodique. »

(2) V. nos pièces justificatives, n° XI. De même, le maire de Bordeaux, élu
pour un an, ne pouvait être réélu qu'après trois ans révolus (d'après
C. Jullian, ouv. cité, p. 175).

(3) V. notre première partie, p. 61.

Voici celui que devaient prêter les quatre prud'hommes choisis par les maire et consuls sortants, ou les consuls seulement, s'il n'y avait pas de maire :

Vos juraretz sobre la sancta ley de Dieu Nostre Senhor, que vos be e leyalment, tant cum poyretz a bona fe, chausiretz e eslegiretz VIII prodomes, VI desta Viela e II de la Ciptat, los plus profechables que conoycheretz a far e a chausir cossols e mayor, o cossols ses mayor, al profiech e a la salvetat de las doas vielas e del poble e de la cumenaltat de las dous vielas, e chausiretz bos a bona fe, tam com poyretz, e no y esgardaretz amic ni enamic (1).

Ces huit prud'hommes, à leur tour, prenaient l'engagement suivant :

Vos juraretz sobre la sancta ley de Dieu Nostre Senhor, que vos be e leyalment, tant cum poyretz a bona fe, faretz et chausiretz e eslegiretz mayor qui sia desta Viela e XII cossols, so es assaber X cossols de la Viela e II de la Ciptat (2), o XII cossols ses mayor, si vezetz que sia profiech a las doas vielas, e aqueus que eslegiretz e chausiretz, vos eslegiretz e chausiretz los plus profechables et los plus leyals que poyretz al profiech de las doas vielas, e no y esgardaretz amic ni enamic (3).

Le serment que les maire et consuls devaient prêter, avant d'entrer en fonction, entre les mains de leurs prédécesseurs, est fort instructif. Il expose nettement la mission des futurs magistrats, énonce tous les devoirs qu'il leur faudra remplir :

Les maire et consuls nouvellement élus jurent de garder les sauvetés, franchises et coutumes des deux villes ; de faire rendre justice indistinctement au pauvre comme au riche ; de n'accepter don ni ser-

---

(1) Reprod. dans nos pièces justificatives, n° XI.

(2) Il pouvait arriver, cependant, que, sur les douze consuls, il y en eût trois de la *Cité*. Nous savons, en effet, que, parmi les huit consuls que les huit prud'hommes devaient choisir d'abord, il y en avait déjà deux de la *Cité*. Or, les huit prud'hommes pouvaient, nous l'avons vu, les compléter par les quatre prud'hommes dont ils tiraient eux-mêmes leur mandat ; et, de ces quatre prud'hommes, il y en avait un de la *Cité*.

(3) Reprod. dans nos pièces justificatives, n° XI.

vice de la part de quiconque a une affaire en instance devant la cour
du consulat ; de garder les ponts, passages et entrées des fossés et
avant-fossés, les murs, portes, tours, barbacanes, chaffauts et toute
la clôture des deux villes ; de réparer les ouvrages qui menaceraient
ruine, de veiller à ce que les écluses ne soient pas exhaussées ; et à
ce que les deux villes ni leurs habitants ne sortent du pouvoir ni de
la seigneurie du roi de France ; de lever ou faire lever loyalement
*los esgartz e los gatges qui seran esgardat e jutgat en la cort del cos-
solat ;* de choisir, dans les quinze jours qui suivront leur élection,
trente prud'hommes, qui formeront avec eux le conseil de ville ; de ne
tolérer que personne ne prenne ni ne fasse prendre les armes (*las
armaduras*) de la ville, sans le consentement unanime des trente pru-
d'hommes ; de faire réintégrer au consulat, dans le plus bref délai, les
targes, taulaches, lances et dards, qui auraient été prêtés pour les
exécutions de justice, le guet ou les expéditions entreprises dans un
intérêt public. Si un acte accompli pour le service de la ville par l'un
quelconque des anciens officiers municipaux, *mayor, o cossol,
o jutges, o procuradors, o sirvens, o levadors, o alcu d'autre
qui ayan fach lo servizi de la viela,* donnait lieu à une action judiciaire (*plach*) ou à une réclamation, les maire et consuls soutiendront
l'action aux frais de la communauté, contre toutes personnes et en
tous lieux ; ils paieront sur les deniers communs les dettes reconnues
bien fondées ; les frais nécessités par les affaires de la ville seront ac-
quittés par le comptable et par lui seul. Les maire et consuls sortants
devront remettre leurs comptes à leurs successeurs dans le délai d'un
mois ; ils devront également leur livrer, à première réquisition, avec
le sceau de la ville, tous les livres, lettres et papiers du consulat ; les
comptes susdits seront reliés à la suite des autres *al gran libre*.
Les dettes et obligations de la ville seront transcrites sur le registre recouvert d'une peau verte. Les maire et consuls s'obligent
enfin à veiller à ce que personne ne s'enrichisse aux dépens de la
ville ; à défendre énergiquement les intérêts de la communauté, et à
n'apposer le grand ou le petit sceau de la ville sur aucune lettre portant aliénation de biens ou obligation de dette, qu'en présence de tous
les magistrats consulaires se trouvant sur les lieux. Encore cette
lettre devra-t-elle être signée par le greffier du consulat ou par un
autre notaire public, et transcrite textuellement sur le registre de la
ville (1).

---

(1) Reprod. dans nos pièces justificatives, n° XI.

Les pouvoirs des maire et consuls étaient donc fort éten-
dus : ils levaient et commandaient la milice communale, veil-
laient à la sûreté de la ville, exerçaient la police et le droit
de justice, imposaient aux particuliers les contributions nécessaires à la chose publique. Il va sans dire que les décisions
prises par eux dans les limites de leurs attributions liaient
l'*université*, qui devait les observer fidèlement. Chaque année, en effet, les habitants des deux villes, âgés de quinze ans
au moins, prêtaient aux magistrats nouvellement élus le serment de fidélité et d'obéissance exigé par l'article 4 du traité
d'union. Cet engagement ne comportait, comme on sait,
qu'une réserve, relative « aux cas où les clercs ne peuvent se
soumettre à la juridiction laïque » ; les habitants de la *Cité*
étaient tenus de le prononcer, à peine d'exclusion de la communauté. C'était là une cérémonie très solennelle qui suivait
de fort peu l'installation des maire et consuls. Les détails
nous en sont connus par la relation, qui a été conservée, de
la prestation du serment que les habitants de la *Cité* jurèrent,
le 25 novembre 1348, entre les mains des nouveaux magistrats. Assemblés « devant et sous la porte de la *Cité* appelée
porte de *Mossen Itier* », quatre-vingts habitants de la *Cité* prêtèrent, au nom de cette ville tout entière, « à Hélie Laporte,
bourgeois et consul de Périgueux, agissant en son nom et en
celui des maire, consuls et autres habitants des *Ville* et *Cité* de
Périgueux, ainsi qu'à Hugues Derode', procureur desdits
magistrats », le serment d'usage : « ils promirent et jurèrent
sur les Saints Evangiles, dont ils touchèrent le livre de leurs
propres mains, qu'ils seraient pleinement et à toujours fidèles et obéissants, dans tous les cas licites et honnêtes, aux
seigneurs maire et consuls desdites villes, qui sont maintenant en charge et à leurs successeurs, ainsi qu'à la communauté ; et s'engagèrent à pourvoir, autant qu'il est en eux, à la
commodité et à l'honneur desdits maire et consuls, de leurs
successeurs et de la communauté, et à se garder autant que
possible de tous actes inutiles » (1).

---

(1) Arch. mun. de Périgueux, AA 29. Reprod. dans le *Rec. de 1775*, pp.
256-257, et dans nos pièces justificatives, n° X. — Quand, en l'année 1330, le
traité d'union fut renouvelé avec quelques modifications (v. notre première

Il ne semble pas que le maire ait eu des attributions particulières bien définies. Il y a grande apparence que cet officier qui, tout en étant revêtu d'une dignité supérieure à celle
des simples consuls, était élu de la même façon qu'eux, ne
pouvait avoir dans la conduite des affaires de la ville aucune
initiative. En effet, nous ne le voyons jamais figurer seul, depuis la formation de la communauté, dans les actes très nombreux qui nous sont parvenus (1). Ses pouvoirs, selon toute
vraisemblance, se rapprochaient assez de ceux des maires
d'aujourd'hui : il était surtout chargé de l'expédition des affaires courantes, en vertu d'une délégation des consuls, qui
ne siégeaient point en permanence, mais ne se réunissaient
que lorsque la cloche du consulat les convoquait à la maison
commune (2). Le maire présidait, en outre du conseil consulaire, le conseil de ville, dont nous parlerons tout à l'heure,
et représentait, dans certains cas, la communauté : il pouvait
ainsi rendre pour elle l'hommage au roi, conclure en son

---

partie, pp. 86-88), voici la disposition qui fut adoptée relativement à la prestation annuelle du serment des habitants de la *Cité* : « Quod in creacione majoris et consulum, venient juraturi in consulatu annuatim majori et consulibus electis, vel consulibus, ni esset major, quindecim de habitatoribus dicte
Civitatis, nominandi per ipsos majorem et consules aut consules tantum,
majore non exstante, et quod alii habitatores dicte *Civitatis* jurabunt et jurare
tenebuntur ad portam *Civitatis* vocatam *de Petragoris*, coram duobus consulibus, quorum consulum unus erit de *Villa* habitator et alius de *Civitate*, et,
nisi ipsi habitatores dicte *Civitatis* jurare voluerint ad dictam portam coram
dictis duobus consulibus, die super hoc assignanda, quod ipsi habitatores teneantur venire ad dictum consulatum, juraturi majori et consulibus predictis, et quod ad hoc, quolibet anno et quociens defficerent, possint per ipsos
majorem et consules vel consules, majore non exstante, ipsi compelli.... »
(v. nos pièces justificatives, n° VIII). C'est pour se conformer à cette disposition que les habitants de la *Cité* prêtèrent, le 25 novembre 1348, le serment
que nous avons reproduit dans le texte.

(1) Le maire figure sans les consuls dans deux actes antérieurs au traité
d'union (il s'agit donc du maire du *Puy-Saint-Front*) : la confirmation d'une
trêve conclue avec le seigneur de Bergerac en 1233, et un traité d'alliance signé, en 1237, avec la vicomtesse de Limoges.

(2) Statuts municipaux de 1476, art. 24. Une cloche spéciale, aujourd'hui
encore, convoque les conseillers municipaux de Périgueux à la mairie.

nom un traité, ester en justice, etc... (1). Nous le voyons, en 1326, partir avec une escorte de neuf cavaliers pour aller conférer des affaires de la ville avec le lieutenant du roi en Aquitaine (2); en 1329, se rendre à Paris en toute hâte pour solliciter un délai qui permette à la communauté d'acquitter un subside dont elle était imposée (3).

Les maire et consuls, nous l'avons dit en passant, étaient assistés de trente prud'hommes, qu'ils choisissaient dans les quinze jours de leur élection et qui se réunissaient à eux pour former le conseil de ville (4). Ces prud'hommes, qui devaient être pris au *Puy-Saint-Front (desta Viela)*, conseillaient les maire et consuls dans l'administration des affaires communales (5). Dans certains cas, leur assistance était, semblet-il, facultative pour les maire et consuls, qui pouvaient toujours les consulter; dans d'autres, au contraire, qui étaient nettement spécifiés, comme les décisions intéressant la sécurité et les privilèges ou engageant les finances de la ville, les maire et consuls ne pouvaient agir sans prendre leur avis. Le serment imposé à ces magistrats leur interdisait notamment de disposer des armes de la ville sans l'assentiment des trente prud'hommes; encore cet assentiment devait-il être unanime (6).

---

(1) Le maire était parfois assisté d'un lieutenant dont on peut relever quelques mentions. V. notamment Arch. mun. de Périgueux, FF 7, pièce 3.

(2) V. les comptes de l'année 1325-1326 (Arch. mun. de Périgueux, CC 47).

(3) V. les comptes de l'année 1328-1329, *ibidem* (CC 49).

(4) « ....[Vos juraretz] que, dins XV jorns, vos chauziretz e eslegiretz XXX prodomes desta *Viela*, aqueus que vos semblara, qui sian de vostre cosselh...» (dans nos pièces justificatives, nᵒ XI).

(5) Statuts municipaux de 1476, art. 15.

(6) « ... E juraretz que vos, ni homs ni femna per nom de vos, no prendretz ni prestaretz, ni faretz prendre ni prestar, a deguna persona, las armaduras de la viela, sino am lo cosselh e am lo cossentiment deus XXX prodomes qui seran de vostro cosselh, et que si daus XXX prodomes ni avia 1 o daqui en sus desacordan, que re no s'en fozes ni s'en bayles, sals aus sirvens, etc.... » (dans nos pièces justificatives, nᵒ XI). — L'institution des trente prud'hommes se retrouve à Bordeaux avec des attributions sensiblement pareilles. V., à cet égard, C. Jullian, ouv. cité, pp. 184-185 : « Chaque année, les nouveaux ju-

Aussi bien n'avons-nous pas déjà trouvé sur notre route des traces de la participation des trente prud'hommes à la vie politique de la communauté ? On se rappelle que, au mois de juin 1353, le comte de Périgord, jaloux de l'indépendance de la ville, la menaça avec toutes ses forces et lui imposa un traité très onéreux (1). Les bases de cet acte furent posées, le 20 juin, par le comte, d'une part, et, de l'autre, les maire et consuls. Mais ceux-ci ne s'engagèrent définitivement que *de voluntate, consilio, consensu et assensu expressis triginta proborum virorum dicte Ville, ibidem, per dictos dominos majorem et consules, prout in talibus in dicta communitate est fieri usitatum, ad hoc vocatorum et presentium ibidem* (2).

Et quand, le 7 juillet, on voulut revêtir l'instrument de toutes les formalités requises, il fallut encore que les trente prud'hommes reconnussent, de concert avec les maire et consuls, la légitimité des prétentions du comte et, avec eux, souscrivissent aux conditions qu'il exigeait (3).

Dans certaines conjonctures, quand un événement d'un intérêt capital venait à surgir, il arrivait que l'on convoquât l'assemblée générale du peuple, la « communauté ou université des habitants des deux villes ». L'article 26 du traité d'union fixait les conditions d'accès à l'*universitas* (4) : elles n'étaient rien moins que rigoureuses. Il semble que, durant la période de l'histoire de la ville que nous avons étudiée, le peuple n'ait

---

rats élisaient trente prud'hommes « chargés de les conseiller en leurs doléances » ; ce conseil, assez analogue par sa composition au sénat de Rome, comprenait surtout d'anciens jurats.... Ce conseil intervient fort souvent dans les délibérations, les démarches et les occupations des jurats. La principale prérogative de l'assemblée des Trente est qu'il faudra toujours son assentiment pour permettre aux jurats de reviser les statuts : c'est en principe un Conseil d'Etat, qui garde les lois et éclaire les magistrats... »

(1) V. notre première partie, chap. II, § 7.

(2) V. le *Rec. de 1775*, p. 284.

(3) V. *ibidem*, p. 270.

(4) Dans nos pièces justificatives, n° II : « .... Si quis in universitatem recipi voluerit, recipiatur, non obstante contradictione alicujus, dum tamen coram consulatu juri pareat, si quis de ipso conqueratur, secundum consuetudinem quam observat super hoc consulatus. »

été que rarement assemblé. En 1240, les habitants du *Puy-Saint-Front* et ceux de la *Cité* adoptèrent le projet de traité qui leur était soumis (1). Ils renouvelèrent ce traité en 1269 (2). Toutefois, quand il fut modifié, le 16 novembre 1330, les *bourgeois* du *Puy-Saint-Front* ne furent point convoqués : leurs maire et consuls, seuls, s'assemblèrent avec les habitants de la *Cité*, dans la maison des Frères Mineurs (3). La communauté des deux villes se réunit encore quand, le 6 décembre 1319, les deux commissaires royaux, Raymond, abbé de Charroux, et Pierre Delage, archidiacre de Buzançais, se rendirent à Périgueux pour apaiser les troubles que les méfaits des maire et consuls y avaient déchaînés (4). Le peuple fut alors convoqué à son de trompe et les habitants des deux villes s'assemblèrent au nombre de quatre mille environ « sur une grande place sise dans l'enclos des Frères Prêcheurs de Périgueux ». Cinq ans plus tard, à deux jours d'intervalle, le 1er et le 4 mars 1324 (n. st.), deux assemblées générales furent aussi tenues, où furent lues des lettres du sénéchal ordonnant aux maire et consuls d'envoyer cent sergents d'armes à Lauzerte (5).

Quand les intérêts de l'une seulement des deux villes étaient en jeu, les habitants de l'autre n'étaient pas appelés à en délibérer. Le cas se présenta en 1353, quand le comte traita, dans les circontances que nous connaissons, avec les maire et consuls du *Puy-Saint-Front* (6). L'arrangement imposé par lui concernait presque exclusivement le *Bourg* ; les *bourgeois* seuls furent convoqués et le ratifièrent (7). La *Cité*, qui se

---

(1) Dans nos pièces justificatives, n° II : « .... Et ut ista compositio et hec statuta firmius teneantur, nos, capitulum, clerici, milites et donzelli dicte *Civitatis* et alii laici ejusdem *Civitatis*, et nos, consules et communia dicte *Ville Podii Sancti Frontonis* Petragoricensis, etc... ».

(2) V. le *Rec. de 1775*, pp. 69-74.

(3) V. notre première partie, pp. 86-88.

(4) V. *ibidem*, pp. 73-74.

(5) Auj. chef-l. de cant. de l'arr. de Moissac (Tarn-et-Garonne). — V. le *Rec. de 1775*, pp. 195-209.

(6) V. notre première partie, chap. II, § 7.

(7) V. le *Rec. de 1775*, p. 287.

bornait à y intervenir pour réserver ses droits, fut représentée par ses deux consuls et quelques chevaliers (1).

Déterminer avec exactitude l'origine de l'organisation municipale de Périgueux, discerner précisément le modèle sur lequel elle fut calquée, ou, si les sources de ce régime sont multiples, ce qui est plus vraisemblable, les exemples dont on s'inspira pour l'établir, est un de ces obscurs problèmes que l'on pose souvent sans jamais les résoudre. Augustin Thierry qui partage, au point de vue de l'histoire et de l'organisation du régime communal, le territoire de la France actuelle en cinq régions, comprend Périgueux dans la seconde de ces divisions, la région méridionale, qui renferme la Provence, le Comtat Venaissin, le Languedoc, l'Auvergne, le Limousin et la Marche, la Guienne et le Périgord, la Gascogne, le Béarn et la Basse Navarre, le comté de Foix et le Roussillon (2). Quoi qu'il en soit de cette classification, dont le caractère arbitraire n'est plus à démontrer aujourd'hui, il est évident que le régime municipal dont jouissait Périgueux est, dans ses grandes lignes, celui dont les villes du midi de la France étaient toutes pourvues au XIIe et au XIIIe siècle. Le consulat qui, établi à Arles en 1131, se montre à Béziers dans cette même année, à Montpellier en 1141, à Nîmes en 1145, à Narbonne en 1148, apparaît à Périgueux la même année qu'à Toulouse, en 1188 (3).

---

(1) « ...... Dicti vero Helias Forasterii et Guillermus de Brunisson, consules dicte *Civitatis*, ac dicti milites, pro se et omnibus et singulis habitatoribus dicte *Civitatis*, dixerunt et protestati fuerunt, ac expresse exceperunt, etc... », dans le *Rec. de 1775*, p. 279.

(2) Augustin Thierry, *Tableau de l'ancienne France municipale*, dans l'*Essai sur l'histoire de la formation et des progrès du Tiers Etat*, p. 296.

(3) *Idem, ibidem*, pp. 298-299 et 299, n. 1 : « Ces dates sont celles de la première mention du titre de consuls dans les actes conservés jusqu'à nous ; il est probable que l'établissement politique fut, pour toutes ces villes, antérieur de quelques années à l'acte qui en prouve l'existence. » Nous devons reconnaître que l'acte de 1188 produit par les maire et consuls de Périgueux à l'enquête de 1332 comme le plus ancien qu'ils possédassent, ne dit pas expressément qu'il y ait déjà des consuls au *Puy-Saint-Front ; il le laisse en-

Dans la ville voisine de Bergerac, le régime consulaire est organisé différemment.

Des statuts de 1322 y réglèrent l'administration municipale et établirent les rapports des habitants et du seigneur. Le seigneur exerce le pouvoir judiciaire (haute, moyenne et basse justice) et les consuls ont le pouvoir civil et administratif. Douze bourgeois doivent être présentés au seigneur, la première année par deux syndics, ensuite par les consuls sortant de charge ; six de ces douze bourgeois doivent être pris dans la ville ; les six autres dans les faubourgs ; deux de ceux-ci doivent être tirés du bourg de la Madeleine. Le seigneur doit, parmi eux, en choisir huit, qui seront consuls pendant un an, quatre pris dans la ville et quatre dans les faubourgs, dont un du bourg de la Madeleine. Si le seigneur refusait de faire ce choix, les consuls sortant de charge nommaient eux-mêmes leurs successeurs. Ils choisissaient des jurats qui leur servaient de conseillers (1).

Il est aisé de se rendre compte combien ce régime différait de celui qui était en vigueur à Périgueux. La seule analogie que l'on remarque consiste en ces jurats qui, comme les trente prud'hommes que nous avons trouvés à Périgueux, assistaient les consuls, et qui, à Bergerac comme à Périgueux, étaient choisis par eux (2).

L'organisation municipale de la ville d'Agen est peut-être celle qui présenterait avec le régime établi à Périgueux le plus de ressemblances. Là aussi, il y a un maire et douze consuls. Aussi bien, disons-le en passant, ce nombre de douze se rencontre assez fréquemment : il y avait douze consuls à Marseille, à Arles, et aussi à Limoges (3). Le maire de la ville d'Agen paraît jouer le même rôle que celui de Périgueux.

---

tendre (v. pl. haut, p. 114). Il est vrai que le procès-verbal de l'enquête dont il s'agit ne relate que l'*incipit* et l'*explicit* de ce document. Quoi qu'il en soit, le *Puy-Saint-Front* avait douze consuls en 1205, puisqu'un acte de cette année fut présenté à la même enquête, qui donne le nom de ces magistrats (v. le *Rec. de 1775*, pp. 219-220).

(1) E. Labrouc, *Bergerac sous les Anglais*, pp. 19-20.

(2) Nous avons noté plus haut (p. 122, n. 6) que l'institution des trente prud'hommes se retrouvait également à Bordeaux.

(3) Marvaud, *Histoire des vicomtes et de la vicomté de Limoges*, t. II, app. II, p. 387.

En 1217, époque où, pour la première fois, sa présence est constatée dans les chartes, le *maior* n'est qu'un simple consul. Rien n'annonce pour lui un mode d'élection différant des autres. Chaque année, dans la semaine qui suit Pâques, il disparaît comme disparaissent ses collègues, et sauf la présidence de la jurade qu'il doit avoir, il ne semble pas qu'il ait un pouvoir supérieur à celui de ses assesseurs. On le reconnaît à ce qu'il signe le premier, en tête des onze consuls qui viennent ensuite, et à ce qu'il ne manque jamais de prendre son titre de *maior* (1).

Il convient, cependant, de signaler entre les deux organisations quelques différences importantes. Le maire d'Agen était un consul, au lieu que celui de Périgueux, pour être élu comme les consuls, n'en était point cependant un. De plus, les douze magistrats d'Agen, qui, avant de s'appeler consuls, se nommaient *cosselhs* ou *prodomes* (2), étaient, d'après la charte de 1247, élus directement par les consuls sortant de charge (3).

Nous ne rappellerons que pour mémoire l'hypothèse émise par Augustin Thierry et que nous avons reproduite plus haut (4), d'une influence anglo-normande inspirant à Périgueux, comme à d'autres villes de la Guienne, de superposer aux consuls, qui étaient une création locale, un maire dont l'idée aurait été fournie par l'exemple des communes du Nord. L'organisation politique de la communauté périgourdine est, sans doute, contemporaine de la première domination des Anglais en Aquitaine ; mais rien ne permet de supposer que les *bourgeois* du *Puy-Saint-Front* aient été leur emprunter, ainsi que le veut l'illustre historien, le prototype de leur régime municipal.

---

(1) A. Ducom, *Essai sur l'histoire et l'organisation de la commune d'Agen jusqu'au traité de Brétigny (1360)*, deuxième partie, chap. I (*Organisation de la commune*), *passim*. — Autre ressemblance entre les régimes des deux villes : les vingt-quatre jurats qui, à Agen, se réunissaient aux douze consuls pour constituer la jurade ou conseil de ville, étaient choisis — en partie seulement, il est vrai — par les consuls en charge.

(2) Augustin Thierry, *op. et loc. cit.*, p. 304 et n. 1.

(3) A. Ducom, *op. et loc. cit.*, *passim*.

(4) V. pl. haut, p. 113.

CHAPITRE II

FINANCES

Une des premières attributions des maire et consuls, nous dirons presque la plus importante, était l'administration des finances de la ville. La gestion de ces officiers, nous le savons, durait un an. L'exercice financier commençait aussitôt après les élections consulaires, c'est-à-dire le dimanche qui suivait la Saint-Martin d'hiver (11 novembre) ; il était clos l'année suivante, à la même date. Les comptes des maire et consuls étaient sévèrement contrôlés. Les magistrats sortant de charge devaient les remettre à leurs successeurs dans le délai d'un mois ; ils leur rendaient aussi, à première réquisition, le sceau de la ville et tous les livres et papiers du consulat (1). Les comptes, qui étaient reliés les uns à suite des autres *al gran libre*, constituent la collection, si précieuse aujourd'hui pour l'histoire municipale de Périgueux, des *Livres des comptables de l'hôtel de ville* (2).

---

(1) D'après le serment prêté par les maire et consuls à leur entrée en fonction, (dans nos pièces justificatives, n° XI) : « .... [Vos juraretz] que vos redretz comte dins un mes que seretz yschit del cossolat a vostres successors, o tendretz estatges al cossolat e no no yschiretz am los vostres pes ni am los autruys, sans que ayatz redut comte, si no o faziatz de la licensa de vostres successors ; e maychs que sael, ni letra, ni libre, ni papier maychs del cossolat no retendretz, ans los redretz a vostres successors totas horas qu'en seretz requeregut, etc..... ».

(2) Cf. sur les *Livres des comptables*, Martial Delpit, *Rapport au ministre de l'Instruction publique* (nov. 1838) : « Ce ne sont pas seulement de simples livres de recettes et dépenses, comme ceux que l'on pourrait trouver aujourd'hui dans les mairies ; chacun de ces volumes est un véritable journal où le *comptable*, en enregistrant chaque jour les dépenses de la ville, inscrivait, et

Quelques agents subalternes assistaient les maire et consuls dans l'administration des finances de la communauté. En effet, ceux-ci ne pouvaient eux-mêmes percevoir les deniers ni solder les dépenses ; le serment qu'ils prêtaient en entrant en fonction le leur interdisait (1). Le *comptable* (*comtadre*) centralisait les fonds et acquittait les dettes de la ville. Un autre fonctionnaire, le *contre-comptable* (*contracomtadre*), surveillait sa gestion (2). Il semble que ces deux agents étaient nommés par les maire et consuls. Leurs fonctions, salariées par la communauté (3), étaient annuelles : nous n'avons pas trouvé d'exemple de comptable ni de contre-comptable resté en charge deux années de suite. Ils avaient sous leurs ordres quelques employés subalternes, chargés de prévenir à la fois et de réprimer les fraudes qui pouvaient se produire dans la perception des impôts : tels étaient l'inspecteur de la pois-

---

souvent avec beaucoup de détails, tous les événements de son histoire. Pleins d'intérêt sous le rapport financier et industriel, ces registres, en même temps qu'ils nous font connaître les ressources et les dépenses de la ville, nous donnent, sur son administration intérieure et sur les événements dont elle a été le théâtre, des notions que nous ne saurions trouver ailleurs. Chaque année, le *comptable* commence par raconter les élections municipales, la manière dont elles ont été faites, les noms des magistrats élus ; puis, il mentionne les divers salaires payés aux officiers municipaux, les dépenses faites pour les fortifications, la guerre, le commandement des troupes, les voyages des ambassadeurs de la cité. » Ces registres sont au nombre de 62. Le plus ancien des *Livres des comptables* qui existent à Périgueux est de l'année financière 1314-1315. Malheureusement la série n'est pas complète à partir de cette date. Ont été conservés : pour le xiv° siècle (de 1314 à 1398), 29 registres (Arch. mun. de Périgueux, CC 41-69 ; — pour le xv° siècle (1400-1499), 26 registres (*ibidem*, CC 70-95) ; pour le xvi° siècle (de 1500 à 1570), 7 registres seulement (*ibidem*, CC 96-102). Les registres du xiv° et du xv° siècle sont rédigés en provençal, ceux du xvi° siècle en français.

(1) V. nos pièces justificatives, n° XI : « .... E juraretz maychs que vos no prendretz denier ne mealha deus deniers de la viela, si no o faziatz per la ma del comtador ni per la ma del contracomtador, si no o faziatz per lo profiech de la viela, etc... ».

(2) V. nos pièces justificatives, n° XI. V. aussi les comptes de l'année 1314-1315 (Arch. mun. de Périgueux, CC 41), qui donnent les noms du *comptable* et du *contre-comptable*.

(3) V. les comptes de l'année 1314-1315 (*ibid.*, *ibid.*).

sonnerie et celui des cuirs (1). En somme, le personnel préposé à la manutention des deniers communaux était fort peu nombreux. On le comprendra quand on saura que les impôts, qui formaient le revenu principal de la ville, étaient, à l'exception des deux impôts directs, les tailles (2) et la taxe perçue tous les trois ans sur les étrangers, affermés chaque année. L'avantage de ce système se conçoit assez : les maire et consuls, outre qu'ils étaient assurés de l'exacte rentrée des impositions, n'avaient pas à s'occuper de leur recouvrement, et le *comptable* suffisait à encaisser les fermages.

Avant d'aborder l'étude détaillée du budget municipal, il convient de rappeler que la communauté n'était pas la seule bénéficiaire des droits qui se percevaient dans la ville. Certains étaient levés au profit du comte de Périgord, du roi et du chapitre de Saint-Front, entre lesquels il importe de distinguer soigneusement :

Les droits du comte à Périgueux étaient de trois sortes, les uns perçus directement par lui, d'autres acensés, d'autres, enfin, gratuitement aliénés.

Outre certaines taxes mal définies, frappant comme d'un octroi les denrées introduites au *Puy-Saint-Front* (3), les redevances auxquelles il semble qu'étaient assujetties plusieurs catégories d'artisans de cette ville (4), et enfin les profits tirés par lui des exécutions criminelles (5), il percevait, directement, en suite d'une convention passée en l'année 1341, les émoluments, précédemment royaux, qui lui avaient été

---

(1) V. les comptes de l'année 1314-1315 (*ibid.*, *ibid.*). Nous dirons plus loin quels étaient les salaires de ces divers fonctionnaires.

(2) Encore les tailles n'étaient-elles pas permanentes, mais levées seulement quand les besoins de la ville l'exigeaient. V. *infra*.

(3) Le bois, notamment. Il résulte, en effet, d'une requête du procureur de la ville, B. de Lunaut, en date de 1329, consignée dans un registre du greffe de la cour consulaire (Arch. mun. de Périgueux, FF 203), que le comte de Périgord avait le droit de prélever dans la ville une retenue sur le bois que l'on y portait vendre.

(4) V. notre première partie, p. 37 et n. 4.

(5) V. *ibidem*, p. 43.

assignés pour parfaire le prix de la vente, consentie par lui à la couronne, de la seigneurie de Bergerac (1), à savoir :

1° *Le commun de la paix* levé au *Puy-Saint-Front* et dans les faubourgs. Nous avons dit plus haut (2) le fondement de ce droit. Le 18 février 1246 (n. st.), la municipalité du *Bourg*, pour se concilier la faveur du roi, en reconnut la possession à Louis IX, « s'engageant à lui donner à perpétuité douze deniers par feu, payables à la Saint-Jean, sous le nom de *commun* » (3). La *Cité* en fut toujours exempte (4). Le *commun* de Périgueux était appelé *petit commun*, pour le distinguer du *gros commun*, établi sur le comté. Il était affermé : en 1347, la ferme en était de quatre-vingts livres par an (5).

2° Le tiers (6) des émoluments de la juridiction civile, dite du *cellérier*, dont il était devenu propriétaire pour moitié, et de ses produits accessoires (sceau, cire du sceau). Cette moitié avait été cédée à la couronne par le chapitre de Saint-Front, en vertu de l'acte de pariage du mois de février 1246 (n. st.) (7). Le revenu annuel de cette justice était évalué par les maire et consuls, à la fin du xiiie siècle, à quinze livres de monnaie périgourdine (8).

3° Il semble que, postérieurement à 1353 (9), et, sans doute, en suite de la même cession consentie par lui à la couronne, le comte ait été aussi pourvu de la moitié revenant précédemment au roi dans l'impôt établi sur les ventes soumises

---

(1) V. notre première partie, pp. 93-94.

(2) V. *ibidem*, p. 23, n. 2.

(3) V. *ibidem*, p. 23.

(4) V. l'*Etat des libertés et franchises des habitants de la Cité de Périgueux*, dans le *Rec. de 1775*, p. 92.

(5) V. le *Rec. de 1775*, p. 252.

(6) Les revenus du pariage étaient partagés par tiers entre le roi (plus tard le comte), le chapitre et le juge. V. plus loin, le chap. IV (*Justices*), § 2, A.

(7) V. notre première partie, p. 24.

(8) V. notre première partie, p. 48. En 1342, « la part revenant au roi des émoluments de la cour du pariage est au plus de 100 sous ou de 6 livres tournois, y compris certains revenus accessoires qu'on a coutume d'affermer » (Arch. mun. de Périgueux, FF 52).

(9) V. *ibidem*, p. 103 et n. 1.

au contrôle du chapitre de Saint-Front. Cette moitié était également comprise dans le pariage de 1246 (1).

On n'a pas oublié que, en 1353, le comte négocia l'acensement perpétuel à la communauté des deux premières catégories de ces droits, et, éventuellement, de la troisième; mais il ne paraît pas que cette convention ait été suivie d'effet (2).

D'autre part, nous avons vu que, au commencement du xiii⁰ siècle, le comte exerçait au *Puy-Saint-Front* la haute justice criminelle : il l'acensa, avant 1240, à la municipalité, moyennant une rente annuelle de vingt livres (3). Cette rente, doublée en 1287 (4), puis abaissée à son ancien taux postérieurement à 1302 (5), fut enfin rétablie à celui de quarante livres (6).

Enfin, on n'a pas oublié que les comtes avaient aliéné gratuitement au profit de la famille dite *de Périgueux*, qui leur fut toujours dévouée, quelques droits peu importants qui leur appartenaient encore dans la ville, principalement au *Puy-Saint-Front*. La possession de ces revenus, que les textes ne permettent pas de déterminer avec assez d'exactitude, fut à trois reprises, en 1227 (7), 1302 (8) et 1318 (9), confirmée aux bénéficiaires ou à leurs ayants droit.

---

(1) V. notre première partie, p. 23.

(2) Le comte percevait encore directement ces droits en 1398 (v. *ibidem*, p. 104, n. 2). Notons toutefois que, pendant neuf années, de 1360 à 1369, l'émolument du *commun* fut acensé à la communauté. V. le *Mémoire sur la constitution*, etc... (1775), p. 175 : « On voit, en 1369, les maire et consuls rendre le droit de *commun* au comte de Périgord et annoncer, par l'acte de restitution qui est du 12 décembre de cette année, que ce droit ne leur avait été cédé que pour neuf ans qui venaient d'expirer. » V. le *Rec. de 1775*, pp. 291-292.

(3) V. notre première partie, p. 16, n. 4.

(4) V. *ibidem*, p. 43.

(5) V. *ibidem*, p. 51, n. 4.

(6) Ce taux subsistait encore en 1398. V. Arch. mun. de Périgueux, FF 33. En plus de la rente, la communauté payait un marbotin d'or d'acapte à chaque changement de comte.

(7) V. notre première partie, p. 16, n. 4.

(8) V. *ibidem*, p. 51.

(9) V. *ibidem*, p. 72.

Depuis l'abandon consenti au comte, en 1341, de la plus grande partie des revenus provenant du pariage de 1246, les émoluments du roi de France à Périgueux étaient assez restreints. Quelques-uns des droits dont le chapitre de Saint-Front lui avait cédé la moitié furent, cependant, semble-t-il, réservés, notamment « la moitié des gageries, des produits du marché, du péage, des poids du blé et de la farine et de ceux provenant de la vente des terrains à bâtir » (1), dont on ne voit pas que le comte ait jamais été mis en possession. La couronne avait encore les profits de la cour du sénéchal, sur laquelle nous reviendrons plus loin.

Enfin, le chapitre de Saint-Front, outre la seigneurie de la basse justice pénale de la *vigerie*, dont il avait délégué l'exercice héréditaire à la famille des Vigier (2), percevait les droits énumérés dans l'acte du pariage précité et dont on se rappelle qu'il n'avait aliéné que la moitié.

Venons maintenant à l'étude du budget communal. Les registres des comptes, qui contiennent pour chaque année un état des recettes et des dépenses, nous permettront d'en pénétrer les détails.

Les recettes (*prezas*) de la ville sont de trois sortes : les impôts, les rentes et les émoluments de la juridiction consulaire. Les impôts se divisaient, alors comme aujourd'hui, en impôts directs et impôts indirects. Nous considèrerons successivement ces deux catégories d'impositions, puis les rentes. Nous examinerons ailleurs les produits judiciaires (3).

Les impôts directs étaient, de tous les revenus de la communauté, le moins important. Ils étaient au nombre de deux : la taxe sur les étrangers et les tailles. Encore est-il vrai que

---

(1) « .... Medietatem ... gatgeriarum, medietatem omnium proventuum provenientium ratione mercati, medietatem illius partis quam percipimus in pedagio, medietatem ponderum bladi et farine, medietatem platearum vacuarum ad halas construendas [et] domos de borzes... » (v. notre première partie, p. 24).

(2) V. notre première partie, *passim*, et, plus loin, le chapitre IV (*Justices*), § 2, B.

(3) V. pl. loin, le chapitre IV (*Justices*), § 1.

le dernier n'était point permanent, mais se levait seulement, comme nous le verrons, quand l'exigeait l'intérêt de la ville. On peut y joindre une autre imposition extraordinaire, la *vinade*.

La taxe sur les étrangers nous est connue par un fragment, malheureusement fort incomplet (ce n'est qu'un simple feuillet), d'un registre de comptes du commencement du xiv° siècle (1). Le titre en est fort explicite : *Sequitur nomina burgencium forancorum faciencium communitatem, seu qui sunt de communitate Ville et Civitatis Petragoricensium, et ea que debent solvere et dare communitati de tribus in tribus annis.*

Cet impôt, qui n'était perçu que tous les trois ans, frappait les bourgeois qui n'étaient pas nés dans la ville (2). La cotisation la plus élevée qu'indique le fragment est de 20 sous, la plus faible de 3 sous. Elle devait être proportionnelle aux moyens des contribuables ; mais nous ne savons quelle sorte de ressources était imposable, comment elle était estimée ni à quel taux elle était taxée.

Nous avons déjà dit que les tailles n'étaient pas permanentes : les besoins de la communauté, essentiellement variables, en déterminaient l'opportunité comme le montant (3). Les maire et consuls les votaient, en assuraient le recouvrement et contraignaient, au besoin, les récalcitrants (4). Au xiv° siècle, que remplirent des guerres presque continuelles,

---

(1) Arch. mun. de Périgueux, CC 40.

. (2) On voit figurer dans la liste des imposés les noms de trois habitants de Figeac (Lot), trois de Gourdon (*id.*), dix-sept de La Tour-Blanche, deux de Cercles, un de Mareuil, cinq de Brantôme, deux de Léguilhac, un de Mussidan. Ces six dernières localités sont dans le département de la Dordogne.

(3) Cf. l'article 22 du traité d'union de 1240: « ... Cum necesse fuerit tallias facere, etc... », dans nos pièces justificatives, n° II.

(4) V. l'arrêt rendu par le Parlement en 1290 dans la contestation pendante entre les maire et consuls et le chapitre de Saint-Front : « .... Itemque inventum est sufficienter esse probatum predictos consules esse ac fuisse in possessione .... recipiendi questas, tallias et compellendi tallias non solventes, etc... », dans le *Rec. de 1775*, p. 110. — Voici ce qui fut décidé à propos du vote des tailles, lors du renouvellement du traité d'union en 1330 : « ..... Quod fient collecte, dum opus fuerit, pro communibus negociis com-

les tailles furent fréquentes : on en leva notamment une, dont nous ignorons la somme, pendant l'année 1320-1321 (1) ; l'année suivante (1321-1322), une autre taille fut perçue, destinée à acquitter une dette contractée par la ville, en 1319, envers un certain *Gentra de Pasti*, qualifié de bourgeois de Paris, qui produisit 547 livres 11 sous 10 deniers de monnaie périgourdine, et fut payée par les habitants, soit en numéraire, soit en gages qui furent plus tard remis à leurs possesseurs, contre la valeur imposée, ou vendus à l'encan au profit du consulat (2).

Les tailles pesaient sur la communauté tout entière. La *Cité* n'en était point exempte : l'article 21 du traité d'union déclare formellement qu'elle y est assujettie (3). Nonobstant cette disposition, les habitants de la *Cité* n'en prétendirent pas moins, à plusieurs reprises, se soustraire au payement des tailles. Il en fut ainsi, par exemple, en 1334 ; mais le roi, saisi d'une plainte des maire et consuls, reconnut à ces derniers, par lettre du 13 décembre de cette année, le droit de contraindre les *citoyens* à acquitter l'impôt. Il fit plus : il enjoignit au sénéchal de poursuivre les récalcitrants, en cas de besoin (4).

Les tailles n'épargnaient point les clercs eux-mêmes, dont la contribution était de moitié moindre que celle des laïcs (5). Toutefois, il semble que les clercs qui vivaient cléricalement en fussent exempts (6). Cette faveur n'était pas sans encou-

---

munitatis, in *Villa* et *Civitate*, juxta numerum et quantitatem facultatum, ad arbitrium majoris et consulum, vel consulum majore non exstante, vel deputatorum seu deputandorum ab eis qui jurabunt quod fideliter se habebunt ; sic quod consules *Civitatis* vocentur specialiter in tallia *Civitatis*, etc... » (dans nos pièces justif., n° VIII).

(1) D'après les comptes de l'année 1320-1321, aux archives municipales de Périgueux, CC 42.

(2) D'après les comptes de l'année 1321-1322, *ibidem*, CC 43.

(3) Dans nos pièces justificatives, n° II.

(4) V. le *Rec. de 1775*, pp. 87-88.

(5) D'après l'article 22 du traité d'union, *loc. cit.* : « .. Cognito quantum, de summa colligenda, colligi debeat a laicis *Civitatis*, solvant clerici ejusdem *Civitatis* tantum quantum fuerit medietas illius summe, ut, si quadraginta solidos solverint laici, clerici ad solvendum viginti teneantur.... »

(6) V. la note suivante.

rager les fraudes : plusieurs habitants laïcs, pour éluder les charges communales, transmettaient, de leur vivant, leurs biens à leurs fils reçus clercs (1). Les autres gens d'église, qui ne pouvaient exciper de leur cléricature, protestaient sans cesse et refusaient souvent la taille, mais en vain. Les maire et consuls se plaignaient au roi, qui signalait aux rigueurs du sénéchal « ces gens d'église qui, sous prétexte qu'ils portaient la tonsure ecclésiastique, quoique mariés d'ailleurs et se livrant au commerce et aux arts mécaniques, les uns comme potiers d'étain, d'autres comme fabricants de paniers, se refusaient à payer les impositions ordonnées par les maire et consuls pour les besoins urgents de la communauté » (2). Tel était le sort habituel des protestations des gens d'église contre les tailles. Il advint, cependant, qu'elles réussirent une fois, en l'année 1321, pendant laquelle ils profitèrent des mauvaises dispositions dont le roi était momentanément animé contre la communauté. Les maire et consuls avaient voulu — nous savons que c'était leur droit — forcer les clercs (3) du *Puy-Saint-Front* et de la *Cité* à payer la taille. Sur leur refus, ils avaient saisi les immeubles des récalcitrants et les avaient fait vendre. Les clercs se plaignirent au roi. Celui-ci, ayant délégué des commissaires qui firent une enquête sur les lieux, les parties entendues, maintint, le 7 août, les clercs dans la possession de leurs « privilèges », avec ordre aux maire et consuls de leur restituer les biens saisis ou le prix

---

(1) Arch. mun. de Périgueux, CC 1. Cela prouve de toute évidence que les clercs vivant cléricalement étaient exempts des tailles. Sur la plainte des consuls, le roi prescrivit au sénéchal de réprimer cette fraude.

(2) L'article CC 1 des archives municipales de Périgueux comprend 11 pièces échelonnées entre les années 1298 et 1327, qui sont autant de lettres des rois Philippe le Bel, Philippe le Long, Charles le Bel et du comte d'Alençon, Charles de Valois, adressées, sur requête des maire et consuls de Périgueux, aux sénéchaux du Périgord et à leurs lieutenants, pour contraindre les habitants de la ville à payer les tailles. La plupart sont relatives à des contraintes à exercer contre des gens d'église. Quelques-unes de ces lettres sont reproduites dans le *Rec. de 1775*, pp. 84-87.

(3) Il s'agit évidemment ici de clercs non exempts, c'est-à-dire simplement tonsurés ou minorés. V. la n. 1.

provenant de leur vente (1). La joie des clercs fut, d'ailleurs, éphémère : bientôt après, deux lettres du roi Charles IV, datées, l'une du 25 mai 1324, l'autre du 30 avril 1326, reconnurent aux maire et consuls et leur confirmèrent la faculté d'imposer les clercs, *sicut alios habitatores ville, pro dicte ville oneribus supportandis,... ratione bonorum immobilium et hereditariorum que in dictorum majoris et consulum territorio tenent et possident* (2).

Pour en finir avec les taille, il nous reste à dire d'après quel système elles étaient réparties. C'était un impôt réel et proportionnel à la fortune, tant immobilière que mobilière. On peut se rappeler que, afin de leur donner une assiette équitable, le traité d'union avait prescrit l'évaluation de tous les biens des habitants, des meubles où qu'ils fussent, des immeubles dans le rayon d'une lieue (3). Quant aux habitants qui, sans posséder immeubles ni meubles, exerçaient un métier, il semble que l'on s'en référât, pour l'estimation de leur revenu et, conséquemment, de leur part de taille, à leur déclaration reçue sous la foi du serment (4). Nous n'avons que peu de renseignements sur le mode de perception de la taille : il paraît cependant que chacun des quartiers ou *gaches* (5) de la ville, dont le nombre semble avoir varié avec

---

(1) Bibl. nat., *Collection Périgord*, t. IX, 4ᵉ cahier, p. 1.

(2) Arch. mun. de Périgueux, CC 1. Ces lettres sont reproduites dans le *Rec. de 1775*, pp. 86-87.

(3) D'après l'article 22, dans nos pièces justificatives, n° II : « ... Ita quod, cum necesse fuerit tallias facere, mobilibus et immobilibus rebus omnium laicorum per libras legitime computatis..... ; res vero mobiles, ubicumque sint, et res immobiles infra leucam contente, computentur. »

(4) D'après l'art. 22 du traité d'union de 1240, dans nos pièces justificatives, n° II : « ..... Et sic, quantacumque summa fuerit, erit, in talliis singulis et collectis, sic facta vel collecta juramento seu alio modo .... » Il en était de même à Agen (cf. A. Ducom, *Essai sur l'histoire et l'organisation de la commune d'Agen jusqu'au traité de Brétigny*, deuxième partie, chap. 1). Cet usage de se fier aux déclarations des contribuables ne doit pas étonner, puisqu'en Angleterre, aujourd'hui, il est admis pour *l'income-tax* ou impôt sur les revenus.

(5) Ce mot ne peut-il se rapprocher de celui de *gach*, signifiant guet, et n'indiquerait-il pas, dès lors, que les quartiers ou *gaches* étaient dans le prin-

les époques (1), recouvrait séparément la fraction de l'impôt qui incombait à ses habitants.

La troisième imposition directe que nous avons nommée, était la *vinade* ou *socage*, taxe extraordinaire, assise sur les vignes, et qui était moins fréquemment levée que les tailles. Il semble que l'on recourait à la *vinade* seulement quand il s'agissait d'exécuter, pour la sûreté de la ville, des travaux de fortification que la communauté n'aurait pu payer avec ses ressources ordinaires. L'occasion se présenta plusieurs fois pendant les années troublées de la guerre de Cent ans (2).

Tous les impôts indirects, nous l'avons dit, étaient affermés. Le revenu le plus productif était fourni par les « boîtes »

---

cipe des circonscriptions de police ? Nous inclinerions à le penser. Il se retrouve ailleurs, à Agen et à Rodez, notamment (v. à ce mot, Godefroy, *Dictionnaire de l'ancienne langue française*).

(1) Du moins en ce qui concerne le *Puy-Saint-Front*, car la *Cité* ne compta jamais que pour une *gache*. A la fin de l'année 1319, onze quartiers sont cités comme compris dans la *Ville* : l'Arsault, le Plantier, la Limogeanne, l'Aiguillerie et Saint-Martin, Taillefer, les Farges, l'Aubergerie, Saint-Hilaire, la rue Neuve, les Boucheries et Tournepiche (v. notre première partie, p. 74) ; d'autre part, les comptes de l'année 1320-1321 (aux archives municipales de Périgueux, CC 42) n'en mentionnent que sept : l'Aubergerie, l'Aiguillerie, Taillefer, le Pont, la Limogeanne, le Plantier et l'Arsault. Enfin, en 1476 (*ibidem*, BB 1), la *Ville* paraît n'en avoir plus compris que six. Il y avait, en outre, entre les deux villes, qui ne se joignaient pas, un grand espace vide : c'est ce que le traité d'union appelle la *nouvelle clôture*, que l'on nomma plus tard communément l'*Entre-deux-villes*. Il était permis d'y bâtir, mais sous certaines conditions. Au reste, les habitants de la *nouvelle clôture* faisaient partie de la communauté. V. sur ce point l'article 6 du traité d'union, dans nos pièces justificatives, n° II. « .... Fiat tamen una clausura de *Civitate* ad *Villam Podii Sancti Frontonis* Petragoricensis continua, infra quam si qui habitaverint, erunt de universitate et obedient per omnia, sicut alii *Civitatis* et *Ville Podii Sancti Frontonis*, rectoribus consulatus. Et, ut universitas de dampno infecto sibi caveat, nullus, infra illam clausuram, vel circa, construet hedificium per quod universitas pati valeat detrimentum, sive domus, sive alio nomine censeatur. Et, super hoc, per rectores consulatus universitati fideliter provideatur.... ». Il ne paraît pas, d'ailleurs, qu'on ait beaucoup usé de la permission d'y construire : l'*Entre-deux-villes* resta toujours désert.

(2) V. pl. loin, ch. III.

(*bostiae*), c'est-à-dire l'émolument provenant du pesage du blé que l'on portait moudre en ville (1). En 1240, le *Puy-Saint-Front* possédait déjà des poids pour le blé. Quand les deux villes furent réunies, on plaça à la porte de la *Cité* des poids semblables à ceux qui étaient situés à l'entrée du *Bourg* (2), et la communauté perçut l'émolument des uns et des autres. L'arrêt rendu par le Parlement en 1290 la confirma dans ce droit (3).

Les « boîtes » étaient affermées plusieurs fois l'an. Le bénéfice qui en revenait à la ville était fructueux : pendant l'année 1318-1319, où les finances municipales furent administrées par Pierre Desmons, clerc du roi, les « boîtes » rapportèrent à la communauté 1.068 livres 12 sous et 5 deniers tournois (4). Il semble même que le profit qu'elle en tirait fût généralement plus élevé, et s'élevât couramment à 3.000 livres périg. par an (5). Plusieurs contrats d'affermage des « boîtes » ont été conservés. Voici l'analyse d'un bail relatif à l'année 1328 :

Par acte en date du mercredi 29 juin, les maire et consuls de Périgueux afferment à Robert de Boetz l'émolument des boîtes, à partir du dimanche après la Saint-Barnabé dernièrement passé jusqu'au dimanche qui suivra la Saint-Martin d'hiver (6). Le fermier s'engage à ne pas prélever plus de huit deniers pour chaque setier de froment apporté au pesage, ni plus de quatre par setier de méteil (*mixture*). Il

---

(1) « Emolumentum pixidum sive *de las bostias* dicte ville (Arch. mun. de Périgueux, CC 149, pièce 2).

(2) V. l'art. 16 du traité d'union, dans nos pièces justificatives, n° II : « Item, pondera bladi… debent esse ad portam *Civitatis*, sicut sunt in porta Ville Podii Sancti Frontonis Petragoricensis.... »

(3) V. le *Rec. de 1775*, p. 110 : « ... Itemque inventum est sufficienter esse probatum predictos consules esse ac fuisse in possessione .... playdurarum seu vacuarum platearum in quibus sunt pondera bladi ... »

(4) V. *ibidem*, p. 174 : « ... Summa valoris bostiarum pro toto tempore supra, mille sexaginta octo libre, duodecim solidi, quinque denarii turon.... »

(5) V. dans notre première partie, p. 69, n. 3, la traduction des articles dressés, en 1318, par Lambert Laporte et ses co-plaignants contre les maire et consuls.

(6) Il s'agissait donc d'une ferme de cinq mois.

paiera toutes les semaines au receveur de la ville (1) six livres dix sous, « reffusis in ista firma *los apeus* (?) » que ledit fermier doit également payer chaque semaine et sur lesquels il a versé, par anticipation, une somme de trente livres, dont on lui donne décharge. Les consuls garantissent, de leur côté, à Robert de Boetz et aux siens la libre et entière perception dudit émolument. Les parties s'engagent par serment sur les Saints Evangiles à observer les clauses du confrat, qui est fait en double exemplaire, l'un en présence du notaire Hélie Bruni, qui y appose son seing et son sceau particulier aux contrats, l'autre devant l'official, qui le revêt du sceau de l'officialité (2).

Outre les « boîtes », le blé acquittait d'autres impositions. Il était fatal, en effet, que la denrée la plus nécessaire devînt aussi la plus fortement et la plus diversement taxée. Les mesures du blé — il y en avait de pareilles au *Puy-Saint-Front* et à la *Cité* (3) — étaient, en 1322-1323, affermées 8 livres 10 sous (4). La communauté donnait également à bail la « bladerie » *(bladeria)* (5), c'est-à-dire les droits de marché, et la « paneterie » (*panatarias*), ou revenus perçus sur la fabrication du pain, qui, la même année (1322-1323), rapportaient ensemble à la ville 30 livres (6). Les moulins commu-

---

(1) C'est le *comptable* dont nous avons parlé plus haut.

(2) Arch. mun. de Périgueux, CC 149, pièce 1.

(3) D'après l'art. 17 du traité d'union, dans nos pièces justificatives, n° II : « Item omnes mensure equales erunt et omnia pondera equalia in *Civitate* et nova clausura et *Villa Podii Sancti Frontonis* Petragoricensis, et ejusdem quantitatis, quomodo sunt in dicta *Villa*, et tradentur ad arbitrium consulatus, et quicquid inde fuerit acquisitum in utilitatem publicam convertetur. » Cf. aussi l'arrêt du Parlement de 1290, dans le *Rec. de 1775*, p. 110 : « ... Itemque inventum est sufficienter esse probatum predictos consules esse ac fuisse in possessione.... mensuragii bladi.... » — Il fut convenu en 1330 (v. notre première partie, p. 88) que l'émolument des mesures du blé, du vin et de l'huile placées à la *Cité* serait affecté à cette ville.

(4) D'après les comptes de l'année 1322-1323, aux archives municipales de Périgueux, CC 44.

(5) *Bladaria = forum in quo blada venduntur* (Du Cange). Cf. l'arrêt précité de 1290, *loc. cit.* : « ... Itemque inventum est, etc..... in possessione domus in qua venditur bladum... »

(6) D'après les comptes de l'année 1322-1323, aux archives municipales de Périgueux, CC 44.

naux, pour moudre le grain, en prélevaient la seizième partie (1), et la farine payait encore des droits de pesage au profit de la communauté (2). On conçoit que, après le prélèvement
de ces multiples et obligatoires redevances, le prix du pain,
dès cette époque, parût cher au petit *bourgeois*.

Poursuivons l'énumération des impôts indirects. La ville
percevait encore : les droits de lods et ventes sur les actes de
mutation d'immeubles (3) ; l'émolument du sceau aux contrats (4), qui, semble-t-il, n'était pas affermé ; celui du greffe
(*la escriptura*), affermé 15 livres en 1322-1323 (5) ; celui des
ventes à l'encan, affermé 8 livres la même année (6) ; celui
des mesures du vin (7) ; celui des pintes et brocs, affermé
25 livres (8), celui des mesures de l'huile, affermé 6 livres (9),
toujours en 1322-1323 ; celui du mesurage des noix (10) ; celui

---

(1) D'après l'art. 16 du traité d'union, dans nos pièces justificatives, n° II :
« .... Et molendina pro blado molendo parte sexta decima sint contenta. »

(2) V. *ibid.*, *ibidem* : « ... Item, pondera ... farine debent esse ad portam
Civitatis, sicut sunt in porta *Ville*.... »

(3) V. Arch. mun. de Périgueux, CC 52 [en 1332-1333] : « Aguem, de Joh.
de Jando, mazelier, per las vendas d'una mayzo que compret de Salseyro, ...
X s. t. » Dans la paroisse de Saint-Front, les lods et ventes appartenaient à
la cour du pariage (v. pl. loin, le chap. IV (*Justices*), § 2, A.

(4) V. l'art. 15 du traité d'union, dans nos pièces justif., n° II : « Item,
universitas unico et eo sigillo utetur quo, hujus compositionis tempore, consulatus et communia Ville Podii Sancti Fronctonis Petragoricensis utebatur,
cum omni plenitudine consuetudinis et juris qua ille utebatur. » Cf. aussi
l'arrêt du Parlement de 1290, dans le *Rec. de 1775*, p. 110 : « .... Itemque inventum est sufficienter esse probatum predictos consules esse ac fuisse in
possessione .... sigillo sigillandi contractus ... » L'apposition du sceau consulaire sur toutes lettres et contrats les rendait obligatoires pour les parties, à
peine de saisie de leurs biens (v. Arch. mun. de Périgueux, FF 52).

(5) Arch. mun. de Périgueux, CC 44, comptes de l'année 1322-1323.

(6) *Ibidem*, *idem*. La ville avait un encan sur la place de la Clautre, où elle
faisait vendre les gages saisis sur ses débiteurs et sur les particuliers qui
avaient contrevenu aux obligations passées sous son sceau (Arch. mun. de
Périgueux, FF 52). L'encan était affermé 110 sous en 1334-1335 (*ibidem*,
CC 53).

(7) Arch. mun. de Périgueux, CC 42, comptes de l'année 1320-1321.

(8) (9) *Ibidem*, CC 44, comptes de l'année 1322-1323.

(10) Affermé 6 livres en 1334-1335 (Arch. mun. de Périgueux, CC 53).

du gros poids, que l'on donnait à bail, en 1322-1323, pour 20 livres (1) ; les revenus provenant du poids de l'Arsault, affermé 4 livres (2), du poids de l'Aiguillerie, de ceux de l'Aubergerie et de Saint-Front, affermés respectivement 60, 30 et 70 sous (3) pendant le même exercice ; l'émolument de la porte du Pont, affermé, la même année, 20 sous (4) ; celui de la porte de l'Arsault, 20 sous ; de la porte du Plantier, 50 sous ; de la porte de la Limogeanne, 40 sous ; de la porte de l'Aiguillerie, 45 sous (5). En outre, la communauté levait des droits sur les noix, volailles et autres denrées que l'on portait vendre en ville, et aussi sur les cuirs et la mercerie que l'on débitait sur la place de la Clautre (6).

Les arrérages des rentes ou cens que possédait la ville constituaient pour elle une autre catégorie de ressources. Il semble que ces rentes étaient assez nombreuses. Nous en citerons deux exemples, pris dans le xiv° siècle, qui montreront comment et à la suite de quelles circonstances elles pouvaient être constituées. C'est, d'une part, un laboureur qui reconnaît devoir à la communauté 18 deniers de cens annuel et autant d'acapte, à raison d'une *plédure* (7), que les maire et consuls lui ont acensée dans la paroisse de Saint-Hilaire. C'est, de l'autre, un cultivateur de Périgueux qui, sur l'avis favorable des trente prud'hommes, est autorisé par les maire et consuls à construire dans sa maison de la rue Neuve un égout, sous le devoir d'un cens annuel de 12 deniers (8).

Ces revenus, si abondants qu'ils nous paraissent, arrivaient à peine à couvrir les dépenses *(baylas, mesyos, despesas)* de la communauté. Pour s'en convaincre, il suffit de considérer la balance des comptes que la municipalité devait établir, au sortir de charge. Chaque année, recettes et dépenses s'équilibrent, à très peu près. C'est ainsi que, en 1321-1322,

---

(1) (2) (3) (4) (5) Arch. mun. de Périgueux, CC 44, comptes de l'année 1322-1323.

(6) Arch. mun. de Périgueux, FF 52.

(7) *Pleduira = locus vacuus aedificiis construendis idoneus* (Du Cange).

(8) Arch. mun. de Périgueux, DD 6 (1370-1371).

la balance donnait les chiffres suivants : dépenses, 1088 l. 6 s. périg. ; recettes, 1.082 l. 2 s. 8 d. ; excédent de dépenses, 6 l. 3 s. 4 d. (1). L'année d'après, le total des dépenses se montait à 1053 l. 12 s. 6 d. périg. ; celui des recettes à 1.052 l. 4 s. 1 d. ; l'excédent de dépenses était donc de 1 l. 8 s. 5 d. (2). Résultats méritoires, acquis seulement au prix d'une économie scrupuleuse qui compte sou par sou ! En 1346-1347, les maire et consuls remboursèrent pendant l'année un total de dettes anciennes s'élevant à 670 l. 13 s. 9 d. tournois et trouvèrent le moyen, après avoir comblé ce trou, d'obtenir un excédent de recettes de 3 s. 7 d. tournois (3).

Avec ce système de prudente administration, le déficit était exceptionnel. Nous n'en avons rencontré qu'un cas, en 1324-1325, année pendant laquelle la ville dut envoyer un délégué à Paris pour solliciter du roi l'octroi de lettres l'autorisant à surseoir pendant deux ans au payement de ses dettes (4).

Les livres des comptes nous indiquent les charges, lourdes et nombreuses, qui grevaient la communauté. Tout d'abord le salaire des maire, consuls et agents municipaux. D'après les comptes de l'année 1314-1315, le maire reçoit 50 livres (5). Il semble résulter de ceux de 1318-1319 que les consuls reçoivent la même somme (6). En 1314-1315, sont attribués au *comptable* 10 livres, au *contre-comptable* 100 sous, à l'inspecteur de la poissonnerie 20 sous, autant à l'inspecteur des

---

(1) Arch. mun. de Périgueux, CC 43.

. (2) *Ibidem*, CC 44.

(3) *Ibidem*, CC 60. On trouvera quelques renseignements sur la monnaie périgourdine dans le *Nouveau manuel de numismatique du moyen âge et moderne*, par J. Adrien Blanchet (collection des Manuels Roret), t. I, pp. 288-289. La valeur de la monnaie périgourdine était sensiblement inférieure à celle de la monnaie tournois. On lit, en effet, dans les comptes de l'année 1314-1315 (Arch. mun. de Périgueux, CC 41), que « trois cents livres de petits tournois équivalaient alors à 400 livres périgourdins ».

(4) *Ibidem*, CC. 46.

(5) *Ibidem*, CC 41.

(6) *Ibidem*, CC 7. Ce sont les comptes de gestion de Pierre Desmons pour l'année 1318-1319. Dans le *Rec. de 1775*, p. 182.

·cuirs (1). Quant aux sergents du consulat, qui étaient, cette même année, au nombre de quatorze, s'ils n'avaient pas un salaire fixe, les exécutions faites par eux leur étaient payées (2). En outre, la municipalité les habillait à ses frais (3).

Puis, ce sont, à chaque instant, des délégués qui vont au loin soutenir les intérêts de la communauté ou simplement la représenter, et qu'il faut indemniser. Notons, en 1314-1315, les frais de la députation de P. Laporte et de W. Jaumar, envoyés à Paris pour les affaires de la ville. Ils voyagent à cheval, et, l'un des chevaux loués ayant subi une dépréciation, les maire et consuls dédommagent le propriétaire (4). En 1320-1321, trois consuls partent de Périgueux, en compagnie du maire, le soir de la Saint-Barnabé, pour se rendre à Poitiers où le roi a convoqué les députés des villes, afin de leur soumettre ses ordonnances. La même année, R. de Pinocha, de retour de Paris, après une absence de quatre-vingt-dix jours, reçoit pour son salaire 45 l. périg., soit 10 sous par jour (5). En 1322-1323, nouvelle députation : Arnaud Delsol est envoyé à Paris pour défendre les intérêts de la ville dans les procès engagés contre le comte Archambaud, les habitants de la *Cité*

---

(1) Arch. mun. de Périgueux, CC 41.

(2) *Ibidem*, CC 44, comptes de l'année 1322-1323 : « .... Payé aux sergents pour couper les oreilles (*eschaurelhar*) d'un malfaiteur, 5 sous... » Les sergents avaient également une part dans le produit des contraventions qu'ils avaient dressées (*ibidem*, CC 49).

(3) *Ibidem*, CC 41, comptes de l'année 1314-1315 : « ..... Payé 39 livres pour les robes des quatorze sergents de ville. On y emploie 87 coudées de drap... » Quand on renouvela le traité d'union en 1330, une disposition fut prise concernant l'habillement des sergents : « Item servientes omnes habebunt vestes similes et de eodem pano, tam ille qui manet in *Civitate* quam alii » (v. nos pièces justificatives, n° VIII). — Citons encore d'autres fonctionnaires subalternes : les hérauts ou crieurs publics (*precones*), mentionnés dans l'art. 14 du traité d'union (dans nos pièces justificatives, n° II), les portiers, les gonfaloniers (*gonfanarii*), les gardes et le porte-étendard (*vexellarium*) (v. Arch. mun. de Périgueux, FF 4, pièce 1). Nous ignorons comment ces agents étaient salariés.

(4) Arch. mun. de Périgueux, CC 41.

(5) *Ibidem*, CC 42.

et les gens d'église (1). L'année suivante, deux commissaires royaux ayant saisi le consulat, on envoie deux notables à Toulouse pour obtenir du roi leur rappel (2). Et c'est toujours ainsi !

Le service d'ost et de chevauchée, que la ville, comme vassale immédiate de la couronne, devait au roi, était, on le comprend, une lourde charge pour les finances de la communauté (3). Les rois, au xiv° siècle qui fut, comme on sait, une époque de luttes presque continuelles, l'exigeaient fréquemment. Maintes fois, la municipalité dut fournir des soldats : en 1324, elle équipa cent sergents qu'elle envoya à Lauzerte (4) ; en 1325, elle fournit un nouveau contingent qu'elle envoya rejoindre l'armée du roi à La Réole (5). Les maire et consuls, quand ils n'envoyaient pas d'hommes, payaient des subsides. En 1314-1315, la ville fait remettre au sénéchal, à Brive, « 300 livres de petits tournois, équivalant à 400 livres de monnaie périgourdine, pour le subside demandé par le roi à l'occasion de l'expédition (*anada*) de Flandre » (6). L'année suivante, par lettres datées du 16 mars 1316 (n. st.), à Bourges, le roi convoqua les consuls et « leurs sujets » à le venir joindre à Arras, *in equis et armis*, dans la quinzaine de la Pentecôte (7).

En outre, c'étaient la rente à servir chaque année au comte, puis, tantôt les fortifications de la ville qu'il fallait restaurer (8), des immeubles qu'il convenait d'acheter (9), tantôt la maison du consulat (10) ou les balances communales (11) qui

---

(1) Arch. mun. de Périgueux, CC 44.

(2) *Ibidem*, CC 45.

(3) V. au chapitre suivant, les convocations à l'ost royal reçues par la ville.

(4) Arch. mun. de Périgueux, CC 45. — Lauzerte, chef-l. de cant. de l'arr. de Moissac (Tarn-et-Garonne).

(5) *Ibidem*, CC 46.

(6) *Ibidem*, CC 41.

(7) *Ibidem*, EE 7. Ces lettres sont reproduites dans le *Rec. de 1775*, pp. 165-167.

(8) Arch. mun. de Périgueux, CC 48.

(9) *Ibidem*, DD 11.

(10) (11) *Ibidem*, CC 41, comptes de l'année 1314-1315.

avaient besoin de réparations ; c'était un pont à construire (1), un pilori à élever (2); fréquemment, des exécutions de justice à payer (3), une inondation, aux dégâts de laquelle il importait de pourvoir (4), les pennons des trompettes à renouveler (5), des procès engagés à soutenir (6), des messagers à dépêcher (7) ; c'étaient encore les frais des élections consulaires (8), ceux du guet (9), ou un service pour le repos de l'âme du souverain (10), que l'on acquittait sur le trésor commun.

De plus, des présents étaient souvent offerts à l'évêque, au sénéchal, au maire et autres puissances. En l'année 1314-1315, l'évêque reçut un don de cent setiers de vin (11). La comtesse de Périgord eut, en 1323-1324, un drap d'or du prix de 12 sous 6 deniers (12), et, en 1324, un baril de vin de piment et d'épices qu'on porta, le soir de Noël, en son château de la Rolphie (13). Deux torches de cire furent offertes au maire, à la fête de Noël de l'année 1323 (14). La « dame » du maire n'était pas oubliée : en 1321, elle reçut, le jour de Saint-Jacques, un présent qui avait coûté 35 sous 6 deniers (15). Le sénéchal eut, en 1315, le soir de la Saint-Martin, deux livres de chandelles de cire, trois fromages, du pain et du vin, le tout d'une va-

---

(1) (2) Arch. mun. de Périgueux, CC 41, comptes de l'année 1314-1315.

(3) *Ibidem*, CC 43, comptes de l'année 1321-1322.

(4) *Ibidem*, CC 44, comptes de l'année 1322-1323.

(5) *Ibidem*, CC 45, comptes de l'année 1323-1324. — Ces pennons, aux armes du maire, se renouvelaient chaque année.

(6) *Ibidem*, CC 44, comptes de l'année 1322-1323.

(7) *Ibidem*, CC 52, comptes de l'année 1332-1333. — Lorsqu'un messager partait en voyage par ordre du consulat, on lui donnait, outre ses frais de route, une paire de souliers, valant ordinairement 5 s. 2 ou 3 d.

(8) *Ibidem*, CC 43, comptes de l'année 1321-1322.

(9) *Ibidem*, CC 44,   *id.*   1322-1323.

(10) *Ibidem*, CC 43,   *id.*   1321-1322.

(11) *Ibidem*, CC 41,   *id.*   1314-1315.

(12) *Ibidem*, CC 45,   *id.*   1323-1324.

(13) *Ibidem*, CC 46,   *id.*   1324-1325.

(14) *Ibidem*, CC 45,   *id.*   1323-1324.

(15) *Ibidem*, CC 42,   *id.*   1320-1321.

leur de 14 sous (1) ; aux assises de la Chandeleur de l'année 1321 (n. st.), il reçut un don de pain et de vin qui avait coûté 9 sous 6 deniers périg. (2). En 1324-1325, un présent de cinq livres de cire et de six livres de bougie (*chandelas de bugia*) est fait au procureur du roi (3). Il n'était pas jusqu'au lieutenant du sénéchal et aux gens du roi qui n'éprouvassent aussi la générosité de la communauté, représentée par ses maire et consuls (4).

A toutes ces dépenses venaient s'ajouter les secours aux indigents, ces *charités* que l'on faisait aux grandes fêtes comme la Pentecôte et le Mardi gras. La municipalité, nous le verrons plus loin, distribuait du blé, du pain et des deniers, ou donnait un repas. Les distributions que l'on fit à la *charité* de la Pentecôte de l'année 1325 coûtèrent 141 livres 18 deniers (5). Pour la *charité* du Mardi gras (*la charitat del dimartz lardier*) de 1322 (n. st.), les maire et consuls firent enclore la place du Coderc et y donnèrent un grand repas. Soixante-quatorze porcs furent abattus, qui avaient été payés 107 livres 7 sous. Une aumône de 10 sous fut encore accordée, à cette occasion, à chacune des trois congrégations de la ville, les Filles de Sainte-Claire (*las Menudas*), les Frères Mineurs et les Frères Prêcheurs (6).

Ces largesses solennelles n'étaient pas, hâtons-nous de le dire, les seules ressources de l'assistance publique, qui fut, de tout temps, à Périgueux, efficacement organisée. Les rentes de la Charité, qui provenaient de legs faits à la ville, constituaient, à l'usage des malheureux, un fonds de secours qui s'accroissait sans cesse. Nous en possédons deux états remon-

---

(1) Archives municipales de Périgueux, CC 41, comptes de l'année 1314-1315.
(2)　　　　*Ibid.*　　　　CC 42,　　　*id.*　　　1320-1321.
(3)　　　　*Ibid.*　　　　CC 46,　　　*id.*　　　1324-1325.
(4)　　　　*Ibid.*　　　　CC 41,　　　*id.*　　　1314-1315.
(5)　　　　*Ibid.*　　　　CC 46,　　　*id.*　　　1324-1325.
(6) Archives municipales de Périgueux, CC 43, comptes de l'année 1321-1322.

tant au milieu du xiiiᵉ siècle (1) : encore est-il vrai que nombre de ces rentes sont de beaucoup antérieures à cette date. Ces états, dont on conçoit l'intérêt, étaient tenus avec un soin qui montre avec quel zèle la fortune des pauvres était gérée : pour chaque rente, ils indiquent la personne qui doit en payer les arrérages, celle qui l'a instituée et l'immeuble sur lequel elle est assise, qui est désigné lui-même par ses tenants et aboutissants.

---

(1) Le premier de ces états (Arch. mun. de Périgueux, GG 175) intéresse les années 1231-1275, le second (*ibidem*, GG 176) concerne l'année 1247. Un extrait du dernier a été reproduit en fac-simile dans le *Musée des archives départementales* (atlas, pl. XXXVII, et texte, p. 146). V. Martial Delpit, *Rapport au Ministre de l'Instruction publique* (novembre 1838) : « Ce manuscrit daté de 1247, est en langue romane du midi. C'est évidemment le registre original tenu par les maire et consuls, chargés du recouvrement de ces rentes. Il contient en marge plusieurs additions qui y ont été inscrites à différentes époques : la dernière est de 1355..... Ce registre pourrait fournir la matière d'un curieux travail analogue à celui qui a été publié sur le livre de la taille de la ville de Paris en 1292, et qui aurait pour but de retrouver, à l'aide des indications du manuscrit, les anciennes divisions de la ville de Périgueux, son étendue au xiiiᵉ siècle, la place occupée par les fortifications, les noms des portes, des rues, etc. »

CHAPITRE III

POLICE. — AFFAIRES MILITAIRES

Les maire et consuls avaient dans leurs attributions la police de la ville : ce mot doit être interprété dans son sens le plus étendu. De toutes les affaires qui, à ce point de vue, sollicitaient leur attention, les questions relatives à la voirie, à la construction ou à la réparation des édifices communaux (1), étaient peut-être les plus fréquentes : les comptes d'administration, dont la série est à peu près ininterrompue depuis l'année 1314, témoignent, par le nombre des décisions prises à cet égard dont ils ont conservé la trace, que la municipalité apportait un soin extrême à ne pas laisser endommager le patrimoine immobilier dont elle avait la garde. Tantôt il fallait restaurer la maison du consulat (2), ou les ponts-levis de Tournepiche, de l'Aiguillerie et la passerelle du Pré-l'Evêque (3), construire le pont de Saint-Hilaire (4), réparer les poids publics (5), tantôt on décidait de bâtir un escalier à l'Arsault (6), d'édifier un pilori (7), de déblayer la place du Coderc (8), de paver la fontaine de la Clautre et de planter

---

(1) L'arrêt du Parlement de 1290 leur en attribuait expressément la connaissance. V. le *Rec. de 1775*, p. 110. « .... Itemque inventum est, etc... in possessione...... reficiendi et custodiendi vias et plateas publicas et pavimenta dicte ville faciendi...... »

(2) Comptes de l'année 1314-1315 (Arch. mun. de Périgueux, CC 41).

(3) Comptes de l'année 1335-1336 (*ibidem*, CC 54).

(4) Comptes de l'année 1314-1315 (*ibidem*, CC 41).

(5) *Ibidem, ibidem*.

(6) *Ibidem, ibidem*.

(7) *Ibidem, ibidem*.

(8) Comptes de l'année 1335-1336 (*ibidem*, CC 54).

un orme pour l'ombrager (1). Soucieux du bon entretien de
la voirie, les maire et consuls prescrivaient à leurs agents de
combler les ornières des routes (2), de nettoyer un pont des
ordures qui le salissaient (3), de faire abattre des arbres
dont le branchage portait préjudice aux propriétés voisines (4)
et d'assurer la circulation dans les avenues de la ville, encombrées par les marchands d'œufs, de fromages, de châtaignes et autres denrées, qui venaient y attendre les chalands (5). Ils ne s'intéressaient pas moins à l'hygiène publique : aussi les voit-on, à plusieurs reprises, traiter avec des
particuliers et leur concéder la faculté d'établir sur leurs
fonds un égout (6), un évier, des latrines (7), en empruntant
une portion du domaine communal. La compétence de la municipalité en matière de voirie l'appelait fréquemment à tran-

---

(1) Comptes de l'année 1335-1336 (Arch. mun. de Périgueux, CC 54).

(2) Arch. mun. de Périgueux, FF 180.

(3) Comptes de l'année 1325-1326 (*ibidem*, CC 47).

(4) Arch. mun. de Périgueux, FF 203.

(5) V. Arch. mun. de Périgueux, DD 20 : Mandement des maire et consuls, en
date de 1337, portant défense aux marchands d'œufs, de fromages, de châtaignes
et autres denrées, d'embarrasser le chemin qui conduit des Salinières « de loco
vocato *las Salinarias* » à la porte de Saint-Front dite *de la Grammelha*.
A peine de confiscation de leurs marchandises, ils devront laisser libre sur
ce chemin un passage de huit pieds de large, à partir du poteau fiché en terre
devant la maison des héritiers d'Elie de Chaumont, « ubi venditur pannus,
ubi solebat esse annulus (le carcan) vocatus de Claustro », en se dirigeant vers
les Boucheries.

(6) V. Arch. mun. de Périgueux, DD 6 : Sur l'avis favorable des trente
prud'hommes, Raymond Faucher, agriculteur à Périgueux, est autorisé par
les maire et consuls à construire dans sa maison de la rue Neuve un égout
(« quoddam stillicidium sive *ragot* ») se déversant « in quadam dicte communitatis platea ubi murus antiquus dicte ville esse solebat », sous le devoir d'un
cens annuel de 12 deniers.

(7) V. Arch. mun. de Périgueux, DD 19 : En 1323, Nicolas del Janest et sa
femme sont autorisés par les maire et consuls à faire servir à leur usage
une partie du mur de la ville avoisinant leur demeure et à y établir un évier
et des latrines. Ils s'engagent, toutefois, à ne dégrader en rien ledit mur et à
le tenir à la libre disposition des consuls « pro tuicione dicte ville », en temps
de guerre. En outre, ils ont à payer, une fois pour toutes, la somme de 20
sols tournois, dont il leur est délivré quittance.

cher certaines contestations, suscitées par le voisinage : elle ne manquait jamais de faire droit au plaignant qui se prétendait justement lésé (1).

En vertu de leurs attributions de police, il appartenait aux maire et consuls de faire respecter les règlements d'ordre public et les obligations spéciales attachées à l'exercice des diverses professions.

C'est ainsi que nous les voyons intenter une action contre un particulier qui avait mis en circulation dans la ville des monnaies fausses ou étrangères (2), défendre à un autre de pêcher, autrement qu'à la manière accoutumée, dans une partie de la rivière où la pêche était affermée (3) ; ils infligent une amende à un habitant qui a fait sortir des grains de la ville (4) et frappent pécuniairement plusieurs personnes qui ont acheté des denrées hors de l'enceinte de la communauté (5). Notons encore des poursuites en réparation de dommages causés par des animaux dans des champs cultivés (6) : à cet égard, la municipalité prit, en juin 1329, une ordonnance enjoignant aux habitants de se débarrasser, dans les huit jours,

---

(1) Citons-en plusieurs exemples : en 1329, poursuite à la requête de propriétaires riverains, contre divers particuliers qui avaient envahi et occupé peu à peu une partie du chemin public allant de Périgueux à Château-Landry (c^{ne} Boulazac). Une sentence de la cour consulaire les oblige à rétablir le chemin en son état (Arch. mun. de Périgueux, FF 203) ; — la même année, des paysans sont condamnés à des dommages et intérêts pour avoir empiété sur les terres de leurs voisins (*ibidem*, FF 204) ; — la même année, la veuve Chavango se plaint que Pierre David et Pierre Sibot jettent dans la ruelle, devant sa maison, des eaux fétides « et pluria alia inhonesta ». Pierre David a, de plus, établi sur le devant de sa maison, un auvent qui nuit beaucoup à la plaignante. Il sera fait droit à sa requête (*ibidem*, FF 204) ; — la même année enfin, Élie de Bourdeille demande que son voisin, Gérauld Tournier, enlève deux noyers qui, trop rapprochés de son jardin, lui causent un grand préjudice. Après discussion, il est décidé que les noyers ne seront pas abattus, mais que les parties s'en partageront la récolte (*ibidem*, FF 204).

(2) Arch. mun. de Périgueux, FF 203.

(3) *Ibidem, ibidem.*

(4) *Ibidem*, CC 66.

(5) *Ibidem*, FF 203.

(6) *Ibidem, ibidem.*

des porcs qu'ils auraient chez eux, à peine de 60 sols d'amende et de confiscation de leurs bêtes (1).

La police des métiers était exactement faite par les maire et consuls, qui tenaient de l'arrêt de 1290 le droit de réprimer, même sur le territoire de la paroisse de Saint-Front, les infractions aux statuts professionnels (2). Aussi punissent-ils des barbiers, remplissant alors l'office de médecins, qui avaient jeté des poils et du sang dans la rivière de l'Isle « dont l'eau sert à l'alimentation des habitants », et un nommé Pierre Chapzey, « cujus officium seu ministerium erat purgare seu mundare latrynas », et qui, pendant une nuit, avait laissé tomber dans la ville, « in viis et carreriis publicis », le contenu de son tombereau (3). C'est, de même, Jean *lo fromatgier* qui est mis à l'amende pour avoir acheté des fromages en dehors du marché (4), Pierre du Mas-Dieu, peut-être un cabaretier, qui est poursuivi pour s'être servi d'un broc ne portant pas le poinçon du garde des mesures de la ville (5), un commerçant condamné pour avoir vendu de la toile non marquée, c'est-à-dire qui n'avait pas subi la vérification nécessaire (6), enfin, et le plus fréquemment, des boulangers qui fraudent dans le poids du pain (7).

Cette sévérité des maire et consuls dans l'application de règlements édictés en vue l'intérêt de tous, leur mé-

---

(1) Arch. mun. de Périgueux, FF 203.

(2) Cf. le factum rédigé par le procureur de la ville, en 1342, en réponse aux articles produits devant le Parlement de Paris par le procureur du chapitre de Saint-Front (Arch. mun. de Périgueux, FF 52). Sur l'arrêt de 1290, v. notre première partie, pp. 45-46. Cet arrêt conflait, en effet, à la municipalité « le soin de punir les fabricants de mauvaises étoffes et les autres artisans pris en défaut, sauf les vendeurs de chairs ladres dans les vieilles boucheries de la paroisse de Saint-Front ».

(3) Faits cités dans le factum de 1342, mentionné dans la note précédente.

(4) Arch. mun. de Périgueux, FF 203.

(5) *Ibidem, ibidem.*

(6) *Ibidem,* CC 66.

(7) Pendant l'année 1323-1324, 97 amendes sont payées par les *peytouresses* (boulangères), pour fraude dans le poids du pain. D'après les comptes de cette année (Arch. mun. de Périgueux, CC 45).

ritait la confiance de leurs administrés : aussi n'est-il pas
rare de voir ceux-ci leur demander de fixer le cours des denrées (1). En s'adressant au consulat, les petites gens que
menaçait surtout la majoration du prix des choses nécessaires
à la vie, savaient qu'elles ne solliciteraient pas vainement sa
protection : la façon dont il entendait son rôle social est tout
à son honneur.

Ce rôle ne se bornait pas là, et il suffit d'étudier avec un
peu d'attention les actes de l'administration municipale pour
se convaincre que, dès le xiv⁰ siècle et sans doute même
auparavant, un esprit d'assistance largement humain inspi-
rait ces magistrats communaux, tout remplis encore de la
rudesse des temps, mais qu'on se représente souvent, sans
aucun fondement, d'ailleurs, comme plus barbares qu'ils
n'étaient en réalité. Il semble que, au contraire, le jeu de l'organisme collectif, dont le fonctionnement était moins régu-
lier qu'aujourd'hui, fut, quand il était plus près de son origine, plus pitoyable aux malheureux. On a l'impression que
ces bourgeois, que leur richesse désignait pour les charges,
sentaient, un peu confusément peut-être, les devoirs que
leur imposait la fraternité.

C'est ainsi que nous voyons les maire et consuls en exercice pendant l'année 1328-1329 s'entremettre entre deux
bourgeois qui étaient sur le point de se battre en duel et leur
imposer leur arbitrage (2). En 1335-1336, la municipalité re-
cueille un enfant trouvé et le met en nourrice à Eyliac aux
frais de la communauté (3) ; cet exemple n'était, sans doute,
pas isolé. Mais la bienfaisance communale se manifestait surtout dans les deux *charités* de l'année, celle du Mardi gras
et celle de la Pentecôte, où les pauvres de la ville recevaient
du pain, du blé et quelques deniers.

---

(1) Notamment en l'année 1329 où, à la requête d'un grand nombre d'habitants, les maire et consuls déterminent le prix commun du vin de la dernière
récolte, qu'ils fixent, pour le vin blanc, à 3 sols 6 deniers le setier ; pour le
vin rouge, à 3 sols 3 deniers (Arch. mun. de Périgueux, FF 204).

(2) Arch. mun. de Périgueux, FF 203.

(3) *Ibidem*, CC 54.

Ces distributions étaient impatiemment attendues de ceux qui en bénéficiaient, principalement aux époques de disette, alors fréquentes. Tel fut le cas en 1347 : lors de la *charité* du Mardi gras, la foule, qui se pressait dans l'église de Saint-Front pour recevoir l'aumône communale, était telle que huit personnes périrent étouffées. A celle de la Pentecôte, le nombre des pauvres réclamant leur part de distribution fut si considérable que le pain vint à manquer. La municipalité décida alors de donner à chaque pauvre un *brulat*, monnaie valant 2 deniers et 1 maille. Cette dépense supplémentaire s'éleva à 30 livres tournois, chiffre correspondant, disent les comptes de l'année, à 2.880 distributions (1).

La *charité* du Mardi gras était, semble-t-il, célébrée avec une solennité particulière : c'était jour de liesse, où la robuste gaieté de nos aïeux se donnait libre carrière. En 1322, la municipalité fit, à cette occasion, enclore la place du Coderc et y offrit un grand repas pour lequel soixante-quatorze porcs furent abattus (2). Ce festin était de tradition : en effet, nous voyons le consulat, en 1326, faire acheter dans les environs de Limoges les porcs nécessaires au banquet de l'année (3). Une aumône était attribuée à chacune des trois communautés religieuses de la ville, les Filles de Sainte-Claire, qu'on appelait les Menues (*las Menudas*), les Frères Mineurs et les Frères Prêcheurs (4), et l'on organisait, pour amuser le peuple, des réjouissances diverses : la moins goûtée n'était pas la course de femmes, qui avait lieu au Pré-l'Evêque (5). A ces distractions concourait sans doute la très ancienne confrérie de Saint-Jean-Baptiste, qui paraît avoir eu pour mission de

---

(1) Arch. mun. de Périgueux, CC 66.

(2) *Ibidem*, CC 43.

(3) *Ibidem*, CC 47.

(4) *Ibidem*, CC 43.

(5) *Ibidem*, FF 203. En 1329, un nommé H. Maneschalc paye une amende de 60 sous pour avoir, contrairement aux arrêtés municipaux, franchi la lice sur laquelle les femmes couraient au Pré-l'Evêque, le jour du Mardi gras, et, en faisant tomber par terre celle qui tenait la tête, l'avoir empêchée de gagner le prix.

présider aux divertissements de la jeunesse et en l'honneur
desquelles des fêtes étaient données tous les ans, la veille de
la Saint-Jean, sur la place de la Clautre. Cette confrérie avait
ses officiers, aux dénominations burlesques : l'empereur de
Verdun, le roi du Pont, le Marquis, l'abbé de Saint-Silain, le
comte de Taillefer, le duc de la Limogeanne, dont l'éphémère
seigneurie correspondait à quelque quartier de la ville. Par
les subventions qu'elle accordait à cette joyeuse noblesse
(1), la municipalité témoignait que, pour elle, la bonne humeur
des habitants importait à la santé publique : c'était encore
là de l'excellente administration.

La police urbaine comprenait, alors comme maintenant, la
surveillance de la voie publique, en vue du maintien du bon
ordre. Cet office n'était pas la moindre occupation des maire
et consuls. Il s'exerçait même sur le domaine capitulaire (2).
Chaque soir, après le couvre-feu, le guet, dirigé par un bourgeois (3), parcourait les rues, éclairé par des torches (4) ; à

---

(1) Arch. mun. de Périgueux, CC 44 : Sommes payées en 1322-1323 aux
officiers de la confrérie de Saint-Jean-Baptiste : « Premeyramen, baylem a
l'empeyrador de Verdu, per son dener, X s. ; item, al rey del Pon, X s. ; item,
al Marques, V s. ; item, a l'abat de Sanct-Sila, V s. ; item, al compte de
Talhafer, V s. ; item, al duc de la Lemotgana, V s. »

(2) V. le factum rédigé par le procureur de la ville en 1342 mentionné plus
haut (p. 152, n. 2). Certaine année, une veille de Saint-Front, pendant la nuit,
un sieur Elie Delacroix et quelques malfaiteurs, ses compagnons, après s'être
cachés lors du passage du guet, avaient cherché à ravir plusieurs femmes venues à Périgueux en pélerinage, puis avaient commis de nombreux méfaits. Au moment où ledit Delacroix brisait les mesures de la ville dites les
Pintes du vin, l'arrière-guet, dont il ne s'était pas méflé, l'arrêta et le conduisit
au consulat. Au procureur du chapitre, qui voyait dans ce fait un abus de pouvoir,
parce que l'arrestation avait été opérée « infra cimiterium dicte ecclesie [Sancti
Frontonis] », le procureur de la ville répond que les consuls n'ont fait qu'user
du droit de police qui leur appartient *ab antiquo*, « cum facerent fieri excubias
suas sive *lo gach*, more solito, tam in dicta ecclesia Sancti Frontonis quam
alibi per dictam villam ».

(3) Les comptes de l'année 1346 (Arch. mun. de Périgueux, CC 48) mentionnent le salaire attribué à sept bourgeois qui, pendant l'année, avaient dirigé le guet, chacun un jour de la semaine.

(4) D'après les comptes de l'année 1339-1340 (Arch. mun. de Périgueux,
CC 58).

quelque distance, suivait l'arrière-guet (1). En outre, quand les temps étaient troublés, soit par quelque émotion intérieure, soit par suite du voisinage de l'ennemi, des patrouilles nombreuses, jour et nuit, sillonnaient la ville (2).

Au souci d'assurer la sécurité intérieure de la ville s'ajoutait celui de pourvoir à sa sûreté extérieure, mais ce sont là attributions militaires plutôt que de police. Elles consistaient à veiller à l'entretien des murs et autres défenses, et à lever et à commander au besoin la milice communale ; on peut rattacher à cette catégorie des obligations consulaires le pouvoir de prendre les décisions diplomatiques convenables aux intérêts de la communauté.

Le traité d'union de 1240 confia aux maire et consuls la garde des fortifications (3). L'arrêt rendu par le Parlement en 1290 les confirma dans le droit d'exercer cette surveillance (4). La protestation, qu'ils rédigèrent le 2 février 1331 (n. st.) contre les prétentions de l'évêque, revendique catégoriquement toute compétence à cet égard (5). Et, de

---

(1) V. p. 155, n, 2.

(2) Arch. mun. de Périgueux, FF 24 et EE 10, pièce 4.

(3) V. les articles 6, 13, 24, 25, dans nos pièces justificatives, n° II, *passim.* V. surtout l'art. 6 : « Item, quod tam *Civitas* quam *Villa Podii Sancti Frontonis* Petragoricensis suas clausuras retineant in muris, turribus, portalibus, antemuralibus et fossatis.... Et, super hoc, per rectores consulatus universitati fideliter provideatur. »

(4) Dans le *Rec. de 1775*, p. 110 : «... Itemque inventum est sufficienter esse probatum predictos consules esse ac fuisse in possessione... pontes, muros, turres, portalia, portas murorum et claves ipsarum portarum, fossata et antefossata, barbacanas et alias munitiones ipsius ville custodiendi et reparandi...... »

(5) Dans le *Supplément au Recueil des Titres*, etc. (1778), pp. 81-82 : «...... Ita quod menia, porte, clausure, fortalitia et barbacane *ipsius Civitatis* (la garde des défenses de la *Ville* leur appartenait en effet sans conteste), nomine communitatis predicte, ad nos solos et in solidum spectant, et ad predecessores nostros spectaverunt ab antiquo, tam de consuetudine quam de jure. Item, quod nos sumus, et tam nos quam predecessores nostri fuimus, in plena et pacifica possessione, per nos vel per alium seu alios, tenendi et defendendi clausuras, portas, fortalitia et barbacanas *Civitatis* predicte, aperiendi et claudendi dictas portas, claves tenendi et reparandi, quotiens opus fuerit, et alias eisdem utendi jure nostro, etc...... »

fait, il suffit de feuilleter les registres des comptes de l'administration de la municipalité pour se convaincre de l'attention scrupuleuse qu'elle apportait à cette partie de ses attributions. Deux années, prises entre autres, nous fourniront, à cet égard, des exemples topiques. En 1325-1326, de grands travaux furent exécutés aux murailles et aux portes de la ville, tels qu'on fut obligé, pour subvenir à la dépensé, de lever sur les habitants une imposition. Le mur de Port de Graule, *qui era trebuchatz*, fut rebâti ; on construisit également, à une faible distance de l'ancienne enceinte, du côté des Plantiers, une nouvelle muraille et une tour. Le portail de Taillefer, *qui era en gran perilh*, fut remis à neuf. On répara de même la porte de la Boucherie (1). En 1346-1347, il devint tellement urgent de fortifier les défenses de la ville qu'on établit une *vinade* (2) spéciale, dont le produit fut affecté à l'exécution des travaux nécessaires. Ceux-ci furent aussi nombreux qu'importants : on ferma par un mur extérieur les guichets des portes de l'Arsault, de l'Aubergerie, de la Limogeanne et de la rue Neuve. Le portail du Plantier fut recouvert de tuiles et muni d'échelles. Un échafaud, dont la charpente était supportée par deux piliers en maçonnerie, fut construit sur celui de la Limogeanne. Des échafauds furent également dressés sur les portes de Saint-Silain, de l'Aiguillerie, de Taillefer et de l'Aubergerie et sur la tour Mataguerre. La porte de l'Aiguillerie fut pourvue d'un pont-levis. Dans le quartier des Farges, on refit à neuf le mur de la ville contigu à la maison d'Hélie Garlandier, et l'on éleva des murailles, crénelées avec mâchicoulis, dans le quartier de la Boucherie. On rasa une maison, achetée à Hélie de Foschier, au faubourg de Tournepiche, et l'on fit exécuter trois espringales et un mangonneau (3), destinés à te-

---

(1) Arch. mun. de Périgueux, CC 47.

(2) Nous avons dit plus haut (p. 138) que la *vinade* était une taxe foncière établie sur les vignes. L'exécution des travaux de fortification nécessitait généralement l'impôt d'une *vinade*. Il en fut notamment ainsi en 1348 (Arch. mun. de Périgueux, CC 48) et en 1354 (v. notre première partie, p. 105).

(3) Machines de petite dimension, montées sur roues, et destinées à lancer des pierres.

nir en respect l'ennemi, dont les coureurs battaient déjà la campagne (1).

Pour la levée et le commandement de la milice commu-nale, l'article 17 du traité d'union en attribue expressément la charge à la municipalité (2), et l'arrêt de 1290 sanctionne encore cette attribution (3). Le comte de Périgord n'en fît pas moins alléguer en 1305 « qu'il avait le droit de mener et de commander l'armée de la ville ou de choisir celui qui de-vait la commander pour lui, et que chaque bourgeois était tenu de lui envoyer un homme ou sergent d'armes, toutes les fois qu'il en recevait l'ordre par la proclamation, à peine d'une amende de 65 sous et un denier (4) ». Mais l'enquête qui fut faite alors démontra la fausseté de cette prétention (5), et l'événement prouva surabondamment que le droit de convo-quer et de diriger l'ost communal appartenait, sans conteste, aux maire et consuls.

Nous connaîtrons mieux les attributions militaires et diplo-matiques de ces magistrats, quand nous aurons examiné, l'un après l'autre, les divers faits qui marquèrent, dans cet ordre d'idées, la période de l'histoire de la ville que nous avons étudiée.

Le premier dont un monument authentique ait été con-servé, est la confirmation par Hélie Rudel, seigneur de Ber-gerac, en date du 31 mai 1233, à Bergerac, d'une trêve conclue par lui et son fils avec le maire et la communauté du *Puy-Saint-Front* de Périgueux :

Ni lui ni les siens ne viendront à l'encontre de cette trêve que

---

(1) Arch. mun. de Périgueux, CC 61 : « Aysso es lo papiers en que yo P. Guerrels ay baylat a las obras de la vila, deus murs, dels portals e de las barbacanas e de las tors, del fach de la vinada. »

(2) Dans nos pièces justificatives, n° II : « Item, ad voluntatem vel disposi-tionem consulatus ibit universitatis exercitus et ducetur. »

(3) D'après le *Rec. de 1775*, p. 110 : « ... Itemque inventum est sufficienter esse probatum predictos consules esse ac fuisse in possessione ... convo-candi exercitum seu cavalcatam et eam ducendi ... »

(4) V. dans notre première partie, p. 56, les faits et articles allégués par Ar-chambaud et Boson de Périgord à l'enquête de 1305 (articles 11-13).

(5) V. *ibidem*, p. 57 et n. 4.

par mandement de la Sainte Eglise, ou s'ils accompagnent leur seigneur le roi d'Angleterre ou son sénéchal. Les biens enlevés à la
communauté en ces circonstances lui seraient restitués intégrale-
ment.

D'ailleurs, si Hélie Rudel ou ses partisans avaient à marcher contre
la ville du *Puy-Saint-Front*, ils le notifieraient au maire sept jours
avant leur arrivée. La trêve sera observée loyalement et de bonne foi
jusqu'à la fête de la Saint-Michel prochaine. Passé ce temps, Hélie
Rudel promet également, si son fils voulait faire acte d'hostilité, d'en
aviser la communauté (1).

Quatre ans plus tard, au mois de septembre 1237, un traité
d'alliance fut conclu à Excideuil (2), entre la vicomtesse de
Limoges, Ermengarde, et son fils Guy, d'une part, et, de l'autre, les maire et communauté du *Puy-Saint-Front* :

Les parties se promettent aide et secours dans toute l'étendue de
leurs domaines respectifs, sans que cela puisse, cependant, préjudicier
aux droits de la Sainte Eglise et des seigneurs suzerains, et particulièrement aux droits du comte de la Marche. Les hommes du *Puy-
Saint-Front* pourront donc traverser en toute assurance les terres de
la vicomté, sauf par eux à acquitter loyalement les droits de péage.
La vicomtesse s'engage, à toute réquisition du maire, à lui fournir un
secours effectif jusqu'à la limite d'une journée de marche hors des
frontières de son domaine. Lorsque le maire de Périgueux viendra
en armes secourir la vicomtesse, il lui sera fourni, tant à l'aller qu'au
retour, un nombre suffisant d'hommes et de chevaux pour assurer sa
marche. Le butin fait en commun sera partagé. Toute forteresse
prise sur l'ennemi sera détruite, à moins que les contractants n'en
décident autrement. Si une contestation s'élève entre les **gens de**
l'une et de l'autre partie, l'arbitrage en sera laissé à deux prud'hommes
élus de part et d'autre et qui s'assembleront entre la ville de Périgueux et le château d'Auberoche (3) (4).

---

(1) Arch. mun. de Périgueux, EE 1 Reprod. dans le *Rec. de 1775*, pp. 28-
29.

(2) Auj. ch.-l. de cant. de l'arr. de Périgueux.

(3) Auj. dans la commune du Change, canton de Savignac-les-Eglises (Dordogne). D'après de Gourgues, *Dictionnaire topographique du département de la Dordogne*, le château d'Auberoche serait un de ceux qui furent
construits par Frotarius, évêque de Périgueux, pour la défense contre les
Normands, au xe siècle.

(4) Arch. mun. de Périgueux, EE 2. Reprod. dans le *Rec. de 1775*, pp. 30-33.

Le 2 août 1241, nouveau traité où la communauté de Périgueux, nouvellement formée, figure pour la première fois. Elle conclut, sous la médiation de Pierre de Saint-Astier, évêque de Périgueux, de Jean Le Monnoyer et Nantier, sergents du roi de France et du sénéchal du Poitou et leurs baillis au diocèse de Périgueux, un arrangement avec les représentants d'Hélie Aymeri, damoiseau de Ribérac, alors prisonnier du consulat :

Ceux-ci s'engagent par serment, pour le damoiseau de Ribérac et tous les siens, à vivre en paix avec les habitants de Périgueux. En conséquence ils s'obligent à répondre de tout dommage qui, du fait d'Hélie Aymeri ou avec son consentement, surviendrait à la communauté. Si, cependant, ledit Aymeri prétendait être tout à fait étranger à ce dommage, il devrait l'affirmer publiquement devant celui qui l'aurait accompli et lui défendre énergiquement de nuire à la communauté à cause de sa capture. Hélie Aymeri sera tenu de faire de semblables déclarations et défenses devant toutes personnes, à la première réquisition des consuls (1).

Le 24 novembre 1263, à Brive, un pacte fut conclu entre les consuls de Périgueux, de Figeac, de Brive et de Sarlat, avec le consentement du sénéchal et pour une période de dix ans. Tous jurèrent sur les Saints Evangiles de défendre en commun leurs privilèges. Pour être plus assurés de vivre en paix, ils formèrent un conseil de quatre prud'hommes, à raison d'un pour chacune des villes contractantes, qui seraient leurs arbitres. Ce conseil serait renouvelé chaque année par voie d'élection (2).

Au xiv° siècle, les rois exigèrent fréquemment de la communauté l'accomplissement de ses devoirs militaires.

Louis X, par lettres en date du 16 mars 1316 (n. st.), à Bourges, après avoir longuement exposé les griefs qui le déterminaient à déclarer la guerre au comte de Flandre, manda aux maire et consuls de se trouver en armes, eux et leurs

---

(1) Arch. mun. de Périgueux, EE 3. Reprod. dans le *Rec. de 1775*, pp. 46-47.

(2) Arch. mun. de Périgueux, AA 3. Reprod. dans nos pièces justificatives, n° V.

hommes, devant la ville d'Arras, dans la quinzaine de la Pentecôte (1). En 1324, le service d'ost fut particulièrement onéreux. Des lettres du sénéchal du Périgord et du Quercy, Aymeri de Croze, en date du 24 février de cette année (n. st.), au Mont-de-Domme, avisèrent les maire et consuls que, comme le roi manquait d'hommes d'armes, ils lui envoyassent à Lauzerte (2), pour le 10 mai suivant, cent sergents *bene paratos et armis munitos* (3). A cet effet, dans une première assemblée générale tenue à l'hôtel de ville le 1ᵉʳ mars, la municipalité fut invitée à désigner ceux des habitants qui, individuellement ou par groupes de deux, trois et même davantage, suivant leurs ressources pécuniaires, auraient à fournir un sergent d'armes (4). Il semble que l'équipement des sergents rencontra quelques difficultés. On peut l'induire des lettres nouvelles, datées du jour suivant (2 mars), au Mont-de-Domme, que le sénéchal adresse au baile de Périgueux :

Les maire et consuls l'ayant informé qu'ils manquaient d'armes pour armer les sergents qu'ils devaient envoyer à Lauzerte, le sénéchal ordonne au baile de faire saisir toutes celles que l'on pourra découvrir dans la ville et de les remettre aux maire et consuls. De plus, il devra veiller à ce que l'ordonnance municipale, qui sera prise à cet égard, soit strictement observée, car cela intéresse « la personne même du roi » (5).

Le dimanche 4 mars, les habitants sont, de nouveau, convoqués pour recevoir communication de ces lettres. Un très petit nombre d'entre eux ayant comparu, la municipalité déclara les absents « rebelles » et prit défaut contre eux. Le jour suivant, les sergents royaux enjoignent aux bourgeois d'obéir aux ordres du sénéchal. Chaque groupe, dont les

----

(1) Arch. mun. de Périgueux, EE 7, pièce 1. Reprod. dans le *Rec. de 1775*, pp. 165-167.

(2) Auj. ch.-l. de cant. de l'arr. de Moissac (Tarn-et-Garonne).

(3) Dans le *Rec. de 1775*, pp. 195-196.

(4) Arch. mun. de Périgueux, EE 8. Reprod. dans le *Rec. de 1775*, pp. 196-197.

(5) Arch. mun. de Périgueux, EE 7, pièce 2. Reprod. dans le *Rec. de 1775*, pp. 198-199.

membres sont désignés nominativement, devra équiper un homme d'armes. Le mardi, nouvelle proclamation : les sergents devront être présentés par ceux qui sont chargés de les fournir, le vendredi suivant au Pré-l'Evêque. Après la présentation, nouvelles injonctions des consuls aux retardataires, et autres lettres du sénéchal prorogeant l'envoi des troupes jusqu'au dimanche 1er avril. Enfin, publication d'une ordonnance municipale : les maire et consuls invitent les sergents, *sub pena corporis et bonorum*, à s'assembler le 25 mars, munis de leurs armes et de l'argent dont ils auront besoin pour se rendre à Lauzerte ; les habitants qui n'auraient pas encore obtempéré aux ordres du roi, devront le faire incontinent ; enfin, pour prévenir les excès déjà commis, défense est faite aux sergents de sortir en armes dans la ville avant le jour de leur convocation (1).

En 1326, la communauté dut s'imposer un nouveau sacrifice. Manquant de troupes pour mener à bonne fin la guerre de Guyenne, Alfonse d'Espagne, seigneur de Lunel et lieutenant du roi en Aquitaine, demanda aux consuls de Périgueux, par lettres données le 25 août au camp de Puyguilhem (2), un contingent de soixante hommes d'armes avec l'argent nécessaire pour les payer durant vingt jours (3). La municipalité, en vue de parer à cette dépense, décida de lever une taille. Et, « comme certains clercs marchands et quelques officiers royaux » refusaient d'y contribuer, elle obtint d'Alfonse d'Espagne de nouvelles lettres, en date du 5 septembre suivant, même lieu, enjoignant au baile de Périgueux de contraindre par tous les moyens les récalcitrants au payement de la taille (4). Peu après, le voisinage des ennemis forçait les maire et consuls à mettre la ville en état de défense. Nous avons

---

(1) Arch. mun. de Périgueux, EE 8. Reprod. dans le *Rec. de 1775*, pp. 199-209.

(2) Auj. cⁿᵉ du cant. de Sigoulès, arr. de Bergerac.

(3) Arch. mun. de Périgueux, EE 9, pièce 1. Reprod. dans le *Rec. de 1775*, pp. 213-214.

(4) Arch. mun. de Périgueux, CC 6, pièce 2. Reprod. dans le *Rec. de 1775*, pp. 257-258.

vu (1) que, à cette fin, la municipalité, usant de son droit, obligea, le 15 mars 1327 (n. st.), un habitant à lui livrer sa maison et sa tour.

Cependant, le roi d'Angleterre, Edouard III, cherchait à la gagner à sa cause. Le 28 mars 1328, il écrivait aux villes de Périgueux, de Bergerac et du Mont-de-Domme :

Nous connaisons toute l'affection que vous portez à notre mère et à nous, et toute celle que vous aviez pour ses ancêtres: Conservez-la lui, ainsi qu'à nous, et faites en sorte que, dans les affaires qui pourraient nous toucher dans vos quartiers, nous reconnaissions que vous n'avez pas changé, ni à l'égard de notre mère, ni à l'égard de nous, etc.... (2).

On se rappelle que, en l'année 1345, il y eut un complot pour livrer Périgueux aux Anglais ; que ceux-ci s'avancèrent, peu après, jusque devant la ville et que, n'osant en entreprendre le siège, ils se bornèrent à ravager les environs (3). La communauté fut cruellement éprouvée par leurs déprédations. Mais, si l'on en croit des lettres de Jean, duc de Normandie et de Guyenne, au comte de Valentinois, en date du 8 octobre 1345, à Limoges, elle ne souffrit pas moins des hommes d'armes qui avaient mission de la protéger : Jean, duc de Normandie, envoyait au comte de Valentinois plusieurs requêtes que les maire et consuls de Périgueux lui avaient adressées, et le priait de se rendre en personne dans cette ville, afin de s'enquérir du bien-fondé des réclamations des habitants et d'y porter remède promptement, non seulement en approvisionnant la *Ville* et la *Cité* des « vivres, artillerie et autres choses nécessaires a la garde, tuicion, défense et conservation d'icelles », mais en dédommageant pécuniairement les habitants de leurs pertes et en leur octroyant de

---

(1) V. notre première partie, pp. 84-85.
(2) Rymer, *Fœdera* (dern. édit.), t. II, *pars* 2, p. 737.
(3) V. notre première partie, pp. 99-100.

nouveaux privilèges. Dans leurs requêtes, les maire et consuls représentaient au duc de Guyenne les

dommages et pertes de leurs biens, tant meubles comme heritages, qu'ils ont soutenus pour conserver et defendre l'onneur et droit de la couronne de France..... encontre les ennemis de ladite couronne qui, les jours nouvellement passez, vindrent chevauchier et meffaire ou païs environ et par devant ladite ville, signifians aussi plusieurs mises et despenz qu'ils se dient avoir fait du leur esdiz services, et neantmoins granz gastemens de vivres et autres leurs biens a eulx prins par les genz d'armes de cheval et de pié qui, lesdiz jours, se estoient mis en ladite ville pour la garder..... (1).

Moins de deux années après, le roi, pour récompenser la belle conduite des habitants de Périgueux, ordonna, par lettres datées du 11 mai 1347, à Montdidier, de rembourser à la ville une partie des frais qu'elle avait supportés dans la guerre contre les Anglais (2).

Les hostilités continuaient et Périgueux était constamment menacé. Jean, duc de Normandie et de Guyenne, par lettres du 24 août suivant, à Agen, enjoignit au sénéchal et au maire de faire démolir certains ouvrages de maçonnerie (*pariettos*) qui se trouvaient en dehors des murailles de la ville et pouvaient nuire à sa défense. De plus, ayant appris que plusieurs personnes demeurant à Périgueux, avaient de leurs proches parents sur le territoire ennemi, d'où il pourrait résulter de graves inconvénients, il ordonna de les expulser de la ville, n'admettant d'exception que pour les gens de Bergerac, et encore pour ceux-là seuls qui ne paraîtraient pas suspects (3).

Pendant les années qui suivirent, la couronne se préoccupa à plusieurs reprises de faciliter aux maire et consuls le recouvrement des taxes imposées pour la défense de la ville (4).

---

(1) Arch. mun. de Périgueux, EE 10, pièce 1.

(2) *Ibidem*, CC 10, pièce 2. Reprod. dans le *Rec. de 1775*, pp. 251-253.

(3) Arch. mun. de Périgueux, EE 10, pièce 2.

(4) V. notamment (*ibidem*, EE 10, pièce 3) un mandement du sénéchal Guy de Mortemart, en date du 24 février 1352 (n. st.), enjoignant aux officiers royaux de contraindre par toutes voies de rigueur un certain nombre d'habitants de Périgueux qui refusaient de contribuer au payement de la

Mais, en 1355, celle-ci était « si épuisée d'hommes et d'argent » qu'elle dut recevoir une garnison royale (1). Ce secours n'empêcha pas la *Cité* d'être surprise par l'ennemi en 1356. Il est vrai que les Anglais ne purent s'y maintenir et en furent chassés avant la fin de l'année (2).

---

taille imposée pour entourer la ville de palissades ; — et les lettres du sénéchal Arnaud d'Espagne, seigneur de Montespan, données le 14 mars 1354 (n. st.), à Périgueux, que nous avons analysées dans notre première partie (v. p. 105).

(1) V. dans notre première partie, pp. 105-106, les lettres du roi Jean à son lieutenant Jean de Clermont, en date du 26 avril 1355, à Tournai.

(2) V. *ibidem*, p. 107.

CHAPITRE IV

JUSTICES

Nous étudierons successivement la juridiction consulaire, les justices capitulaires, c'est-à-dire relevant, en partie ou pour le tout, du chapitre abbatial de Saint-Front, qui étaient au nombre de deux, la cour du pariage ou du *cellérier* et la *vigerie*, les droits judiciaires que la couronne exerçait à Périgueux, enfin ceux que le comte de Périgord possédait au *Puy-Saint-Front* et dans son domaine propre, l'enclave de la Rolphie.

§ 1. — *Justice consulaire.* — Dès le milieu du xiiᵉ siècle, la *communauté des bourgeois du Puy-Saint-Front* possédait un sceau aux contrats (1). On peut croire que les consuls, chargés d'assurer l'exécution des actes passés sous ce sceau (2), exerçaient, à cette occasion, une justice civile, encore peu importante. Pour la répression des crimes et délits, il y a grande apparence que, le *Bourg* étant encore restreint à la paroisse de Saint-Front, elle incombait à cette époque aux officiers du chapitre, propriétaire du domaine sur lequel la *Ville* s'était élevée. Cependant, celle-ci grandissait peu à peu ; le pouvoir consulaire s'y affermissait ; déjà, il devait battre en brèche la justice abbatiale et commencer à s'attribuer une juridiction pénale, qui s'exerçait, dans certains cas, jusque dans la paroisse de Saint-Front, pendant qu'il acquérait une compétence exclusive sur les nouveaux centres qui,

---

(1) V. pl. haut, p. 114, l'extrait du procès-verbal de l'enquête de 1332.

(2) D'après le *factum* de 1342 (v. sur ce point p. 152, n. 2), l'apposition de ce sceau sur toutes les lettres et contrats obligeait les parties contractantes, à peine de saisie de leurs biens.

successivement, venaient se grouper autour du noyau primitif. Nous savons, d'autre part, que, à une époque indéterminée du xiii⁰ siècle, mais, à tout le moins, antérieure à
1240, le comte de Périgord acensa à la municipalité la justice
criminelle qu'il avait au *Puy-Saint-Front* (1), moyennant une
rente annuelle de vingt livres (2). Ainsi fut constituée, peu à
peu, la justice consulaire, dont l'existence est formellement
attestée par le traité d'union de 1240 (3), et que, plus tard,
l'arrêt rendu par le Parlement en 1290, puis l'enquête de
1332, reconnurent aussi. Il convient de l'étudier en détail.

Les maire et consuls l'exercent personnellement ou par
leurs officiers. Les audiences sont publiques et se tiennent
dans l'hôtel du consulat, sis, en partie, dans la paroisse de
Saint-Silain, en partie, dans celle de Saint-Front (4). Il
ne semble pas que les maire et consuls jugeaient eux-mêmes : ils déléguaient leurs pouvoirs au *juge de la ville*. La
cour consulaire occupait en outre des notaires, des avoués et
des sergents ou *mandes* (5).

---

(1) V. notre première partie, p. 16, n. 4. Voici, d'après la transaction du 11
mars 1287 (n. st.)(v. *ibidem*, pp. 43-44) l'étendue de la justice cédée : « .... Jurisdictionem et justitiam *Ville Podii Sancti Frontonis* Petragoricensis infra
muros ipsius *Ville*, in casibus homicidii, raptus mulierum, adulterii, furtis
commissi extra dictam *Villam* infra terminos dicte *Ville*, et in cultellis et
aliis ferramentis emolutis, a quibuslibet et contra quoslibet utriusque sexus,
injurioso tractis, et in plagis cum eis injurioso factis, et in falsis libris, falsis
ponderibus, falsis marchis, falsis alnis, falsis cubitis, falsis mensuris vini, salis et olei et aliarum rerum que in dicta *Villa* venduntur in pondere et mensura, mensuris tamen et ponderibus bladorum et farinarum exceptis... » (dans
nos pièces justif., n° VI).

(2) Sur cette rente, v. pl. haut, p. 132.

(3) Art. 4, dans nos pièces justificatives, n° II.

(4) D'après le *factum* de 1342 (v. sur ce point, p. 152, n. 2). La *maison de
ville* occupait l'emplacement de la halle actuelle. Une vue de ce monument à
la date de 1646 a été reproduite en tête de l'Inventaire des archives municipales.

(5) Arch. mun. de Périgueux, FF 4, pièce 1. La municipalité employait
aussi des procureurs (v. le texte de l'enquête de 1332 dans le *Rec. de 1775*,
p. 218). Le *procurator villarum Podii Sancti Frontonis et Civitatis* est
cité dans un acte du 23 janvier 1314 (n. st.), dont la copie se trouve à la
Bibliothèque nationale, *Coll. Périgord* (d'après les arch. mun. de Périgueux),
t. XXVII, p. 403.

Le ressort en était fort étendu. D'après les articles produits pour la ville devant le Parlement de Paris, e n 1342 (1), les maire et consuls avaient tous droits de justice d ans dix-sept paroisses de la ville et banlieue, à savoir : Saint-Etienne de la *Cité* (2), Saint-Jean (3), Sainte-Eulalie (4), Saint-Pierre-ès-Liens (5), Saint-Eumache (6), Saint-Gervais (7), le Toulon (8), Saint-Martin (9), Boulazac (10), Saint-Georges (11), Saint-Laurent-sur-Manoire (12), Saint-Hilaire (13), Saint-Silain (14), et dans une portion seulement de celles de Trélissac (15), Bassillac (16), Atur (17) et Coulounieix (18). Les habitants des paroisses de Saint-Front et de Champcevinel (19) étaient aussi, sous la réserve de certains cas, soumis à leur juridiction (20).

La justice consulaire fut imposée à la *Cité* par le traité d'union (21). Cette ville en fut si humiliée qu'elle essaya à maintes

---

(1) Arch. mun. de Périgueux, FF 52 (v. p. 152, n. 2).

(2) (3) (4) (5) (6) (7) Anc. paroisses de la *Cité*.

(8) Autrefois par. Champcevinel, auj. c⁰ˢ Périgueux.

(9) Anc. par. dépendant de la *Ville*, aujourd'hui comprise dans Péri-gueux.

(10) Cant. Saint-Pierre-de-Chignac.

(11) Anc. par. dépendant de la *Ville*, auj. comprise dans Périgueux.

(12) Cant. Saint-Pierre-de-Chignac.

(13) Anc. par. de la Cité.

(14) Anc. par. de la *Ville*. Ils n'avaient pas compétence exclusive dans la paroisse de Saint-Silain. V. plus loin (p. 173), ce que nous disons du *vigior*.

(15) Cant. Périgueux.

(16) (17) Cant. Saint-Pierre-de-Chignac.

(18) (19) Cant. Périgueux.

(20) D'après le *factum* de 1342 (v. note 1). Cf. aussi Arch. mun. de Péri-gueux, FF 1, les limites de la juridiction consulaire en 1322. Elles concordent à peu près avec celles que nous donnons dans notre texte. Cf. aussi *ibidem*, FF 2, le procès-verbal d'une enquête, faite en 1333 par les soins du baile de Périgueux, sur les bornes de la justice communale dans les paroisses de Coulounieix, Atur et Trélissac.

(21) D'après l'article 7 de cet instrument : « Item, cum *Civitas* sit libera et nullius juridictioni subjecta qui vindictam in ea exerceat in furtis, homicidiis, verberibus, falsis mensuris seu aliis injuriis et dampnis et debitis, statutum est quod rectores consulatus plenam habeant juridictionem cognoscendi de omni-bus causis in *Civitate* et in nova clausura, et infligendi penas vel puniendi reos

reprises de soulever un joug qui lui demeurait odieux. C'est ainsi que, en 1283, les deux consuls de la *Cité* ne voulurent plus se croire liés par le traité de 1240, renouvelé, comme l'on sait, en 1269. Il avait été convenu, lors de cette dernière confirmation, que la maison commune serait toujours au *Puy-Saint-Front* et que les consuls y jugeraient les litiges, survenus entre *bourgeois* et *citoyens*, dont la connaissance leur appartenait. Les deux consuls de la *Cité* refusèrent d'aller traiter ces affaires au consulat. Ce fut en vain : le roi ne tarda pas à condamner leur prétention (1). Les *citoyens* durent se soumettre, mais n'y a-t-il pas encore dans l'*Etat* de leurs *libertés et franchises*, qui appartient, selon toute vraisemblance, aux premières années du xiv° siècle (2), comme un amer regret de leur indépendance passée (3) ?

---

secundum quod viderint expedire, exceptis causis feodalibus que, ratione feodorum, coram ipsorum feodorum dominis tractabuntur. Si vero contigerit, aliquem ab aliquo spoliari, vel de possessione, sine auctoritate sui judicis, deici vel expelli, a rectoribus consulatus restituetur possessio spoliato, et spolians ad arbitrium consulatus punietur » (dans nos pièces justificatives, n° II).

(1) V. notre première partie, pp. 41-42.

(2) Arch. mun. de Périgueux, AA 4. Reprod. dans le *Rec. de 1775*, pp. 92-95. Cet *Etat* n'est pas daté ; mais l'écriture, d'une part, et, de l'autre, la qualification de « roi de France et de Navarre » donnée au roi, permettent de l'attribuer aux dernières années du xiii° ou au commencement du xiv° siècle.

(3) « ..... Item, quod gentes et habitatores *Civitatis* et parrochiarum Sanctorum Stephani et Joannis Baptiste Petragoricensium et suburbiorum suorum litigant et litigare consueverunt in consulatu predicto, bis in septimana dumtaxat, videlicet die martis et die jovis, et aliis diebus non litigant nec litigare consueverunt in curia ipsius consulatus. — Item, quod consules *Civitatis* debent vocari in audiendis causis et determinandis et sententiis ferendis inter gentes et habitatores ipsius *Civitatis* et suburbiorum suorum et parrochiarum predictarum ; ac etiam si ipsi habitatores litigent cum aliis personis in curia consulatus predicti, et ibidem debent esse presentes, si adesse voluerint. — Item, quod, cum contigit judicari in consulatu, in aliqua causa seu in casu criminali, quod aliquis, propter forefactum commissum in juridictione *Civitatis* et *Ville* predictarum, condempnetur pena capitali vel mutilatione membri, vel alia pena sanguinis seu fustigationis per *Villam* predictam, consules *Civitatis* debent vocari ad judicium in talibus faciendum, et esse presentes, si ad hoc esse velint..... ». Il paraît bien que cet *Etat* énumère plutôt des prétentions que des droits acquis.

La cour consulaire, avait, au civil, une compétence dont un document, qui a été heureusement conservé, permet de mesurer l'étendue. C'est un plumitif des audiences de la cour consulaire pendant l'année 1328-1329 (1) qui fournit, avec l'énumération des affaires inscrites au rôle, les plus précieux renseignements sur cette fonction de la justice communale.

Dans les limites de la circonscription que nous avons décrite, et sous la réserve des causes féodales dont la connaissance, d'après l'article 7 du traité d'union, lui échappait (2), il semble que le *juge de la ville* avait seul autorité pour prononcer en matière civile, sur les questions nées dans les ville et banlieue, hors la paroisse de Saint-Front. Nous verrons plus loin que, sur ce dernier territoire, dans le principe, domaine abbatial, un officier capitulaire, le *cellérier*, partageait avec la cour consulaire la connaissance des affaires civiles. Aussi bien nous doutons qu'il y ait jamais eu, dans la paroisse de Saint-Front, des bornes exactement fixées entre ces deux juridictions. Cette indécision même favorisait les empiétements et perpétuait les conflits (3).

Parmi les affaires qui, dans cet ordre, sont le plus fréquemment évoquées devant le *juge de la ville*, il faut compter celles

(1) Arch. mun. de Périgueux, FF 203 et 204.

(2) « ..... Exceptis causis feodalibus, que, ratione feodorum, coram ipsorum feodorum dominis tractabuntur.... ».

(3) Citons, entre autres, un exemple de ces conflits. Il nous est fourni par un acte de la cour du sénéchal du Périgord, en date du 7 décembre 1353 (Arch. mun. de Périgueux, FF 55). Sur requête de Marguerite de Lafaye, veuve de Gaucelin de Chaumont, le procureur du Roi, remplissant les fonctions de lieutenant du sénéchal, ayant cité les parents de la fille dudit Chaumont pour lui constituer une tutelle, le maire de Périgueux, Lambert Boniface, damoiseau, et Léger Bernard, procureur de la cour du pariage existant entre le comte de Périgord et le chapitre de Saint-Front (la cour du *cellérier*), protestent, chacun d'eux prétendant avoir seul à connaître en l'affaire : le maire de Périgueux, parce que les questions de tutelle et de curatelle, dans toute l'étendue de la juridiction consulaire, relèvent uniquement, d'après lui, des maire et consuls ; le procureur du pariage, parce que Marguerite de Lafaye, sa fille et leurs parents habitent sur la paroisse de Saint-Front. Après discussion, le procureur du Roi ayant cru devoir passer outre, les protestataires en appellent aussitôt « viva voce » par devant le Roi et sa cour de Parlement.

qui concernent les minorités et les interdictions. Institué par le droit, qui est ici d'inspiration toute romaine, protecteur des mineurs et autres *minus habentes*, c'est à lui qu'il appartient de nommer les tuteurs des mineurs (1), d'autoriser, s'il y a lieu, la vente des biens de ces derniers (2), de veiller à la reddition et au règlement des comptes de tutelles (3). Il pourvoit de curateurs les interdits (4) et il y a toute apparence que c'est lui qui prononce l'interdiction. Il appose et lève les scellés, toutes les fois que le droit le demande ou qu'il en est justement requis (5), connaît des actions en reprise de dot et de douaire (6), des poursuites pour dilapidation de fortune (7), des actions pour non payement de dettes (8), des poursuites en réparation de dommages (9), des procès de bornage (10), des contestations relatives à des rentes (11), à la propriété d'objets mobiliers (12), à l'exécution des ventes de marchandises (13); c'est lui qui fait vendre à l'encan les gages saisis à la requête des créanciers (14) et qui vérifie si les gages saisis l'ont été valablement (15). Il remplit aussi un office de conciliation : il désigne des arbitres pour régler les différends (16) et tâche, en multipliant les *asseurements*, de prévenir des excès entre parties adverses (17).

---

(1) Arch. mun. de Périgueux, FF 203.

(2) *Ibidem*, FF 204.

(3) (4) (5) *Ibidem*, FF 203.

(6) (7) *Ibidem*, FF 204.

(8) (9) *Ibidem*, FF 203.

(10) *Ibidem*, FF 204.

(11) *Ibidem*, FF 203.

(12) *Ibidem*, FF 204.

(13) (14) (15) (16) *Ibidem*, FF 203.

(17) Le registre des archives municipales de Périgueux coté FF 203 renferme de nombreux exemples de ces *asseurements en justice* qui, par des engagements réciproques, avaient pour but de prévenir des excès entre parties adverses. Voici le texte d'un de ces *asseurements* : « G. Rossent et Ahelis, ejus soror, assecuraverunt pro se et suis, medio juramento, Mariam, uxorem magistri Johannis Lenluminador, suos et sua, juxta usus curie, jus faciendo et recipiendo ; et, vice versa, dicta Maria assecuravit dictum Geraldum Rossent et dictam Ahelis, ejus sororem, suos et sua, juxta usus curie, jus faciendo et recipiendo. »

Nous avons dit que la justice consulaire possédait un sceau aux contrats, dont l'apposition sur tous actes obligeait les parties contractantes, à peine de saisie de leurs biens. Ce sceau avait force exécutoire, même dans l'étendue de la paroisse de Saint-Front (1). Le traité d'union en atteste formellement l'existence : ce sceau, naguère spécial au *Bourg*, fut, lors de la fusion des deux villes, imposé à la *Cité* et devint ainsi celui de la communauté (2). L'arrêt rendu par le Parlement en 1290 (3), puis, plus tard, l'enquête de 1332 (4), le consacrèrent successivement.

Venons maintenant à la compétence de la cour consulaire en matière pénale. Mais il importe, pour la discerner plus clairement, de considérer séparément le *Puy-Saint-Front*, d'une part, et, de l'autre, la *Cité* et les autres paroisses des ville et banlieue. Sur ce dernier territoire, les maire et consuls, ou, pour eux, le *juge de la ville*, exerçaient de plein droit les haute, moyenne et basse justice : à la *Cité*, depuis la constitution de la communauté ; dans les autres paroisses, depuis leur annexion à cette dernière. Il n'en était pas tout à fait de même au *Puy-Saint-Front*. On se rappelle que, au commencement du xiiie siècle, le comte de Périgord y déte-

---

(1) D'après le *factum* de 1342 (v. sur ce point p. 152, n. 2.)

(2) D'après l'article 15 du traité d'union : « Item, universitas unico et eo sigillo utetur quo, hujus compositionis tempore, consulatus et communia Ville Podii Sancti Frontonis Petragoricensis utebatur, cum omni plenitudine consuetudinis et juris qua ille utebatur » (dans nos pièces justificatives, n° II).

(3) « ... Itemque inventum est sufficienter esse probatum predictos consules esse ac fuisse in possessione .... sigillo sigillandi contractus .... » (dans le *Rec. de 1775*, p. 110).

(4) L'enquête de 1332 constate, à la fois, la compétence civile — elle reconnaît aussi sa compétence en matière criminelle, mais n'anticipons pas — de la cour consulaire, et l'existence de deux sceaux, l'un pour les contrats, l'autre pour les procès, possédés par elle : « .... Major et consules et eorum predecessores habent et habuerunt *ab antiquo* cognitionem .... omnium causarum, tam civilium quam criminalium, in *Villa* Petragoricensi et *Civitate* et ejus pertinentiis et in parrochia Sancti Frontonis, juxta arresta regia super hoc lata ...., curiam, judicem, scriptores papirum, servientes, procuratores, sigillum ad contractus, sigillum ad causas, etc.... » (dans le *Rec. de 1775*, p. 218).

nait *infra muros* l'exercice de la presque totalité de la justice criminelle, exactement « la faculté de connaître de l'homicide, du rapt de femmes, de l'adultère, du vol commis hors de la *Ville*, mais sur son territoire, des blessures faites à main armée, des fausses balances, des fausses marques, des faux poids, des fausses aunes, des fausses coudées, des fausses mesures de vin, sel, huile et autres choses fongibles (1), à l'exception des mesures du blé et de la farine » (2). Ces droits furent, avant l'année 1240, acensés par lui à la municipalité, qui se trouva ainsi être seule en possession de punir les crimes commis dans toute l'étendue de la communauté. Par contre, elle n'avait pas au *Puy-Saint-Front* l'exercice exclusif de la basse justice. En effet, le *vigier* du chapitre, comme nous le verrons plus loin, avait, dans les paroisses de Saint-Front et de Saint-Silain, la connaissance de la plupart des affaires que l'on appellerait aujourd'hui correctionnelles (3). Il semble même qu'il y était, dans cet ordre, la juridiction ordinaire : l'arrêt rendu par le Parlement en 1290 restreint, sur le territoire précité, la compétence de la cour consulaire « au châtiment des fabricants de mauvaises étoffes et autres artisans pris en défaut, sauf les vendeurs de chairs ladres dans les vieilles boucheries de la paroisse de Saint-Front » (4).

Telle était, en matière pénale, l'étendue de la justice consulaire. On peut dire que, sous la réserve des cas qui ressor-

---

(1) « ... Falsis mensuris .... et aliarum rerum que in dicta *Villa* venduntur in pondere et mensura .... » (dans nos pièces justif., n° VI).

(2) V. p. 167, n. 1.

(3) V. pl. loin, § 2 (*Justices capitulaires*), B. L'enquête de 1332 laisse pourtant entendre que les maire et consuls ont dans la *Ville* et même dans la paroisse de Saint-Front la connaissance de tous les délits (v. p. 172, n. 4). Mais la juridiction du *vigier*, dont cet acte semble faire abstraction, a pour elle, comme on le verra, des monuments authentiques d'une incontestable autorité. V. d'ailleurs la note suivante.

(4) « .... Itemque inventum est suflicienter esse probatum predictos consules esse ac fuisse in possessione .... puniendi facientes pravos pannos (le *Rec. de 1775* reproduit par erreur *parvos panos* !) et alios ministeriales in suo officio delinquentes, exceptis venditoribus carnium leprosarum in dicta parrochia, in macellis antiquis dicte ecclesie .... » (dans le *Rec. de 1775*, p. 110).

tissaient au *vigier*, elle connaissait, en première instance, de toutes les causes délictueuses de la ville et de sa banlieue. Disons toutefois que les cas royaux étaient soustraits à sa compétence (1) et que les gens du comte, au contraire des officiers du roi (2), étaient jugés, s'ils commettaient sur le territoire de la communauté quelque crime ou délit, par une juridiction spéciale (3).

Aussi bien nous avons sur la justice consulaire en matière criminelle un document curieux : ce sont les comptes de gestion de Pierre Desmons, que nous avons déjà utilisés d'autre part, et qui sont comme un rôle de la cour pendant l'année 1318-1319. Ils nous apprennent ainsi quelles affaires revenaient le plus souvent devant elle (4).

Il semble, d'après cette statistique, que la foi conjugale était, au xive siècle, médiocrement gardée à Périgueux : pendant un an, nous ne relevons pas moins de quatre condamnations pour adultère avéré. Nous citons :

[Receptum] a Johanna de Giraudo, deprehensa in adulterio cum quodam presbitero, die mercurii post festum Beati Vincentii, quadraginta octo solidi. — A quadam muliere, in adulterio deprehensa, die lune carnisprevii, quadraginta octo solidi. — A quadam muliere, cum serviente episcopi deprehensa, quadraginta octo solidi. — Ab Helie de Verat et dicta la Fayola uxoratis, in adulterio deprehensis, quatuor libro sexdecim solidi turon.

Le crime d'adultère était donc puni d'une amende de 48 sous qui, d'ordinaire, ne frappait que la femme coupable. Le complice n'y était soumis que s'il était lui-même marié.

Mais la délation, encouragée par une prime en argent, ne dégénérait-elle pas trop souvent en calomnie ? Les trois exemples suivants porteraient à le croire :

[Receptum] a quadam muliere, inventa cum Matheo in quadam domo, non tamen in actu Veneris, quia adulterium non fuit sufficien-

<hr>

(1) V. pl. loin, § 3 (*Justice royale*).
(2) V. pl. loin, *ibidem*.
(3) V. pl. loin, § 4 (*Justice comtale*).
(4) V. dans le *Rec. de 1775*, pp. 174-176, *Partes emolumenti jurisdictionis curie consulatus Petragoricensis*. Sur la gestion de Pierre Desmons, v. notre première partie, p. 73.

*tes probatum, sexdecim solidi turon. — A Petro de Podioregno ju-
niore, invento solo cum quadam muliere uxorata que fugit, quia
adulterium non fuit plene probatum, gratis dedit curie viginti quatuor solidos turon. — A Gileta, que fuit inventa cum quodam homine, non in actu Veneris, sed comedendo soli ad mensam in quadam
domo, quia prudentes curie dicebant quod non debebat, curie dedit
gratis triginta duos solidos turon.*

Les actes de violence étaient fréquents aussi :

*[Receptum] a Guillelmo Servientis, quia percusserat Johannem
Textoris super caput usque ad effusionem sanguinis, pro emenda,
octo solidi turon. — A quodam paupere joculatore (1), quia evagina-
vit gladium contra quemdam. hominem, duo solidi quatuor denarii
turon.*

Quant aux fraudes commerciales, on n'a que l'embarras du
choix :

*[Receptum] ab uxore dicti Alamiat, quia vendiderat vinum ad men-
suram non legalem, pro emenda, sexdecim solidi turon. — A Petro
Chamberii, pro eo quod tenebat falsam mensuram ad mensurandum
bladum, que fuit combusta, triginta duo solidi turon. — A quodam
homine extraneo, qui duxit ad villam vinum venale in duobus barillis,
quia inventum est quod ipse posuerat aquam in dicto vino, amisit
vinum per judicium dictecurie, et fuit datum [vinum] Fratribus Pre-
dicatoribus ; solvit, pro emenda, octo solidos turon.*

Les injures aux agents du consulat étaient sévèrement ré-
primées :

*[Receptum] a quodam homine, pro injuriis quibusdam factis Per-
roto, servienti consulatus, octo solidi turon. — A Girardo de Trolio
qui, in curia, sedente judice pro tribunali, dixit quasdam injurias
magistro Helie de Vernila, octo solidi turon.*

Il en était de même des infractions aux règlements de police :

*[Receptum] a dicta Clara, quare, post preconisationem publice
factam ut meretrices publice accederent, de carteria de Talhafer,*

---

(1) Sentinelle, celui qui fait le guet.

*certa die a curia indicta, non exivit, octo solidi turon. — A dicta
Bernarda, paupere meretrice, quia non fecit idem, quatuor solidi
turon.*

Disons, enfin, que les habitants étaient responsables des dégâts commis par des animaux leur appartenant. Mais il arrivait souvent que le propriétaire d'une bête coupable demeurait inconnu : celle-ci était alors saisie et vendue au profit
de la ville. On peut l'induire de l'exemple suivant :

*Pro quodam porco verrato, qui vulneravit quemdam puerum,
vendito et subhastato, quare non fuit inventus aliquis qui avocaret
dictum porcum, sexdecim solidi turon.*

Les agents de la justice consulaire procédaient eux-mêmes
à l'exécution de ses sentences (1). La cour communale avait
sa prison, attenante, selon toute vraisemblance, à l'hôtel du
consulat, peut-être logée dans une tour (2). Il y avait, en outre,
à la *Cité*, une fosse, où l'on gardait jusqu'au matin les malfaiteurs qui avaient été arrêtés nuitamment dans cette partie de
la ville (3). Dès que les portes s'ouvraient, les consuls de la
Cité étaient tenus de conduire ou de faire conduire ces malfaiteurs au consulat, dans la prison commune, sous peine
d'amende (4). La municipalité possédait un pilori (5), des
fourches patibulaires (6), qui se dressaient sur le coteau

---

(1) D'après le procès-verbal de l'enquête de 1332 : « .... Major et consules
et eorum predecessores habent et habuerunt ab antiquo.. exequtionem omnium
causarum, tam civilium quam criminalium, in *Villa* Petragoricensi et *Civitate*
et in parrochia Sancti-Frontonis, juxta arresta regia super hoc lata...... »
(dans le *Rec. de 1775*, p. 218).

(2) V. *ibidem* : « ...... Major et consules etc..... habent et habuerunt
ab antiquo...... carceres, turrim, prisionem..... » (*loc. cit.*).

(3) V. le *Rec. de 1775*, p. 223. Chaque soir, en effet, le *Puy-Saint-Front*
et la *Cité* fermaient leurs portes respectives (v. art. 12 du traité d'union, dans
nos pièces justificatives, n° II). Il était donc impossible que les malfaiteurs
arrêtés nuitamment à la *Cité* pussent être conduits sur le champ à la prison
consulaire du *Puy-Saint-Front*.

(4) V. le *Rec. de 1775*, pp. 88-91 et 222-225. V. notre première partie,
p. 42.

(5) (6) D'après le *factum* de 1342 (v. sur ce point, p. 152, n. 2).

d'Ecornebœuf (1), et d'autres instruments de torture (*alia vasa interfectionis*) (2). Il ne semble pas, en effet, que la procédure en usage ait été fort clémente ; les supplices étaient abondants et variés. « Les criminels étaient, par l'ordre des maire et consuls, questionnés, liés, étirés, mutilés ou fouettés, selon l'exigence de la justice, condamnés à être pendus, noyés, enterrés vivants ou brûlés vifs. Ces exécutions avaient lieu dans la paroisse de Saint-Front aussi bien que sur les autres points de la ville » (3). Nous verrons plus loin que le supplice des condamnés à mort pour homicide était soumis à des règles particulières : la composition du 11 mars 1287 (n. st.), arrêtée entre le comte de Périgord et les maire et consuls, imposa à la municipalité « l'obligation de présenter à la cour du comte les condamnés à mort pour homicide, afin que l'exécution en fût faite immédiatement par les soins de ce dernier, en présence du maire, des consuls et de leurs gens, du comte ou de son prévôt et de ses gens, avec cette clause que, si le comte cherchait à différer le supplice, les consuls auraient le droit d'y faire procéder eux-mêmes » (4).

Les arrêts de la cour consulaire étaient portés en appel devant le sénéchal du Périgord, et, de ce siège, au Parlement de Paris (5). Le comte de Périgord n'en déclara pas moins en 1353 « que les appels de la cour du consulat devaient être portés en première instance devant lui ou son juge d'appeaux, quand bien même ils auraient été faits au roi ou à son sénéchal » (6). Mais nous n'avons aucune preuve qu'une prétention, aussi injustifiée que peu compatible avec l'intérêt de la couronne, ait été jamais suivie d'effet (7).

---

(1) D'après les comptes de gestion de Pierre Desmons « ...... Pro homine qui fuit suspensus ad furchas d'*Escornabiau* .... » (dans le *Rec. de 1775*, p. 177).

(2) D'après le *factum* de 1342.

(3) V. *ibidem*. — V. aussi le procès-verbal de l'enquête de 1332, dans le *Rec. de 1775*, p. 218.

(4) V. notre première partie, pp. 43-44.

(5) C'était le droit commun. Le comte de Périgord y fait allusion dans le traité du 7 juillet 1353 (v. dans le texte).

(6) (7) V. notre première partie, p. 104. Par la transaction du 11 mars 1287 (n. st.) (v. dans le texte et n. 4), le comte Archambaud III avait déjà obtenu

§ 2. — *Justices capitulaires.* — A. — *La juridiction du pariage ou cour du cellérier.* — On se rappelle que, au mois de février 1246 (n. st.), l'évêque-abbé et le chapitre (1) de Saint-Front, désireux de se concilier la faveur royale, après avoir fait remarquer que leur église a toujours été très dévouée à la couronne, déclarèrent que, dans le dessein de donner plus de facilité au roi pour protéger leurs personnes et leurs biens et conserver la paix dans le diocèse, ils lui concédaient ainsi qu'à ses hoirs, à perpétuité, la moitié de la *justice temporelle qu'ils avaient dans la Ville*, etc (2). Saint Louis, par des lettres datées du mois de novembre 1246, à Pontoise, accepta la cession de cette moitié de juridiction (3), qui constitua un pariage entre le roi et le chapitre de Saint-Front, jusqu'au moment où, en suite d'une convention passée en l'année 1341 entre la couronne et le comte de Périgord, celui-ci fut mis en possession de la part du roi et, de la sorte, substitué à lui (4). Cette basse justice, dont l'exercice était délégué à un agent du chapitre nommé le *cellérier* (5), était, sans doute, un

---

que « si, dans quelque cas relevant de la justice criminelle (accensée par lui à la communauté), il y avait appel d'une sentence des consuls à la cour du comte, l'affaire serait tranchée, en dernier ressort, par le comte et quatre prud'hommes de la *Ville* », cette clause n'étant, d'ailleurs, applicable à la *Cité*. Mais, en 1353, il s'agissait de tout autre chose : le comte réclamait la connaissance de tout appel d'un arrêt consulaire, « pour quelque cause que ce pût être, alors même qu'on appellerait au roi ou à son sénéchal ». Nous avons dit plus haut (v. notre première partie, p. 105 et n. 2) qu'il n'était pas à notre connaissance qu'aucun appel d'une sentence de la justice communale eût été porté devant le comte en conséquence du traité de 1353, — non plus, au reste, qu'en suite de la transaction de 1287.

(1) Il semble que les chanoines de Saint-Front furent tout d'abord des chanoines réguliers. Ils furent sécularisés à une époque que nous ne saurions préciser, mais qui est antérieure à 1246 (v. les déclarations du procureur du roi dans l'enquête de 1332, dont le procès-verbal est conservé aux archives municipales de Périgueux, sous la cote FF 38).

(2) (3) V. notre première partie, p. 24.

(4) V. *ibidem*, pp. 94-95.

(5) On dit aussi le *célérier* (*cellerarius* ou *celerarius*). Le *cellérier* était prêtre et, comme tel, « avait en même temps le soin des âmes » (v. les déclarations du procureur du roi en 1332, citées à la note 1). Nous ignorons l'origine du nom de cette magistrature qui, au sens où nous l'entendons, ne se retrouve, à notre connaissance, nulle part ailleurs qu'à Périgueux.

vestige de la seigneurie que les chanoines, avant l'émancipation des *bourgeois*, possédaient sur le *Puy-Saint-Front*. Cette origine explique que la *Cité* (1), les paroisses de la *Ville* autres que celle de Saint-Front, celles des faubourgs et de la banlieue (2), n'y furent jamais soumises.

Il semble, si l'on en croit l'arrêt rendu par le Parlement en 1290, que la cour du *cellérier* fût, déjà à cette époque, considérée comme fort ancienne :

.... De même, il fut démontré être suffisamment prouvé que lesdits abbé et chapitre ont eu, dans ladite paroisse (3), leur cour avant le pariage dont il s'agit (4), depuis si longtemps que la mémoire du contraire n'a pas subsisté, et la possédaient au temps dudit pariage ; et, depuis l'époque de cet acte, cette cour a toujours existé, et l'église de Saint-Front et notre père (5), au temps de la contestation soulevée dans la cause susdite, la possédaient et la tenaient solidairement, en commun et par indivis ; ils eurent ainsi, depuis ce pariage, cette cour appelée cour du *cellérier*, et aussi leurs sergents jurés nommés *mandes*, qui mandaient et ajournaient à haute voix (*ad clamorem*) tous hommes de la *Ville* ; et ceux qui étaient ainsi ajournés plaidaient devant cette cour ; et il fut suffisamment prouvé que la juridiction temporelle, pour ce qui est des causes *civiles* des hommes de ladite *Ville*, nous appartient conjointement avec l'église susdite sur le territoire de cette paroisse..... (6).

La cour du pariage était donc une justice purement civile, dont le ressort consistait dans la paroisse de Saint-Front.

---

(1) D'après l'*Etat des libertés et franchises des habitants de la Cité :* « ...... Item quod dicti habitatores *Civitatis*, suburbiorum ac parrochiarum non habent comparare nec litigare in curiis... *cellerarii*... Petragoricensis.... » (dans le *Rec. de 1775*, p. 94). Sur cet *Etat*, v. pl. haut, p. 169, n. 2 et 3.

(2) V. la citation de l'*Etat*, etc., transcrite dans la note 3 de la p. 169 et les articles produits pour la ville en 1342 devant le Parlement de Paris (v. p. 152, n. 2). L'arrêt du Parlement de 1290 (v. dans le texte) est plus probant encore.

(3) La paroisse de Saint-Front.

(4) Le pariage de 1246.

(5) C'est le roi qui parle.

(6) Reprod. dans le *Rec. de 1775*, p. 109.

Dans les limites de ce territoire, et sous la réserve des droits, des autres juridictions (1), le *cellérier* connaissait donc des procès intéressant l'état des personnes et des biens ; il percevait, en outre, les lods et ventes (2), les gageries, les produits du marché, du péage, du poids du blé et de la farine, les revenus provenant de la vente des terrains à bâtir, appartenant au chapitre, tous émoluments qui, après avoir été la propriété exclusive de ce dernier, furent compris par lui dans le pariage de 1246 (3). Il y faut joindre le bénéfice du sceau dont le *cellérier* revêtait les actes translatifs de propriété passés dans la paroisse, qui étaient assujettis à cette formalité (4). Ce sceau fut, d'abord, le sceau particulier du chapitre ; mais, vers l'année, 1290, un sceau commun fut créé (5) qui, désormais, dut servir

---

(1) V. notamment ce que nous avons dit de la justice consulaire en matière civile. Le procès-verbal de l'enquête de 1332 reconnaît qu'elle s'étendait même à la paroisse de Saint-Front (v. pl. haut p. 172, n. 4). Mais c'est là matière fort obscure et qui, peut-être, n'a jamais été claire. Les conflits de juridiction entre le consulat et le chapitre étaient très fréquents (v. pl. haut, p. 170).

(2) L'arrêt du Parlement de 1290, dont on trouvera une analyse développée dans notre première partie, pp. 45-46, nous apprend que, « lorsque, dans l'étendue de la paroisse de Saint-Front, une maison, une aire ou un emplacement étaient obligés, hypothéqués, accensés, vendus ou autrement aliénés, les contractants se rendaient devant l'église, où l'aliénateur se dévestissait et investissait l'acquéreur, dans les mains du chapitre, agissant et recevant les lods et ventes pour le roi (et lui-même). Le droit levé à cette occasion par la justice du pariage était de 1 denier par sol sur la valeur des maisons et emplacements à bâtir pour lesquels il y avait mutation de propriété, et de 1 obole par sol sur les actes constitutifs d'hypothèque ». (Cf. Arch. mun. de Périgueux, FF 56, l'extrait d'une délibération d'un conseil de ville tenu le 8 janvier 1373 (n. st.), reconnaissant l'existence de ce droit que la justice du pariage voulait étendre aux mutations de biens mobiliers.)

(3) La couronne paraît avoir conservé sa part dans l'émolument de ces droits, à l'exception des ventes pour lesquelles elle l'attribua au comte de Périgord (v. pp. 131-132).

(4) Nous avons dit plus haut (p. 172) que la cour consulaire possédait également un sceau aux contrats qui avait force exécutoire même dans la paroisse de Saint-Front.

(5) V. notre première partie, p. 48.

seul, à peine de nullité (1). Nous avons vu que la justice du pariage avait des sergents assermentés, appelés *mandes*, qui citaient les parties à comparaître devant la cour (2). Pour les appels de la juridiction du *cellérier*, il fut décidé, en 1302, qu'ils ne pouvaient être portés devant le chapitre, mais au sénéchal, et de ce siège au Parlement (3).

Les revenus du pariage étaient répartis par tiers entre les deux propriétaires de la charge et le juge qui en avait l'exercice (4). Aussi bien il ne semble pas qu'ils fussent fort élevés. A la fin du xiiie siècle, les maire et consuls évaluaient que cette justice, qu'ils qualifiaient de *vilis et pedanea*, rapportait annuellement au roi et au chapitre quinze livres de monnaie périgourdine (5). En 1342, ils faisaient valoir que,

---

(1) D'après un statut concernant l'administration de la justice dans la sénéchaussée du Périgord et du Quercy et la taxe des frais de procédure, en date du 31 décembre 1302, à Périgueux, établi par Jean Ducis, chantre de Rouen, et Jean du Plantier, chevalier, « inquisitores ad partes senescallie Petragoricensis et Caturcensis pro reformatione patrie destinati » (Arch. mun. de Périgueux, FF 6) : « .... Les actes de vente d'immeubles dans l'étendue de la paroisse de Saint-Front, qui donnent lieu, pour le roi et pour le chapitre, à un droit de lods et ventes, seront scellés du sceau du pariage et non de celui du chapitre, comme cela s'est pratiqué abusivement jusqu'ici. Les actes de vente scellés du sceau du chapitre seraient entachés de nullité et leurs auteurs payeraient au roi une amende de 60 sous tournois. Mais, par cette décision, les susdits enquêteurs n'entendent pas qu'il soit dérogé en rien au sceau du chapitre, pour toutes causes qui ne concernent pas le pariage de ladite justice temporelle ... ». La part revenant au roi dans les émoluments du sceau commun fut comprise dans la cession faite au comte de Périgord de la moitié de la justice du pariage (v. notre première partie, pp. 94-95).

(2) V. p. 179, l'extrait de l'arrêt rendu par le Parlement en 1290. Ces sergents avaient des insignes particuliers : ils portaient des bâtons peints (d'après le procès-verbal de l'enquête de 1332, Arch. mun. de Périgueux, FF 38).

(3) Le chapitre prétendait, cependant, connaître en appel des arrêts du *cellérier*, mais le statut de 1302 (v. n. 1) condamna formellement cette prétention et établit que l'appel se ferait suivant le mode indiqué. Cf. dans le même sens des lettres du baile de Périgueux, en date du 3 octobre 1290, à Sarlat (dans notre première partie, p. 47).

(4) D'après un mandement du roi Philippe de Valois au sénéchal du Périgord, en date du 19 janvier 1330 (n. st.), à Paris (v. notre première partie, p. 67, n. 2).

(5) V. *ibidem*, p. 48.

« la paroisse entière de Saint-Front ne comptant que
1500 feux (1), et ses habitants étant, pour la moitié ou même
les trois quarts, des clercs, des prêtres, des monnayeurs et autres personnes privilégiées qui, même dans les causes civiles,
refusent de se soumettre à la juridiction de la cour commune », la part revenant au roi dans les émoluments de
cette justice était, au plus, de 100 sous ou six livres tournois,
y compris certains revenus accessoires qu'on a coutume d'affermer (2). Il n'est donc pas étonnant que le *cellérier*, probablement à l'instigation du chapitre, ait, à plusieurs reprises,
cherché à grossir, au détriment des justices consulaire et
même royale (3), des émoluments aussi restreints. Mais, chaque fois, les officiers de la couronne, quelque indulgents
qu'ils dussent être pour les abus d'une juridiction dont le
souverain possédait la moitié, réprimèrent ces tentatives illicites (4).

---

(1) Cette intéressante et rare donnée (on sait, en effet, combien les documents
du moyen âge sont pauvres de renseignements démographiques) permet d'éva-
luer la population de la paroisse de Saint-Front à la date indiquée (1342), à 4,500
âmes, si l'on compte 3 âmes par feu. Cette estimation paraît vraisemblable.

(2) D'après les articles produits pour la ville en 1342 devant le Parlement
de Paris (Arch. mun. de Périgueux, FF 52).

(3) V. la note suivante et, pl. loin, § 3 (*Justice royale*). Cf. aux archives
municipales de Périgueux, sous la cote FF 40, pièce 1, le texte d'une assignation donnée, le 23 janvier 1314 (n. st.), par le procureur de la ville à Guillaume de Morlin, juge de la cour du pariage. Ledit de Morlin, au mépris des
droits de la communauté, s'était récemment permis d'avoir une prison, où il
détenait des particuliers dont la connaissance ne lui appartenait pas, préle-
vait sur eux 5 sous pour l'arrêt et, d'autre part, commettait au préjudice du
consulat « quamplures excessus, violentias et injurias ». Le mercredi après la
fête de saint Vincent, le procureur de la ville, accompagné d'un notaire et de
plusieurs témoins, se présenta en la cour du pariage, « sedente pro tribunali
et causas publice audiente Guillelmo *de Merli* », et, là, provoqua et appela à
haute voix ledit de Morlin à comparaître devant le roi ou son sénéchal pour
répondre de ses abus de juridiction.

(4) Citons notamment les lettres du bailo de Périgueux, en date du 3 octobre 1290, à Sarlat, analysées dans notre première partie, p. 47. En outre,
lors de l'établissement du statut de 1302 (v. p. 181, n. 1), il fut reconnu que
le *cellérier* s'était fait faire un sceau particulier, dont il tirait des émolu-

B. — *La vigerie.* — La seconde justice capitulaire était la *vigerie.* Un magistrat nommé *vigier* (en latin *vicarius,* puis, plus tard *vigerius*) l'exerçait au nom du chapitre. C'était une juridiction d'importance médiocre, dont la compétence paraît avoir été, à beaucoup·d'égards, analogue à celle des juges de paix actuels. L'arrêt rendu par le Parlement en 1290 dans le procès pendant alors devant lui entre la municipalité et le chapitre de Saint-Front (1), mentionne pour la première fois le *vigier* et détermine exactement la nature de ses droits :

.... De même, il fut démontré être suffisamment prouvé que dans la susdite *Ville* (2) avait accoutumé d'être un *vigier*, qui tenait en fief du chapitre (3) la *vigerie* ; il y connaissait des causes criminelles au nom du chapitre, à l'exception de certains cas qui sont dits appartenir au comte, à savoir les fausses aunes, les fauses mesures, le rapt de femme, le flagrant délit d'adultère, les coups et meurtres accomplis à armes émoulues (4) ; il y possédait habituellement un pilori et une prison où il plaçait les délinquants, et il ne paraît pas que lesdits consuls aient le droit d'exercer une juridiction, tant civile que criminelle, dans la paroisse susdite, au préjudice du *vigier*.... (5).

A la compétence, ainsi définie, qu'il possédait dans les deux paroisses de Saint-Front et de Saint-Silain (6), le *vigier* joignait le privilège de percevoir, sur le territoire de cette dernière paroisse, l'impôt prélevé sur les ventes des fonds

---

ments au préjudice du roi et de ses justiciables ; aussi défense lui fut-elle faite « d'employer désormais d'autre sceau que celui du pariage ; s'il se servait de son sceau particulier pour certaines pièces de procédure, il ne devait en recevoir aucun bénéfice ».

(1) V. notre première partie, pp. 45-46.

(2) C'est-à-dire au *Puy-Saint-Front.*

(3) Le chapitre de Saint-Front.

(4) Ces cas étaient compris dans la justice criminelle dont l'exercice avait été accensé par le comte de Périgord à la municipalité.

(5) Reproduit dans le *Rec. de 1775,* pp. 109-110. Cet arrêt fait évidemment la part trop belle au *vigier.* V. plus haut, ce que nous avons dit de la justice consulaire et de la cour du *cellérier.*

(6) V. le *Rec. de 1775,* p. 114. La paroisse de Saint-Silain, autre paroisse de la *Ville,* contiguë à celle de Saint-Front.

dont le chapitre de Saint-Front avait conservé la directe (1).

Nonobstant ces diverses attributions, il ne paraît pas que les revenus de la *vigerie* aient jamais été fort abondants. Un acte du 19 janvier 1330 (n. st.) nous apprend qu'ils étaient à peu près les mêmes que ceux de la cour du *cellérier* (2). Or, ces derniers étaient estimés à la fin du xiii⁰ siècle environ quinze livres de monnaie périgourdine par an (3). Aussi, à l'exemple du *cellérier* (4), et, d'ailleurs, sans plus de succès que lui, le *vigier* cherchait-il à étendre les limites de sa compétence, au détriment des juridictions rivales, les justices royale (5) et consulaire (6).

Aussi haut que nous pouvons remonter, nous voyons la *vigerie* exercée héréditairement par les membres de la même famille, qui portait le nom même de la charge à laquelle elle était préposée (7). Les *Vigier* la tenaient en fief du chapitre

---

(1) V. le *Rec. de 1775*, pp. 113-115. Nous avons dit plus haut que, dans l'étendue de la paroisse de Saint-Front, les ventes étaient perçues par le *cellérier*.

(2) V. notre première partie, p. 67, n. 2.

(3) V. pl. haut, p. 181.

(4) V. *ibidem*, p. 182.

(5) V. pl. loin, § 3 (*Justice royale*).

(6) V. notre première partie, p. 52.

(7) Ce fait était commun dans toute la France. Cf. là-dessus Rabanis, *Administration municipale et institutions judiciaires de Bordeaux pendant le Moyen âge*, fragment inédit publié dans la *Revue de droit français et étranger*, t. VII, 1861, pp. 461 et suivantes : « Le titre de *prévôt*, plus usité dans le Nord, et ceux de *viguier*, *béguey* et *bayle*, communs dans le Midi, sont devenus des noms propres. A Périgueux, à Bergerac, à Angoulême, à Poitiers et même à Marennes, villes qui étaient administrées comme Bordeaux, nous trouvons des familles investies héréditairement de la viguerie, et auxquelles le nom en est resté. La maison des Prévôt, de Bergerac, propriétaire jusque dans les temps modernes de l'ancien hôtel de la prévôté, est surtout connue par les deux branches de Sanssac et de Traversay, qui s'en sont détachées ; *la maison des Vigier, de Périgueux, l'une des plus nobles de la province, avait, de toute antiquité, la viguerie du Puy-Saint-Front : elle a aussi donné naissance à deux familles nobles du Périgord, les seigneurs de Javerlhac et de Siorac.* Autre similitude : dans chacune de ces trois villes, Bordeaux, Périgueux, Angoulême, se rencontre une famille qui n'a pas d'autre

de Saint-Front. Un acte du 2 décembre 1313 (1) constate que Hélie Vigier et ses ancêtres l'ont toujours possédée à ce titre « avec hommage, serment de fidélité et acapte de huit florins d'or à muance de *vigier* » (2). Cette dernière redevance, destinée, sans doute, à marquer et à rendre imprescriptible la suzeraineté du chapitre, était, d'ailleurs, le seul avantage que les chanoines tiraient de la *vigerie :* les profits appartenaient au *vigier* (3).

Quelque médiocre que fût son importance, cette cour n'en excitait pas moins l'envie de la couronne et celle de la municipalité. En effet, par l'acquisition de la *vigerie*, les maire et consuls auraient étendu la compétence de leur cour, qui, par une singulière anomalie, connaissait, sur toute l'étendue de la communauté, de la plupart des cas de haute justice criminelle, et voyait, dans les limites des paroisses de Saint-Front et de Saint-Silain, noyau primitif de l'*université*, lui échapper presque complètement la juridiction pénale inférieure.

---

nom patronymique que celui de la cité. Il y avait à Périgueux l'hôtel-noble et la maison de Périgueux, comme il y avait à Bordeaux l'hôtel-noble et la maison de Bordeaux, de même qu'à Angoulême, une maison qui ne s'est éteinte que de nos jours, avait gardé le nom de la cité. L'origine de ces familles n'a été, jusqu'à ce moment, ni recherchée ni aperçue, et, néanmoins, il était facile de conjecturer qu'elles étaient les branches cadettes des maisons auxquelles la viguerie ou la bégueyrie avaient appartenu. Ces branches, en effet, lorsque les noms propres ou les surnoms héréditaires devinrent d'un usage indispensable, adoptèrent naturellement, pour qualification distinctive, le nom de la cité dont le gouvernement appartenait à leurs aînés. Ainsi, au XIII° siècle, nous voyons plusieurs frères du nom de Périgueux faire des transactions avec les comtes. À Bordeaux, comme à Périgueux et à Angoulême, la branche aînée garda le nom de l'emploi, et s'appela Prévôt, Vigier ou Béguey ; la branche cadette se désigna par le nom de la cité. » Nous ne saurions, en ce qui concerne, du moins, les allégations relatives à l'origine de la maison dite *de Périgueux*, prendre à notre compte les assertions de Rabanis, qui ne sont appuyées par aucune preuve.

(1) V. notre première partie, pp. 66-67.

(2) Dans un acte du 14 avril 1304, il est dit que l'acapte, fixé à dix florins d'or, se payait au contraire à chaque changement d'abbé. V. le *Rec. de 1775*, p. 115, et notre première partie, pp. 52-53.

(3) V. notre première partie, p. 67, n. 2.

On sait, d'autre part, que le pouvoir royal cherchait en tous
lieux à absorber les petites justices restées indépendantes.
La famille Vigier n'ignorait pas, sans doute, ces dispositions
et l'on peut croire qu'elle y vit l'occasion de conclure des
marchés avantageux. Aussi négocia-t-elle avec la municipalité, puis avec la couronne, la cession de la *vigerie* (1). Mais il
ne paraît pas que ces ventes aient jamais été exécutées : les
Vigier conservèrent l'exercice de leur juridiction.

§ 3. — *Justice royale.* — Outre la moitié de la cour du pariage,
qu'elle posséda, ainsi que nous l'avons vu, pendant environ
cent ans, la couronne avait à Périgueux une justice de première instance et une juridiction d'appel. L'une et l'autre sont,
d'ailleurs, mal connues, car les documents éclairent fort in-
suffisamment cette matière, qui risque de demeurer toujours obscure. Encore est-il vrai que les rares données qu'ils
fournissent ne peuvent être que relatives. On sait, en effet, que
la compétence des cours royales fut éminemment varia-
ble : étendue jusqu'à l'usurpation sous un monarque puissant,
elle se restreignait sous un souverain plus faible contre les
empiétements des petites juridictions locales. Quoi qu'il en
soit, nous tenterons, par l'examen des attributions des officiers
royaux, de délimiter approximativement le ressort des deux
justices exercées par eux dans la ville au nom de la couronne.

Le représentant permanent du roi, le dépositaire régional
de ses droits judiciaires était le sénéchal du Périgord et du
Quercy. Le sénéchal ne résidait pas à Périgueux d'une façon
permanente et, même, il n'y eut jamais que des agents subalternes. Il semble qu'il ait surtout séjourné à Cahors et au
Mont-de-Domme (2), d'où sont datés la plupart des actes
émanés de la sénéchaussée que nous avons étudiés. Mais il
tenait dans la ville de fréquentes assises : il rendait la justice
dans l'hôtel du consulat, mais « par sol emprunté et avec

____

(1) V. notre première partie, pp. 52-53 et 66-68.
(2) Auj. Domme, ch.-lieu de cant. de l'arr. de Sarlat.

l'autorisation des consuls » (1). Les membres de la communauté, qui avaient à comparaître devant lui, avaient le droit formel de n'être cités qu'à ces assises. Ce privilège est constaté dans des lettres royales en date du 3 juillet 1336, à Paris (2).

En première instance, le sénéchal connaissait des causes qui, tant au civil qu'au criminel, *ratione personae vel materiae*, relevaient directement du roi. Les cas royaux ne furent jamais exactement fixés : c'étaient, d'une manière générale, les procès qui, eu égard à la qualité des parties ou à l'importance des intérêts en jeu, paraissaient comporter une juridiction spéciale et, par là, appartenir à la couronne. Aussi bien cette dernière n'eut garde de les définir jamais, et les cas royaux reçurent, avec le temps, tant d'extension que la justice royale finit par absorber toutes les autres juridictions. Parmi les affaires ressortissant en première instance à la sénéchaussée, mentionnons le jugement des forains ou étrangers à la communauté, que les juges du pariage et de la *vigerie*, en ce qui concernait, du moins, la paroisse de Saint-Front, tentèrent à plusieurs reprises, mais en vain, de s'approprier (3), et la connaissance

---

(1) V. les déclarations du procureur de la ville dans l'enquête de 1332 (Arch. mun. de Périgueux, FF 38). Sur cette enquête, v. notre première partie, pp. 85-86.

(2) V. Arch. mun. de Périgueux, FF 10, pièce 7 : « A l'instigation du procureur du roi, le sénéchal du Périgord appelle journellement en justice les habitants de Périgueux en dehors de leur ville, à Cahors, au Mont-de-Domme ou ailleurs. Faisant droit aux réclamations des maire et consuls, le roi enjoint au sénéchal de se conformer aux ordonnances royales, qui prescrivent que les habitants des *Ville, Cité* et banlieue de Périgueux, ne peuvent être cités qu'aux assises tenues pour le roi dans leur ville. »

(3) V. aux archives municipales de Périgueux, sous la cote FF 9, pièce 2, le *vidimus* d'un acte du sénéchal, du vendredi avant la fête de saint André, l'an 1326, portant défense aux juges du pariage et de la *vigerie* de Périgueux d'obliger les forains ou étrangers, à raison des contrats interdits dans l'étendue de la paroisse de Saint-Front, à comparaître devant eux. La connaissance desdits forains appartient au sénéchal. Ces défenses étant encore ouvertement violées, en 1342, le sénéchal, sur la requête du procureur du roi, les renouvelle et enjoint au baile et à l'exécuteur royal de Périgueux de veiller à ce qu'elles soient strictement observées. — L'attribution au sénéchal des causes des forains comportait cependant, semble-t-il, quelques restrictions (v. pl. loin, même §).

des abus de juridiction que l'enchevêtrement des ressorts rendait autrefois si fréquents (1). Il semble que le sénéchal se réservait la décision des procès les plus importants et abandonnait à ses subordonnés le soin de trancher ceux qui présentaient un moindre intérêt.

En appel, le sénéchal connaissait des jugements rendus par la cour consulaire, les juridictions du *cellérier* (2) et du *vigier*, et des arrêts émanés de ses propres agents. Il ne prononçait point lui-même en dernier ressort : ses sentences pouvaient être réformées par le Parlement de Paris, qui décidait souverainement. Des lettres royales, en date du 9 mai 1322, à Paris, règlent la procédure à suivre pour ces appels au Parlement (3).

En outre, le sénéchal rendait, dans les limites de ses attributions, des ordonnances exécutoires à Périgueux comme sur toutes les terres des vassaux de la couronne comprises dans la sénéchaussée. Citons notamment une ordonnance fort curieuse du sénéchal Jean d'Arrablay, en date du 7 mars 1304 (n. st.), au Mont-de-Domme, concernant le port des armes (4).

Dans l'administration de la justice, le sénéchal était assisté de nombreux officiers, dont les principaux étaient son lieu-

---

. (1) V., à cet égard, les lettres du baile de Périgueux, en date du 3 octobre 1290, à Sarlat, analysées dans notre première partie, p. 47 ; la n. 3 de la p. 182, et la n. précédente.

. (2) Sur les appels des arrêts du *cellérier*, v. pl. haut, p. 181 et n. 3.

(3) V. Arch. mun. de Périgueux, FF 9, pièce 3 : « Afin d'obvier aux nombreux abus résultant de la jurisprudence observée jusque là pour les appels, le roi ordonne que l'appelant aura, pour se pourvoir au Parlement contre le juge royal qui l'aura condamné ou la partie adverse, un délai de trois mois. Passé ce temps, la sentence du juge recevra son exécution. Bien plus, si, après avoir sollicité et obtenu un ajournement, l'appelant n'en usait pas, ou se désistait de son appel, ou même faisait défaut, il serait, de ce chef, obligé de payer une amende applicable aux droits du fisc. »

(4) Arch. mun. de Périgueux, EE 5. Reprod. dans nos pièces justificatives, n° VII. Le sénéchal connaissait, en outre, de toutes les contestations qui pouvaient s'élever « occasione creacionis majoris [ville] aut status dicti loci ». V. notre première partie, p. 42, et le *Rec. de 1775*, p. 84.

tenant et le juge-mage (1). A côté du sénéchal et nommé directement par le roi, le procureur royal était le défenseur des droits judiciaires de la couronne (2). Aucun de ces magistrats ne résidait à Périgueux : comme le sénéchal, ils y venaient seulement à époques fixes ou quand leur présence y devenait nécessaire. Au-dessous d'eux, tout un personnel, le baile (*bajulus*) (3) et son avoué (4), le prévôt royal, les notaires, les exécuteurs royaux, les sergents royaux (5), l'exécuteur du sceau (6), était au contraire fixé dans la ville. Notons que, encore qu'ils fussent gens du roi, ils n'y étaient point couverts de l'immunité, et que la juridiction consulaire connaissait de leurs crimes ou délits commis en dehors de leurs fonctions (7).

Toute cette hiérarchie était étroitement surveillée par le pouvoir central qui réprimait les usurpations illicites, corrigeait les abus de pouvoir, effets ordinaires d'un excès de zèle. C'était tantôt une défense au sénéchal « d'admettre à ses assises les causes des étrangers relevant de la juridiction consulaire » (8), tantôt un règlement sévère applicable aux sergents royaux (9). Des enquêteurs étaient envoyés de Paris,

---

(1) Arch. mun. de Périgueux, *passim*.

(2) Le procureur royal est mentionné dans un acte de 1308 (v. notre première partie, p. 60), dans des lettres royales de l'année 1321 (*ibidem*, pp. 81-82), et dans un arrêt du Parlement du mois de décembre 1340 (*ibidem*, p. 92).

(3) Arch. mun. de Périgueux, *passim*.

(4) V. dans notre première partie, p. 47, l'analyse de lettres en date du 3 octobre 1290, adressées par le baile de Périgueux à son avoué dans cette ville.

(5) Arch. mun. de Périgueux, *passim*.

(6) V. pl. loin, p. 190.

(7) V. Arch. mun. de Périgueux, FF 10, pièce 4.

(8) Arch. mun. de Périgueux, FF 10, pièce 4 (en 1336).

(9) Par lettres du 26 juin 1336, à Paris, le roi enjoint au sénéchal de faire observer dans toute l'étendue de la juridiction des consuls de Périgueux, les règlements concernant les sergents royaux. Ces règlements portaient, entre autres prescriptions, que, sur les terres des vassaux de la couronne, lesdits sergents ne pourraient exercer les fonctions de leur charge que dans les cas relevant du roi, et encore sur l'ordre du sénéchal, du baile ou du prévôt. S'ils résident sur lesdites terres, ce n'est qu'avec l'agrément du seigneur qui pourra connaître de leurs excès et les punir (Arch. mun. de Périgueux, FF 10, pièce 5. Reprod. dans le *Rec. de 1775*, pp. 232-235).

qui s'informaient des excès commis par les officiers du roi et recueillaient les plaintes des habitants. Souvent même ils élaboraient des statuts minutieux qui témoignent du souci qu'avait la couronne de la bonne administration de la justice. Le statut du 31 décembre 1302, où les plus petits détails sont réglés avec exactitude, est un modèle du genre. Il est intéressant de l'analyser :

Cette année-là, Jean Ducis, chantre de Rouen, et Jean du Plantier, chevalier, *inquisitores ad partes senescalie Petragoricensis et Caturcensis pro reformatione patrie destinati*, se rendirent à Périgueux. Après s'être enquis des excès commis par les officiers et sergents du roi dans la sénéchaussée, et après avoir pris l'avis des principaux habitants, ces commissaires établirent les règlements et statuts qui devaient être observés par la suite. Nous n'indiquerons que les plus importants :

Le baile et les sergents du roi ne pourront procéder. à une arrestation, tant à Périgueux que dans les autres juridictions particulières, que dans les cas relevant directement du roi ; même alors, ils ne pourront extorquer des prévenus aucune finance. — Les sergents seront gens de bonne réputation et ne pourront être plus de seize ; ceux qui habitent Périgueux y auront des immeubles, participeront aux charges communales dans la mesure de leurs moyens, ainsi que les autres particuliers. — Les greffiers seront payés pour la confection d'un acte original « à raison de 10 sous par coudée (*pro brachiata seu tesa scripturo principalis in rotulo*); s'il s'agit d'une expédition, ils ne recevront que 7 sous. Leur écriture sera serrée, les lignes très rapprochées et de même longueur. Les rôles auront une palme de largeur ou davantage. Les contrevenants seront punis d'une amende par le sénéchal. — Les amendes payées dans les délais voulus ne donneront droit pour le baile, l'exécuteur du sceau et les sergents à aucune redevance; pour celles qui n'auraient pas été payées pendant l'assise qui suivra celle de la condamnation, ils pourront exiger du débiteur 12 deniers. — Pour les défauts, le baile de Périgueux recevra des gens de roture, 7 sous et 6 deniers ; d'un écuyer, 15 sous ; d'un chevalier, 30 sous; d'un comte ou d'un prélat, 6 livres ; d'un baron ou d'une communauté, 60 sous. — Toute négligence, de la part du baile ou de ses agents, dans la restitution des gages, après le payement de la dette, sera punie d'une amende de 60 sous. — Les citations seront faites à domicile ; nul ne pourra être cité dans une église ni dans un lieu public, hormis pour cause criminelle. — Pour écarter tout soupçon de fraude dans la procédure, les actes du sénéchal seront scellés du sceau du sénéchal ou de son lieutenant. Le droit du sceau pour chaque acte sera seulement de 1 denier. — Le sénéchal ne pourra créer de notaires qu'après le décès d'un ou de plusieurs d'entre eux ; il devra s'enquérir sévèrement de l'honorabilité, de la science et de l'âge du postulant, lequel, une fois nommé, pourra toujours être révoqué par le roi. — La finance du sceau sera de 50 sous, etc..... (1).

Cette surveillance incessante, cette règlementation minutieuse forçaient les officiers royaux à la stricte observation de leur devoir, d'autant plus que, s'ils venaient à y manquer au préjudice des juridictions voisines, ces dernières ne se faisaient pas faute de protester bruyamment. Nous n'en voulons pour preuve que le fait suivant. A Périgueux, le sénéchal s'était toujours servi, mais avec l'aveu de la municipalité dont il devait solliciter l'autorisation, chaque fois qu'il voulait en user, des prisons et des fourches patibulaires du consulat (2). Il semble que, en l'année 1314, il voulut disposer de la prison communale, sans en demander la permission aux maire et consuls. La municipalité, forte de ses droits, ne l'entendit pas ainsi : le 28 avril, elle fit constater officiellement par le juge-mage que les prisons de la ville étaient à elle seule et que les officiers royaux ne pouvaient s'en servir qu'avec son autorisation. « Hélie de Paris, lieutenant du maire, permit au juge-mage d'y enfermer un malfaiteur, mais à la condition que cet officier remettrait la clef des prisons à la première réquisition des consuls, et que les droits de la communauté n'en recevraient aucun préjudice » (3).

---

(1) Arch. mun. de Périgueux, FF 6. La fin du statut est relative à la juridiction du pariage. Nous l'avons analysée ailleurs (v. p. 181, n. 1).

(2) V. les déclarations du procureur de la ville dans l'enquête de 1332 (Arch. mun. de Périgueux, FF 38). Sur cette enquête, v. notre première partie, pp. 85-86.

(3) Arch. mun. de Périgueux, FF 7, pièce 3. Reprod. dans le *Rec. de 1775*, pp. 162-165. Le même fait se reproduisit quatre ans plus tard. Le 22 février 1317 (n. st.), le lieutenant du sénéchal ayant, sans doute, prétendu disposer sans autorisation de la prison consulaire, la municipalité contraignit cet officier à

§ 4. —*Justice comtale.* — Nous ne rappellerons ici que pour mémoire que le comte de Périgord fut mis, postérieurement à l'année 1341, en possession de la part du roi dans la justice du pariage de Saint-Front. Nous n'avons à reparler non plus de la juridiction criminelle sur le *Bourg* qu'il accensa à la communauté au commencement du xiii⁰ siècle (1). Nous nous bornerons à l'étude de la magistrature qui lui appartenait à Périgueux, de toute ancienneté, semble-t-il, et sans partage, et que nous pouvons appeler *prévôtale*, du nom de l'officier, le prévôt, à qui il en avait délégué l'exercice.

Il ne paraît pas que les comtes vinssent souvent à Périgueux, où ils avaient, pourtant, leur château de la Rolphie (2), dont l'enceinte, enclavée dans la ville, tout auprès de l'église Saint-Etienne de la Cité, était territoire comtal. Il y a grande apparence que, ennemis héréditaires des franchises de la communauté, ils avaient peu d'agrément et trouvaient, peut-être, peu de sécurité à résider dans leur donjon. Ils se faisaient donc représenter à Périgueux par leur prévôt, qui, lui, demeurait au *Puy-Saint-Front*, dans une maison qui appartenait aux comtes (3). Cet officier, assisté de sergents (4),

---

reconnaître formellement que la prison lui était prêtée bénévolement par les consuls (v. notre première partie, p. 68, et le *Rec. de 1775*, pp. 231-232). — Rappelons, à ce propos, que, plus anciennement, en 1282, le sénéchal, ayant voulu, sans autorisation, semble-t-il, tenir ses assises dans la maison du consulat, il en fut empêché et se vit contraint, le 24 septembre de cette année, de déclarer qu'il n'en avait pas le droit, non plus que celui d'user de la prison de la ville sans l'aveu de la municipalité (v. notre première partie, p. 41, et le *Rec. de 1775*, pp. 229-230).

(1) V. pl. haut, *passim.*

(2) Bâti par le comte Boson au temps de l'épiscopat de Raimond de Marouil (1149, aJ. 1144-1158), d'après le *Fragment sur les évêques de Périgueux*, cité dans notre première partie (chap. I, § 1). Il n'en subsiste aujourd'hui aucun vestige.

(3) D'après la composition du 11 mars 1287 (n. st.) : « ... Ad portam aule [comitis] que est in dicta *Villa* ... » (dans nos pièces justificatives, n° VI).

(4) V. Arch. mun. de Périgueux, FF 182, la copie d'un acte de l'année 1320, par lequel le comte se plaint au roi de France que les consuls de Périgueux prétendent avoir le droit d'imposer ses sergents, comme le reste de la

percevait les redevances qui revenaient aux comtes (1) et exerçait, en leur nom, les pouvoirs judiciaires que nous allons énumérer.

Il connaissait tout d'abord, de concert avec la cour consulaire, des crimes et délits commis à Périgueux par les gens de la suite du comte. La transaction arrêtée le 11 mars 1287 (n.st.) entre ce dernier et la municipalité le constate formellement (2). La compétence du prévôt comtal (3) s'étendait naturellement aux hommes et choses du domaine que les comtes possédaient à Périgueux, c'est-à-dire du territoire de la Rolphie. C'est ainsi que, en 1333, cet officier protesta contre l'enlèvement d'un cadavre qu'on avait découvert dans les fossés

---

population, pour les besoins de la communauté, tandis que, de temps immémorial, ses prédécesseurs et lui avaient, à l'en croire, créé au *Puy-Saint-Front* des sergents exempts de queste et de taille. Nous ne savons quelle suite fut donnée à cette plainte.

(1) V. Arch. mun. de Périgueux, FF 1, un acte établissant les limites de la juridiction consulaire en 1322 : « ... Le comte s'est réservé, tant à Périgueux que dans l'étendue de la juridiction des consuls, le droit de péage et plusieurs autres devoirs qu'il lève ou fait lever par son prévôt ... » Le prévôt devait percevoir, en outre, les arrérages de la rente annuelle que la communauté payait au comte (v. pl. haut, *passim*).

(2) Dans nos pièces justificatives, n° VI : « ...Hoc salvo quod, si aliquis de familia nostra — c'est le comte qui parle — levans et cubans et equitans nobiscum continue, in dicta *Villa* vel extra usque ad dictos terminos, in aliquo casuum predictorum — c'est-à-dire quelqu'un des cas relevant de la haute justice criminelle que nous avons énumérés p. 167, n. 1 — forefecerit, nos vel prepositus noster et curia consulatus communiter debemus, de illo forefacto, infra dictam *Villam* et non alibi, cognoscere et judicare et judicium exequtioni mandare ; et emolumentum, quod inde proveniet de bonis ipsorum infra dictos terminos inventis, erit commune inter nos et curiam consulatus, etc... » On trouve aux archives municipales de Périgueux, sous la cote FF 79, la relation, d'ailleurs incomplète, de poursuites intentées et jugées, en 1325, par les maire et consuls conjointement avec le prévôt du comte contre Hélie Vigier, chevalier, *vigier* de Périgueux, et quatre damoiseaux, se disant tous cinq « familiares et de hospitio domini comitis et equitantes continue cum eo », pour avoir attaqué à main armée une patrouille dirigée par des *bourgeois* de Périgueux et blessé à mort deux d'entre eux.

(3) Il faut entendre ici sa compétence urbaine, qui, seule, nous intéresse. Car il semble bien que la juridiction du prévôt comtal de Périgueux s'étendait, en outre, à certaines parties du comté voisines de la ville.

du château et que le *juge de la ville* avait fait transporter au
consulat. « Sous prétexte que ce cadavre avait été trouvé sur
le domaine du comte, ledit prévôt prétendait avoir seul le
droit d'en connaître (1). »

En outre, la composition précitée chargea le prévôt de procéder, de concert avec la municipalité, à l'exécution des
sentences capitales prononcées, pour homicide, par la cour
consulaire. Cette clause est assez intéressante pour qu'il ne
soit pas inutile de la reproduire ici. C'est le comte qui parle :

.... Sous la réserve que, ceux ou celles qui auront été condamnés
à mort par la cour du consulat, mais seulement pour homicide et non
pour autre crime, cette même cour est tenue de nous les faire amener,
présenter et livrer liés, par ses sergents, à nous et à nos hoirs ou à
notre prévôt, à la porte de notre cour qui est dans ladite *Ville*
(2), de façon que les condamnés ne pénètrent pas dans cette
cour, non plus que dans aucune autre maison. A la requête des
sergents faite, de la part des consuls, à nous ou à notre prévôt,
nous ou notre prévôt avec nos gens, et lesdits consuls ensemble avec nous ou notre prévôt et avec les sergents de la cour
du consulat et tous ceux de ladite *Ville* qui voudront les accompagner,
nous sommes tenus de mettre à exécution, sur le champ et sans retard, le jugement et la condamnation prononcés par ladite cour, et de
tirer des condamnés cette justice de mort, à laquelle ils ont été condamnés par la cour du consulat. Que si nous ou notre prévôt ou nos
hoirs ne voulions faire aussitôt l'exécution susdite, de concert avec les
consuls et leurs sergents, les consuls avec les sergents et leurs
gens la feront seuls et pourront y procéder de plein droit. Les immeubles desdits condamnés à mort et le mobilier qui les garnit qui ne sera
d'or ni argent, restent et reviennent et doivent rester et revenir à
perpétuité, suivant l'ancienne coutume de la *Ville*, saufs, quittes et libres, aux hoirs de ces condamnés, c'est-à-dire à ceux qui leur auraient
succédé, selon les us et coutumes de la *Ville*, si ces condamnés
étaient décédés intestat de leur mort naturelle. Quant aux biens
meubles (3), c'est à savoir ceux qui seront et seront trouvés dans la

---

(1) Arch. mun. de Périgueux, FF 26, pièce 1.

(2) Nous savons que, par *Ville*, il faut entendre la communauté moins la *Cité*.
Rappelons, à ce propos, que les comtes de Périgord ne prétendirent jamais
aucun droit sur cette dernière.

(3) Il faut évidemment suppléer ici « tant en or qu'en argent ». **V.** quelques
lignes plus haut.

Ville, les bourgs (1) et en deçà des bornes de la *Ville*, nous avons et devons avoir, nous et nos hoirs les comtes de Périgord, la moitié, et la cour du consulat, au nom de la communauté, l'autre moitié, sous la déduction des charges, de telle sorte que, sur ces biens meubles, les veuves des condamnés seront d'abord payées de leur douaire, puis remboursés les créanciers et autres plaignants ; et, si les victimes de ces condamnés à mort laissent veuves ou enfants dans le besoin, la cour du consulat doit, sur sa propre moitié des biens meubles, leur donner une portion congrue, ainsi qu'il lui semblera convenable.... (2).

Telle était, à Périgueux, l'étendue de la justice comtale. Maintes fois, comme nous avons pu le voir au cours de cette étude, les comtes cherchèrent à l'accroître : il ne semble pas qu'un succès durable ait jamais récompensé leurs entreprises.

---

(1) C'est-à-dire les paroisses rurales de la communauté, énumérées pl. haut, p. 168.

(2) Dans nos pièces justificatives, n° VI.

PIÈCES JUSTIFICATIVES

I

S. l. [Périgueux]. 1217, 8 avril.

Composition faite par l'évêque de Périgueux, Raoul de Lastours, entre
les habitants de la Cité et ceux du Puy-Saint-Front de Périgueux.

Arch. mun. de Périgueux, AA 31, original scellé (1).

Ramnulfus, Dei gratia Petragoricensis episcopus, universis, tam presentibus quam futuris, has litteras inspecturis, salutem in Domino. Noveritis
quod, cum controversia inter Civitatem et Podïum Sancti Frontonis Petragoricensis super multis articulis verteretur, in nos compromiserunt, datis
nobis consiliariis, ex parte Civitatis, H. Canonico et R. de Arena, milite, ex
parte vero Podii, W. Alberti et B. Blanquet, burgensibus, jure jurando
firmantes quod, quicquid de consilio istorum statueremus, inviolabiliter
observarent. Nos vero, de consilio istorum, et cum prudentibus viris ha-
bita deliberatione, statuimus quod omnes querele, quas habebant vel habere poterant adinvicem, sive in generali, sive in speciali, retroactis temporibus, penitus remitterentur, salvis dominiis et hereditatibus dominorum,
et juramentis a burgensibus Podii Sancti Frontonis domino regi Francorum
factis, et juramentis a civibus Petragoricensibus dominis terrarum factis.
Precipimus etiam ut nullus pignoretur, nisi proprius debitor vel fidejussor.
Item, si aliquis interfecerit vel vulneraverit aliquem, vel aliquid furatus
vel depredatus fuerit in altera villarum, non recipiatur in alia, salva im-
munitate ecclesie, ita tamen quod, si confugerit ad ecclesiam, nullus, contra detrimentum ville in qua deliquit, presumat prestare assensum vel
consensum delinquenti. Item, cum aliquis de altera villarum venerit ad
aliam, sit ibi securus tanquam esset de villa; et, si necesse fuerit, preste-
tur sibi conductus securus, in eundo et redeundo, donec fuerit reversus in

---

(1) Au bas de cette charte originale furent appendus quatre sceaux : ceux
de l'évêque, des églises Saint-Etienne et Saint-Front et de la commune du
Puy-Saint-Front. Il ne reste plus que les attaches en cuir de trois d'entre
eux.

villam suam ; et, si forte aliquis captus fuerit inter duas villas, eundo vel redeundo, ab utraque villa, pro posse, bona fide, requiratur. De victualia et alia necessaria utrique ville deferentibus, idem statuimus quod sint in eundo et redeundo securi, nisi sint fidejussores vel debitores, et si ab aliquo depredentur, ab utraque villa, bona fide, requiratur. Item, cum aliqua dubietas, sive ex debito, sive ex alia re, propter negationem alicujus orta fuerit, pro querela illa aliquis non pignoretur ; sed, ad arbitrium quatuor, negans respondeat conquerenti, et infra viginti dies negationis questio sopiatur ; et si negans quietus fuerit sive conquerens, questionem injuste movisse, ad arbitrium quatuor, pena pecuniaria puniatur. Intelligimus etiam quod jus debiti vel pignoris salvum sit cuique ville utriusque, salva tamen ecclesiastica auctoritate. Quatuor arbitri hoc modo debent eligi, quod utraque villarum duos dabit ; et illi jurabunt quod, secundum equitatem et sine acceptione personarum, villarum negocia tractent ; et si contingat quod unus vel duo sint absentes, alii a villis, loco illorum, substituantur secundum formam premissam, et singulis annis mutabuntur. Quando necesse fuerit, dicti arbitri conveniant, villarum negocia pertractantes.

Hanc compositionem de consensu et voluntate utriusque ville fecimus, quam in perpetuo juraverunt fideliter observare. In testimonium hujus rei, nos et ecclesie Sanctorum Stephani et Frontonis et commune de Podio Sancti Frontonis presentem cartam sigillis nostris fecimus sigillari.

Actum est hoc anno ab incarnatione Domini M° CC° XVII°, Honorio, papa, et Philippo, rege Francorum, regnantibus, pontificatus nostri anno octavo, VI° idus aprilis.

II

S. l. [Périgueux]. 1240, 16 septembre.

Traité d'union de la Cité et du Puy-Saint-Front de Périgueux.

Archives municipales de Périgueux, AA 32, pièce 1, original scellé (1).
Reproduit dans le *Recueil de 1775*, pp. 33-46.

1-2. Capitulum Sancti Stephani, et omnes clerici, milites et donselli et alii laici Civitatis Petragoricensis, consules et communia Ville Podii Sancti

---

(1) A cet acte sont attachés trois sceaux, celui de Pierre de Saint-Astier, évêque de Périgueux, celui du chapitre de Saint-Etienne et celui de la *Ville du Puy-Saint-Front.* Ce dernier, le seul qui soit bien conservé, porte : d'un côté, sur un champ semé de fleurs de lys, saint Front assis *in cathedra*, bé-

Frontonis Petragoricensis, universis has litteras inspecturis, salutem in eo qui salus eterna est et pax vera. In nomine sancte et individue Trinitatis et beatissime Virginis [Ma]rie, matris Domini nostri Jesu-Christi, et sanctorum prothomartiris Stephani et Frontonis omniumque aliorum sanctorum, significamus vobis, quod nos, publice utilitati Petragoricensis diocesis intendentes, fedus inivimus, familiaritatem contraximus, sic componendo et statuendo quod, generaliter et specialiter, omnes rancores et iras nobis adinvicem remisimus et querelas, si quas, occasione dampnorum et maleficiorum, injuriarum seu violentiarum, habebamus vel habere poteramus tempore compositionis et statuti, .exceptis debitis censibus et redditibus, qui illis, quibus debebantur, debentur et debebuntur, ad merum debitum et consuetum et mensuram solitam persolvantur.

3. Statuimus quidem quod predicta compositio in perpetuum observetur, et de nobis omnibus et successoribus nostris una fiat universitas perpetuo duratura, que secundum antiquas Ville Podii Sancti Frontonis Petragoricensis consuetudines gubernetur, et ipse consuetudines inviolabiliter observentur.

4. Ita quod, ad universitatem regendam, de consilio et assensu dicte universitatis, eligantur maior et consules, vel consules tantum, per quorum providentiam se regat universitas, et illis obediat.

5. Ita quod, omnes de universitate, qui etatem quindecim annorum habebunt, eorum regimini se subiciant, et illis jurent obedientiam et promittant, exceptis casibus in quibus clerici se jurisdictioni non possunt subicere laïcali. Si quis vero de Civitate obedientiam rectoribus consulatus exhibere noluerit, non erit habitator universitatis vel de communia ipsius.

6. Item, quod tam Civitas quam Villa Podii Sancti Frontonis Petragoricensis suas clausuras retineant in muris, turribus, portalibus, antemuralibus et fossatis. Fiat tamen una clausura de Civitate ad Villam Podii Sancti Frontonis Petragoricensis continua, infra quam si qui habitaverint, erunt de universitate, et obedient per omnia, sicut alii Civitatis et Ville Podii Sancti Frontonis Petragoricensis, rectoribus consulatus. Et ut universitas de dampno infecto sibi caveat, nullus infra illam clausuram, vel circa, construet hedificium per quod universitas pati valeat detrimentum, sive domus, sive alio nomine censeatur. Et, super hoc, per rectores consulatus universitati fideliter provideatur.

---

nissant et tenant la crosse, la volute en dedans; à droite, un ange nimbé ; avec la légende : SIGILL.[um communie Podii Sancti Frontonis] ; — de l'autre côté, un fort à cinq tours, avec la légende : [Sigillum P]ETRAG[oricensis universitatis].

7. Item, cum Civitas sit libera et nullius jurisdictioni subjecta, qui vindictam in ea exerceat in furtis, homicidiis, verberibus, falsis mensuris, seu aliis injuriis et dampnis et debitis, statutum est quod rectores consulatus plenam habeant jurisdictionem cognoscendi de omnibus causis in Civitate, et in nova clausura, et infligendi penas vel puniendi reos secundum quod viderint expedire, exceptis causis feodalibus que, ratione feodorum, coram ipsorum feodorum dominis tractabuntur. Si vero contigerit aliquem ab aliquo spoliari, vel de possessione, sine auctoritate sui judicis, 'leici vel expelli, a rectoribus consulatus restituetur possessio spoliato, et spolians ad arbitrium consulatus punietur.

8. Item, infra Civitatem, neque ecclesia, nec clericus, nec laicus habeat homagium in aliqua persona, neque in nova clausura, nisi sit de sua familia, de qua observabitur consuetudo que duravit diutius in Villa Podii Sancti Frontonis Petragoricensis supradicta.

9. Item, statutum fuit quod [nu]llus de predicta universitate, clericus vel laicus, trahat vel trahi faciat aliquem de predicta universitate ad aliquem judicem, ecclesiasticum sive secularem, [extra] Civitatem vel Villam Podii Sancti Frontonis Petragoricensis vel clausuram supradictas, dum tamen qui vocandus est ad judicium coram judicibus or[di]nariis, delegatis vel subdelegatis, in hoc quod ad singulos illorum judicium pertinet, sint clerici, vel laici, ibi vel juxta, paratus sit stare juri.

10. Item, [si] quis de civibus, fortem habens domum vel aliud hedificium ex juxta causa consulatui sit suspectus, caveat ad arbitrium consulatus ne per [i]psum dampnetur universitas. Si vero cavere non potuerit vel noluerit, domum illam sive fortalisciam occupet consulatus, et ad expensas domini domus vel for[tal]iscie conservetur, quamdiu expensas prestare voluerit. Ipso vero cessante a prestatione expensarum, domus sive fortaliscia muris adequetur et adperiatur [a]parte Civitatis, quantum consulatus viderit expedire.

11. Item, mercatum fiet in loco solito, infra Villam Podii Sancti Frontonis Petragoricensis.

12. Item, quoddam intersignum erit in Civitate [et] in Villa Podii Sancti Frontonis simile, et ad pulsationem unius alterum in nocte pulsabitur, et tunc porte tam Civitatis quam dicte Ville firmabuntur.

13. Item, si Civitas se clauserit a porta Bocharie usque ad portam Boarela, claudet se sine expensis Ville [Podii] Sancti Frontonis Petragoricensis, satis bona ac firma clausura, hac prima vice. Quam si reparare necesse fuerit, ad expensas communie reparabitur, sicut et alie clausure Civitatis et Ville Podii Sancti Frontonis Petragoricensis.

14. Item, precones preconizabunt et edicent ex parte communie et con-

sulatus, tam in Villa Podii Sancti Frontonis Petragoricensis quam in Civitate et nova clausura.

15. Item, universitas unico et eo sigillo utetur quo, hujus compositionis tempore, consulatus et communia Ville Podii Sancti Frontonis Petragoricensis utebatur, cum omni plenitudine consuetudinis et juris qua ille utebatur.

16. Item, pondera bladi et farine debent esse ad portam Civitatis, sicut sunt in porta Ville Podii Sancti Frontonis Petragoricensis, et molendina, pro blado molendo, parte sexta decima sint contenta.

17. Item, omnes mensure equales erunt, et omnia pondera equalia, in Civitate et nova clausura et Villa Podii Sancti Frontonis Petragoricensis, et ejusdem quantitatis, quomodo sunt in dicta Villa, et tradentur ad arbitrium consulatus. Et quicquid inde fuerit adquisitum, in utilitatem publicam convertetur.

18. Item, ad voluntatem vel dispositionem consulatus ibit universitatis exercitus et ducetur.

19. Item, domus consulatus erit infra Villam Podii Sancti Frontonis Petragoricensis, ad voluntatem eorum qui ad regendum consulatum fuerint instituti.

20. Item, homines universitatis, cum eis placuerit, de loco ad locum infra clausuras universitatis se transferent et facient mansionem.

21. Item, viginti libras, que in natali Domini debentur comiti, solvet universitas, et a consulatu colligentur et comiti persolventur. Propter hoc tamen, in Civitate vel nova clausura, vel in earum habitatoribus, nulla jurisdictio comiti adquiretur.

22. Preterea, statutum est quod expense necessarie ab universitate communiter persolvantur : ita quod, cum necesse fuerit tallias facere, mobilibus et immobilibus rebus omnium laicorum per libras legitime computatis, cognito quantum, de summa colligenda, colligi debeat a laicis Civitatis, solvant clerici ejusdem Civitatis tantum quantum fuerit medietas illius summe ; ut, si quadraginta solidos solverint laici, clerici ad solvendum viginti teneantur. Et sic, quantacumque summa fuerit, erit, in talliis singulis et collectis, sic facta vel collecta [ju]ramento seu alio modo, et sic universitas et consulatus tenentur defendere personas canonicorum et clericorum Civitatis, et homines et jura eorum, sicut homines et jura hominum Ville [Podii] Sancti Frontonis Petragoricensis. Et, eodem modo, canonici et clerici Civitatis tenentur defendere homines dicte Ville et jura eorumdem. Res vero mobiles, ubicumque sint, et res immobiles, [infra] leucam contente, computentur.

23. Item, posterne nunquam erunt in muris vel turribus Civitatis, neque alia foramina per que universitati dampna valeant irrogari.

24. [Item], si fossata vel nove clausure fiant ad novam clausuram faciendam, satisfiet illis quorum terre sunt, ad arbitrium consulatus.

25. Item, quotiens consulatus viderit expedire, [oc]cupare potest omnes fortaliscias Civitatis et clausure nove et Ville Podii Sancti Frontonis, nec aliquis debet introducere in Civitatem vel clausuram novam, [a]ut Villam Podii Sancti Frontonis, gentes aliquas, per quas universitas incurrere possit periculum sive dampnum.

26. Item, si quis in universitatem recipi voluerit, re[ci]piatur, non obstante contradictione alicujus, dum tamen coram consulatu juri pareat, si quis de ipso conqueratur, secundum consuetudinem quam observat super hoc consulatus.

27. Item, si novus casus emergat, de ipso consulatus sibi et communitati provideat et disponat. Et illa dispositio sive provisio ab universitate teneatur et in perpetuum observetur.

Hec autem omnia robur perpetue firmitatis habere concedimus, salvo dominio regis Francorum, cujus dominio recognoscimus nos esse subjectos et astrictos. Preterea, nos capitulum, clerici, milites et donselli et alii laici Civitatis Petragoricensis pro omnibus his, sicut in presenti carta continentur, firmiter et inviolabiliter observandis, omnia nostra mobilia et immobilia et hereditaria consulatui et communie Ville Podii Sancti Frontonis Petragoricensis esse concessimus obligata. Et ut ista compositio et hec statuta firmius teneantur, nos, capitulum, clerici, milites et donselli dicte Civitatis et laici ejusdem Civitatis, et nos, consules et communia dicte Ville Podii Sancti Frontonis Petragoricensis ipsam compositionem et statuta, prout in presenti carta continentur, prestito super sancta Dei evangelia corporaliter juramento, promisimus inviolabiliter nos servaturos, et eodem modo eodemque juramento concessimus ipsam compositionem valituram, et hec statuta perpetuo duratura. Ne vero que prescripta sunt, possint per calumpniam vel processum temporis aboleri, et ut perpetue firmitatis robur obtineant, presentes litteras sigillis venerabilis patris P. episcopi, et capituli Sancti Stephani, et communie Ville Podii Sancti Frontonis Petragoricensis, fecimus roborari. Hujus vero compositionis tempore, erant de capitulo Sancti Stephani : Iterius de Petragoris, decanus, G. de Salis, Bertrandus de Biron, P. de Longo Vado, archidiaconi, Helias dictus Episcopus, cantor, Ademarus Helye, Lambertus Porta, Ademarus de Meleto, Ay de Marolio, Willelmus Mimeti, B. de Geneshs, Grim. de Salis. Consules vero Ville Podii Sancti Frontonis Petragoricensis erant : Helyas de Rupe, miles, Helyas Espes, Ar. de Salis, Adem. Darmanhac, P. de Bacallaria, Willelmus de Beunci, B. Blanqueti, Helyas Vachers, Helyas Fabri, Stephanus de Ponte, Johannes de Clarens, Helyas Auters.

Actum anno Domini M° CC° XL° mense septembris, die dominica ante festum Sancti Mathei apostoli.

III

S. l. [Périgueux]. 1246, 18 août.

*Promesse faite aux bourgeois du Puy-Saint-Front de Périgueux par
Pons de La Ville, sénéchal du Périgord, de leur faire rembourser, sur
le produit du commun, les dépenses qu'ils auraient faites pour l'aider
à mettre à la raison les perturbateurs de la paix.*

Orig. perdu. Reprod. dans le *Recueil de 1775*, pp. 48-49, et dans le *Recueil
des historiens de France* (v. la note).

Universis ad quod littere iste pervenerint, Poncius de Villa, senescallus
domini regis Francie in Petragoricensi diocesi, salutem. Noverint universi
quod, cum dominus rex commisisset michi senescalliam Petragoricensis
diocesis regendam et tenendam, et propter hoc venissem in Villam Podii
Sancti Frontonis Petragoricensis, requisivi majorem et consules ejusdem
Ville ut propter illam dissentionem et guerram que erat inter illos, ex una
parte, et comitem, capitulum et cives Petragoricenses, ex altera, pacifican-
dam vel terminandam ad arbitrium et desiderium domini regis, et etiam
pro pace servanda, traderent michi competentia ostagia, et ipsos comitem
et cives requisivi super eisdem, videlicet super ostagiis vel fortaliciis suis
michi tradendis pro pace missis observandis (1); et etiam venerabilem pa-
trem, P., episcopum Petragoricensem, requisivi de fortaliciis suis michi
tradendis, ad opus pacis sue diocesis observande; ad quod de plano pro-
sequendum dicti major et consules, secundum quod ab illis requisivi, se michi obtulerunt, aliique predicti remanserunt penitus inobedientes et rebelles
mandatis meis supradictis, contra inhibitionem meam, dictis majori et consulibus et universitati dicte Ville Podii Sancti Frontonis guerram moventes
et eos nequiter invadentes; et etiam me invaserunt, qui exieram loqui cum
domino episcopo, cairellos contra me emittendo, et pro suis viribus, si possent, attemptantes me capere, sed fugiendo evasi ab eisdem. Et eodem
modo insurrexerunt contra Aymericum Viliam, balisterium domini regis,
et contra Raginaldum, clericum domini Gervasi de Scranis, socios meos.
Et volens contra guerratores ipsos compellere ad faciendam domini regis

---

(1) D'après M. Léopold Delisle, qui reproduit ce texte en appendice (preuve
n° 123) à la préface du tome XXIV du *Recueil des historiens de France*, il
devrait y avoir ici : « pro pace observanda ».

voluntatem super hoc, cum de communi vel aliis proventibus senescallie michi commisse nondum aliquid percepissem, dictos majorem et consules rogavi ut expensas ad hoc necessarias michi mutuarent, conducendo milites et alios armatos quibus ipsis guerreatoribus tam ego quam dicti major et consules resistere valerem, respondentibus ipsis majore et consulibus quod michi in omnibus obedirent, unde ego eisdem majori et consulibus promisi quod de predicto communi, cum levabitur, ipse expense quas ego vel dicti major et consules fecerimus in guerreando cum gentibus de extra Villam advocatis, eisdem persolvantur, si placuerit domino regi. Quod si domino regi non placuerit, quod ab isto promisso ego liber essem, nec dictum commune ex hoc in aliquo teneretur. Actum die sabbati post festum Assumptionis beate Marie, anno Domini millesimo ducentesimo quadragesimo sexto.

IV

S. l. 1246, septembre.

Rapport de Pons de La Ville, sénéchal du Périgord, sur les excès commis par le comte de Périgord et les citoyens de Périgueux, à l'encontre des bourgeois du Puy-Saint-Front.

Orig. perdu. Copie de la main de l'abbé Lespine, qui a mis en marge de sa copie : « Archives de la maison de Talleyrand ; l'original étoit à l'hôtel de ville de Périgueux ». Bibl. nat., *Coll. Périgord*, t. 182, fol. 185. Reprod. dans le *Recueil des historiens de France* en appendice (preuve n° 124) à la préface du tome XXIV.

Universis ad quos littere iste pervenerint, Poncius de Villa, serviens domini regis Francie, salutem. Tenore presencium vobis insinuo quod, cum ego venissem in Villam Podii Sancti Frontonis Petragoricensis ratione bailic Petragoricensis diocesis a domino illustri rege Francie michi commisse, die jovis ante festum beate Marie Magdalene (1), ego conveni majorem et burgenses dicte Ville Podii Sancti Frontonis, ut michi, nomine domini regis, traderent ostagia, pro sequendo et recipiendo jure coram domino rege super actionibus et querelis quas dicti major et universitas prefate Ville habebant contra comitem et cives Petragoricenses, et idem comes et cives contra dictos majorem et universitatem. Dicti vero major et burgenses prefate Ville responderunt quod ipsi parati erant tradere michi ostagia centum

---

(1) 19 juillet 1246.

burgenses de melioribus dicte Ville, pro eisdem ducendis nomine domini regis ubicumque vellem, pro premissis prosequendis et pro voluntate ipsius domini regis facienda. Et audita presentatione dictorum majoris et burgensium, ipsa die habui colloquium cum episcopo et comite Petragoricensi, inter dictam Villam et Civitatem, in campis, et requisivi comitem ut prestaret michi securitatem de treugis servandis dictis majori et universitati predicte Ville et eorum valitoribus usque ad octabas Omnium Sanctorum futuras, et quod tunc comparerent coram domino rege iidem comes et cives, pro jure sequendo et recipiendo super actionibus et querelis quas se dicunt habere contra illos dicti major et universitas Ville predicte, et predicti comes et cives contra illos, et quod michi traderent ostagia et fortalitias pro omnibus illis tenendis et prosequendis ad voluntatem domini regis, dictis treugis interim habentibus robur firmitatis. Et tunc michi comes respondit quod non teneret diem nec veniret coram rege, nec traderet michi ostagia vel fortalitias; et etiam dixit quod, in diocesi Petragoricensi, dominus rex vel domina regina, mater sua, aliquid non habebant, et quod si de bailia Petragoricensi me intromitterem, minatus fuit michi mortem ; et incontinenti idem comes fecit exire de domo sua milites et servientes armatos, qui me et socios meos inermes fugaverunt usque ad barras et lissas dicte Ville, mortem michi et sociis vocibus clamatoriis comminando. Deinde requisivi episcopum Petragoricensem, ex parte domini regis et sub debito fidelitatis qua ei tenetur, ut turres suas michi traderet ad reprimendum malitiam et superbiam illorum qui domino regi nolunt obedire, et ad tenendum pacem in episcopatu suo et ad jura domini regis repetenda. Qui respondit quod turres suas michi non redderet, et illas turres quas habet in Civitate tradidit comiti et civibus Petragoricensibus, et prius dixerat quod de domino rege nichil tenebat. (Qua responsione audita, affectuosissime rogavi dictum episcopum, et ex parte domini regis illum requisivi, ut ipse diligenter provideret ne de dictis turribus aliquod dampnum esset michi illatum vel sociis meis, vel gentibus dicte Ville. Ad quod ipse respondit quod super hoc ipse se non intromitteret. Et statim, cum ego recederem ab ipso episcopo, emiserunt cairellos contra me ex una turrium predictarum, et tunc cum uno cairello equus meus vulneratus est, et contra dictos burgenses plures cairellos emiserunt, cum quibus quidam ex illis vulnerati fuerunt.

Audivi postmodum quod dictus comes rogabat et requirebat Heliam Rudelli et plures alios de terra regis Anglie, et vicecomitem Lemovicensem. Et litteratorie, ex parte domini regis, dicto vicecomiti inhibui ne dictis burgensibus aliquod dampnum inferret, vel ab aliquo terre sue inferri permitteret, cum ipsi, sicut dictum est, se obtulissent et offerrent ad parendum juri coram domino rege. Eandem inhibitionem feci illis qui sunt de terra regis Anglie. Sed, spreta inhibitione mea, immo domini regis, vicecomes Lemovicensis, Helias Rudelli et ejus filii, vicecomites de Fronciaco et de

Benaugis, Petrus de Burdigala, Galhardus filius Rostandi de Solario, cives
Burdigalenses, Amalvinus de Vares, Berardus de Montlaidier, frater Helie
Rudelli, R. de Monte Alto, Boso de Granhol, Eblo de Bordelba, P. Aitz et
ejus filii, Litgerius de Alba Terra, milites de Montagrier, et plures alii cum
toto posse suo, tam equitum quam peditum, in festo sancti Petri ad vin-
cula (1), pro ipsa Villa obsidenda venerunt, tenentes dictam Villam quasi
obsessam, et molendina et grangias ejusdem Ville combusserunt et destruxerunt, et hortos et vineas laceraverunt. Item sciendum quod Petrus de
Risona, presbyter, quem comes Petragoricensis ad curiam domini regis
miserat, rediit ab ipsa curia die sabbati ante festum beati Laurentii (2), et
eidem comiti presentavit litteras domini regis, quibus ipse dominus rex
dedit in mandatis dicto comiti ne personis vel rebus burgensium Ville predicte Podii Sancti Frontonis Petragoricensis usque ad adventum domini
P. de Fay, militis, quem dominus rex mittebat ad partes Petragoricenses,
dampnum inferret. Et, eadem die, homines Civitatis Petragoricensis mandatum simile receperunt.

Die vero dominica ea sequenti (3), dicti comes et cives cum gentibus regis
Anglie, videlicet vicecomitibus de Fronciaco et de Benaugis, P. de Burdigala, filio Rostandi de Solario, Amalvino de Vares, Oliverio de Chalesio,
Ar. de Bovevilla, Berardo de Monlaidier et pluribus aliis qui sunt ex parte
regis Anglie, versus duas portas dicte Ville assaliverunt, et plures hortos
et vineas dictorum burgensium destruxerunt, et grangias combusserunt, et
ecclesiam de Bolasac (4), que non distat a dicta Villa per leucam, invaserunt, et portas ipsius ecclesie fregerunt, et res que erant in ipsa ecclesia,
videlicet oleum [et] ceram que erant in servitio altaris et libros et bladum
secum asportaverunt, burgum ipsius ecclesie et domos ipsius parochie combusserunt, que parochia pertinet ad dominium ecclesie Sancti Frontonis et
ad quosdam burgenses dicte Ville ; ipsa die dominica, aliis pluribus gentibus plurima dampna inferentes.

Die lune sequenti (5), ceperunt dicti cives quemdam burgensem dicte
Ville vocatum P. Agaruce, quem invenerunt extra Villam sine armis eun-
tem cum personis religiosis, ipsoque die lune dictus comes fecit ipsum
suspendi in quadam arbore ante dictam Villam.

---

(1) 1er août 1246.
(2) 4 août.
(3) 5 août.
(4) Boulazac, cne du cant. de St-Pierre-de-Chignac, arr. de Périgueux.
(5) 6 août.

Sequenti die martis (1), fecerunt predicti comes et alii magnos insultus contra dictam Villam, taillando vineas ipsius Ville et alia gravia dampna inferendo. Et ipsa die ceperunt quemdam balistarium vocatum Ademarum, qui erat in servitio dicte Ville. Et, sequenti die mercurii (2), fecit ei abscidi dictus comes manum dextram et erui oculos.

Et in festo sancti Laurentii, videlicet die veneris sequenti (3), quidem mi·les, socius comitis, vocatus Helias Folcaudi, abscidit labium cuidam mulieri dicte Ville, et ipse (4) ad redemptionem pecunie coegit alios per corporis cruciatus. Preterea filium nobilis viri Amalvini de Pestilhac, defensorem dicte Ville, cum esset egressus extra portam sine armis, vulneraverunt cum quodam cairello, cujus occasione vulneris defunctus fuit.

Et omnia ista, sicut superius sunt expressa, fecerunt dicti comes et cives contra inhibitionem domini regis contentam in litteris quos asportaverat eisdem nuncius comitis supradictus, et etiam contra inhibitionem meam, quam eisdem feceram per Fratres Predicatores, ratione mandati specialis super hoc ex parte domini regis a me suscepti.

Die vero martis ante festum sancti Bartholomei apostoli (5), cum predicti burgenses et gentes ipsius Ville exiissent extra Villam, confisi de dicta securitate, pro bladis, lignis, racemis et victualibus quibus indigebant asportandis, dicti comes et cives, audito et cognito illorum egressu, cum eorum complicibus, videlicet Bosone de Granhols, H. de Petragoris, qui habent in uxores neptes G. de Malamort, et Ar. de Bovevilla, nepote Helie Rudelli, P. Ailz, Amalvino de Vares et quibusdam aliis qui sunt ex parte regis Anglie, insiluerunt contra dictos majorem et burgenses, procurante hoc et faciente Guidone d'Estissac, qui eosdem majorem et burgenses prodidit, et fugiit inde, primus irruens cum sociis suis sicut hostis super prefatos homines dicte Ville, et exposuit ipsos homines et gentes dicte Ville in manus et potentiam comitis et civium et hostium predictorum, qui de ipsis burgensibus CC homines et etiam XX mulieres, de quibus quedam illarum erant pregnantes, morte turpissima et inaudita occiderunt, et CCC et amplius secum captos duxerunt. Et dictus Guido juraverat super sacrosancta evangelia se juvaturum dictos burgenses et Villam contra dictos hostes, et per annum et amplius usque ad diem martis in expensis dicte Ville fuerat, et dicta die martis exierat cum armis de dicta Villa cum eisdem burgensibus et gentibus eorum.

---

(1) 7 août.

(2) 8 août.

(3) 10 août.

· (4) Lespine : *ipsam*.

(5) 21 août.

Preterea, cum dominus P. de Fay, miles, quem ad partes Petragoricenses dominus rex dirigebat, misisset Hugonem Massua, servientem domini regis, die dominica post festum beati Bartholomei apostoli (1), de nocte, cum litteris domini regis patentibus, ad comitem et cives Petragoricenses, et etiam cum litteris ejusdem militis, per quas inhibebat eis ne dictis burgensibus vel gentibus dicte Ville inferrent aliquod dampnum vel maleficium, dictus serviens, die lune sequenti (2), summo mane venit ad comitem et ejus mandatum et cives supradictos, ostendens eis litteras predictas, continentes predictum mandatum, idemque mandatum ex parte domini regis et ipsius militis denuntiavit eis viva voce. Qui, spreto illo mandato, malum malo cumulantes, per totam illam diem, vineas dicte Ville extirparunt et racemos ipsarum vinearum dicti cives cum pluribus aliis in Civitatem portaverunt; et socii dicti comitis ipsa die duos homines occiderunt, et unum ceperunt, et grangias et boarias ipsorum burgensium et etiam domum leprosorum que dicitur de Salvanio combusserunt, alia in captione animalium et rebus aliis dampna non modica dictis burgensibus inferentes.

Item post treugas firmatas per dominum P. de Fay, quidam agricultor Ville predicte Podii Sancti Frontonis interfectus fuit, prope istam Villam, clam ab inimicis ipsius Ville, diversis plagis impositis, et gutture atrociter amputato. Item filium cujusdam burgensis quidam qui exivit de dicta Civitate clam interfecit ante fissas ipsius Ville, et statim rediit in Civitatem.

Nos vero capitulum Sancti Frontonis Petragoricensis presentibus litteris sigillum nostrum duximus apponendum, ad instanciam Poncii supradicti.

Datum mense septembris, anno Domini M° CC° XLVI°.

V

Brive. 1263, 24 novembre.

Pacte entre les consuls de Figeac, Périgueux, Brive et Sarlat.

Arch. mun. de Périgueux, AA 3, original scellé (3).

Universis presentes litteras inspecturis, consules Figiacenses, Podii Sancti Frontonis et Civitatis Petragoricensium, Brive et Sarlati, salutem et pacem. Noverint universi quod nos, in nomine sancte et individue Trini-

---

(1) 26 août.

(2) 27 août.

(3) A cet acte étaient appendus les quatre sceaux des villes précitées. Ces sceaux manquent.

tatis, pro nobis et communitatibus nostris, cum voluntate et assensu domini P. Sirven,'senescalli domini regis Francorum in partibus nostris, invicem promisimus, et super sancta Dei evangelia juravimus quod, ab instanti festo beati Andree apostoli usque ad decem annos, privilegia nostra quibus in dominio domini regis Francorum remanemus et in perpetuum remanere debemus, communiter defendamus contra omnes homines qui dicta privilegia nostra voluerint inpugnare vel venire in contrarium ullo modo. Item, promisimus sub dicto juramento quod nos omnes et communitates nostre, una cum senescallis domini regis Francorum qui pro tempore fuerint, solliciti erimus et intenti ad pacem tenendam et servandam in omnibus pertinenciis nostris, ad arbitrium quatuor bonorum virorum, quorum quelibet communitas dictarum villarum nostrarum debet unum eligere singulis annis. Et nos de Figiaco, ad istum annum primum, elegimus Bernardum de La Caza, et nos de Podio et Civitate Petragoricensibus, Bernardum Giraudo, et nos de Briva, Bernardum Bruni, et nos de Sarlato, Geraldum Azimi ; hoc tamen modo quod, si aliquis eorum in hiis exequendis interesse non potucrit, cum consilio consulum communitatis sue, possit alium constituere loco sui. Et hec omnia facimus, salvo dominio et voluntate domini regis Francorum, ut ipse dominus rex omnia premissa et singula possit corrigere et mutare, prout sibi visum fuerit expedire. In cujus rei testimonium, sigilla communitatum nostrarum predictarum presentibus litteris duximus apponenda. Actum apud Brivam, in crastino festi beate Katerine virginis, anno Domini M° CC° LX° III°.

VI

S. l. [Périgueux]. 1287 (n. st.), 11 mars. .

Composition entre le comte de Périgord, Archambaud III, et les maire et consuls de Périgueux, au sujet de leurs droits de juridiction respectifs.

Arch. mun. de Périgueux, FF 22, pièce 1, original scellé (1).
Reprod. dans le *Recueil de 1775*, pp. 95-104.

Universis presentes litteras inspecturis, Archambaldus, comes Petragoricensis, consules et communitas Ville Podii Sancti Frontonis et Civitatis Petragoricensium, salutem et fidem presentibus adhibere. Noveritis quod, cum dicti consules nomine ipsius communitatis et ipsa communitas teneant [et ante unionem factam de Villa et Civitate predictis communitas dicte

---

(1) Il ne subsiste qu'un fragment du sceau du comte.

Ville tenuisset et teneret (1)] ab antiquo a nobis, dicto comite, et progenitoribus nostris, comitibus Petragoricensibus, jurisdictionem et justiciam Ville Podii Sancti Frontonis Petragoricensis infra muros ipsius Ville, in casibus homicidii, raptus mulierum, adulterii, furti commissi extra dictam Villam infra terminos dicte Ville, et in cultellis et aliis ferramentis emolutis, a quibuslibet contra quoslibet utriusque sexus, injuriose tractis, et in plagis cum eis injuriose factis, et in falsis libris, falsis ponderibus, falsis marchis, falsis alnis, falsis cubitis, falsis mensuris vini, salis et olei, et aliarum rerum que in dicta Villa venduntur in pondere et mensura, mensuris tamen et ponderibus bladorum et farinarum exceptis, pro annuo censu viginti librarum Petragoricensis monete, quas nobis et ipsis progenitoribus meis solvere consueverunt ipsa communitas et consules, nomine dicte communitatis, singulis annis, in festo nathalis Domini, temporibus retroactis et nunc, esset discordia inter nos, dictum comitem, ex una parte, et consules et communitatem predictos, ex altera, super hoc quod nos, dictus comes, dicebamus quod jurisdictionem et justiciam illam non poterant extendere extra muros ipsius Ville in burgis ipsius Ville et habitatoribus ipsorum burgorum, eisdem consulibus dicentibus, ex adverso, quod jurisdictio illa se debebat extendere et se extendebat extra muros usque ad terminos quos antiquitus posuerant patres nostri in honorio sive castellania Petragoricensi, et quod dicti consules et communitas erant et diucius fuerant in possessione exercendi jurisdictionem et justiciam extra muros dicte Ville in casibus supradictis. Tandem inter nos, dictum comitem, pro nobis et successoribus nostris comitibus, et nos, consules et communitatem predictos, pro nobis et successoribus nostris, super omnibus et singulis premissis amicabiliter composuimus adinvicem in hunc modum :

Videlicet quod nos, comes predictus, volumus pro nobis et heredibus seu successoribus nostris et concedimus consulibus et communitati predictis quod, tam infra muros dicte Ville quam extra muros dicte Ville, in burgis et habitatoribus ipsius Ville et ipsorum burgorum et ultra usque ad dictos terminos, tam in hominibus dicte communitatis quam in aliis qui de dicta communitate non erunt, habeant, teneant et explectent et exerceant in perpetuo jurisdictionem et justiciam in omnibus et singulis casibus et rebus supradictis, et incurrimenta, emolumenta, emendas, fructus, exitus, proventus que vel qui de dictis jurisdictione et justicia provenient, habeant, percipiant et suos faciant, et hoc facimus pro aliis viginti libris

____

(1) Le passage placé entre crochets se trouve seulement dans les vidimus de cet acte.

predicte monete rendualibus sive censualibus, quas nobis, pro omnibus predictis, tam infra muros predicte Ville quam extra muros, a nobis sibi concessis in casibus predictis, ipsi consules et communitas nobis et successoribus nostris comitibus, vel preposito nostro in dicta Villa, solvere tenebuntur singulis annis in festo nativitatis sancti Johannis Baptiste, et pro uno marbotino aureo de acaptamento solvendo similiter in dicta Villa in mutationibus sive novitatibus comitum Petragoricensium, absque aliquo alio servicio et deverio, in quo faciendo seu prestando nobis vel successoribus nostris, racione dicte jurisdictionis et justicie dicte Ville et burgorum et ultra usque ad dictos terminos, in casibus predictis, minime tenebuntur. Et, si, forsan, ob deffectum seu moram solucionis dicti census vel acaptamenti gatgium eveniret, illud gatgium, cujus summam esse recognoscimus trium solidorum tantummodo, solvatur nobis in dicta Villa, vel preposito nostro, ad usus et consuetudines dicte Ville, et rectores consulatus vel ipsa communitas nullam aliam penam vel dampnum, propter hoc, sustineat vel incurrat.

Item, volumus et concedimus et eisdem consulibus et communitati promittimus et indulgemus quod, neque propter deffectum seu moram solutionis dicti census vel acaptamenti, neque propter negligenciam seu deffectum juris, neque propter errorem, neque propter iniquitatem judiciorum seu sententiarum, culpam seu delictum rectorum consulatus dicte communitatis qui pro tempore fuerint vel ipsius communitatis, neque propter offensam vel ingratitudinem ab ipsis rectoribus vel communitate vel aliquibus personis de communitate contra nos vel heredes nostros comites commissam vel committendam, neque propter aliam causam vel casum quicumque contingere possit, aliquo modo jurisdictio et justicia dicte Ville et dictorum burgorum et ulterius usque ad dictos terminos in casibus supradictis, vel emolumenta, fructus et proventus ipsius jurisdictionis nobis vel heredibus nostris, in toto vel in parte, cadant nec cadere valeant in commissum ; nec nos nec heredes nostri ipsam justiciam vel emolumentum, seu fructus ipsius jurisdictionis et justicie Ville et burgorum usque ad dictos terminos in casibus supradictis, sasire vel ad manum nostram ponere, emparare vel per aliquem judicem superiorem facere sasiri vel emparari possimus. Et, si, quod absit, nos vel heredes nostri hoc facere temptaremus, nobis et ipsis heredibus nostris in omni curia et coram quocumque judice potestas et audiencia super hoc denegetur ; set si rectores consulatus vel communitas vel aliquis de communitate in premissis vel aliquo premissorum delinquerint vel erraverint, vel nos vel heredes nostros comites in aliquo offenderint, totum hoc per communes amicos hinc inde eligendos emendetur et pacifficetur.

Item, indulgemus et promittimus eisdem consulibus et communitati quod dictas quadraginta libras censuales et marbotinum de acaptamento et omnia alia jura et deveria, que habemus in dicta Villa et extra et in burgis usque ad dictos terminos, nobis et heredibus nostris comitibus Petragoricensibus in perpetuum retinemus; ita quod neque nos neque heredes nostri comites Petragoricenses ea vel eorum alterum contra voluntatem consulum et communitatis dicte Ville poterimus de nostris manibus removere; et est sciendum quod, in omnibus et singulis casibus supradictis, curia consulatus dicte communitatis debet et consuevit cognoscere et judicare, et judicia sua exequcioni mandare, et omnia facere que ad excercitium illius jurisdictionis et justicie pertinent, tam in Villa infra muros quam extra muros in burgis ipsius Ville et ultra infra terminos Ville, hoc salvo quod illos et illas qui et que, pro perpetrato homicidio tantum et non propter alium commissum, ad mortem per ipsam curiam consulatus fuerint condempnati, ipsa curia nobis et heredibus nostris vel preposito nostro judicatos seu condempnatos ad mortem teneatur per servientes suos adducere, presentare et tradere ligatos ad portam aule nostre, que est in dicta Villa; yta quod ipsi condempnati dictam aulam vel aliquam aliam domum non ingrediantur, sed ad requestam ipsorum servientium ex parte consulum nobis vel preposito nostro factam, nos vel prepositus noster cum gentibus nostris, et dicti consules una nobiscum, vel cum ipso preposito nostro communiter, et cum servientibus curie consulatus et gentibus dicte Ville qui cum eis venire voluerint, tenemur et debemus judicium et condempnacionem dicte curie consulatus statim sine mora exequi, et facere de dictis condempnatis illam justiciam mortis, ad quam per dictam curiam consulatus fuerint condempnati. Quod si nos vel prepositus noster et successores nostri exequcionem predictam una cum ipsis consulibus et servientibus communiter statim facere nollemus vel differremus, ipsi consules, cum servientibus et gentibus suis, ipsam exequcionem facient et facere poterunt suo jure; et bona immobilia dictorum dampnatorum ad mortem cum tota supellectili sua que non sit de auro vel de argento, remanent et redeunt, et remanere et redire perpetuo debebunt, de consuetudine dicte Ville antiqua, salva, quitta et libera, heredibus ipsorum dampnatorum, illis scilicet qui - ...erent eisdem dampnatis succedere, secundum usus et consuetudines dicte Ville, si dampnati illi intestati morte naturali decessissent. In bonis vero seu de bonis mobilibus ipsorum dampnatorum, scilicet de illis que, erunt et invenientur in dicta Villa et burgis et infra terminos dicte Ville, habemus et habere debemus nos et heredes nostri comites Petragoricenses medietatem et curia consulatus, nomine dicte communitatis, aliam medietatem, deducto tamen ere alieno, hoc modo quod, de bonis illis mobilibus, primo debet fieri uxoribus ipsorum dampnatorum solucio docium suarum, et postmodum, ex eisdem bonis, debet satisfieri creditoribus ipsorum damp-

natorum et conquerentibus de eisdem. Et, si occisi a dampnatis illis ad
mortem uxores vel liberos egentes habeant, curia consulatus, de sua me-
dietate dictorum bonorum mobilium, debet eis dare congruam et laudabi-
lem porcionem, prout viderit expedire ; et hoc salvo quod, si aliquis de familia nostra levans, cubans et equitans nobiscum continue, in dicta Villa
vel extra usque ad dictos terminos, in aliquo casuum predictorum forefecerit, nos et prepositus noster et curia consulatus communiter debemus
de illo forefacto, infra dictam Villam et non alibi, cognoscere et judicare et
judicium exequcioni mandare, et emolumentum, quod inde proveniet de
bonis ipsorum infra dictos terminos inventis, erit communiter inter nos et
curiam consulatus ; et omnes alie emende, emolumenta, fructus, exitus et
proventus et utilitates, que provenient et provenire debebunt de jurisdictione et justicia predictis, in omnibus et singulis casibus et rebus predictis,
sunt et esse debent et erunt perpetuo curie consulatus, nomine communitatis
predicte. Et, si in aliquo casuum predictorum, a deffectu juris vel a sen-
tentia diffinitiva, ad nos vel heredes nostros comites extiterit appellatum,
nos et heredes nostri comites Petragoricenses de apellatione illa, una cum
quatuor probis viris dicte Ville nobiscum vocatis, neutri parti suspectis,
cognoscere debemus et debebimus et judicare in dicta Villa et non alibi.
Et, si apellans subcubuerit in causa illius appellationis, condempnabitur in
expensis apellato factis in causa appellationis, et remittentur partes ad examen curie consulatus ; et curia consulatus appellantem in emenda decem
solidorum solvendorum ipsi curie, racione temere appellationis, poterit con-
dempnare. Et, si apellatus succubuerit, neque in expensis neque in aliqua
emenda punietur. Et, est sciendum quod nos dictus comes et heredes nostri
tenemur et tenebimur, et nos, pro nobis et nostris heredibus seu successoribus nostris, promittimus dictis consulibus et communitati et successoribus eorum, totam jurisdictionem et justiciam dicte Ville et burgorum et
ultra usque ad dictos terminos in omnibus et singulis casibus supradictis,
et emolumenta, fructus et proventus dicte jurisdictionis et justicie, contra
quoslibet evincentes, impedientes aut turbantes, vel evincere aut impe-
dire, turbare vel aliquid exinde preter dictum censum et acaptamentum ab
eis petere attemptantes, deffendere et garentire perpetuo, in jure et ex*r°
jus, ubicumque et quandocumque eis necessarium fuerit et ab ipsis .
rimus requisiti, et ad faciendum ipsam garentiam et deffencionem obliga-
mus eis nos et heredes nostros et bona nostra.

Item, nos et heredes nostri debemus et debebimus perpetuo omnes homines
dicte Ville et burgorum ubique deffendere et custodire, et, pro aliqua causa vel
aliquo casu, ad querelam nostram vel alterius, dictam communitatem, rectores consulatus vel aliquem hominem dicte Ville et burgorum, extra ipsam Villam trahere vel adjornare coram nobis vel mandato nostro non
possumus nec debemus, de consuetudine diucius observata, et non trahere

vel adjornare promittimus, exceptis vassalis nostris, quos, racione feodorum seu retrofeodorum nostrorum, in locis consuetis in quorum territoriis dicta feoda concistunt (*sic*), si accusatio sit realis et non aliter, coram nobis possumus et poterimus adjornare.

Nos vero consules et communitas supradicti hec omnia et singula premissa recognoscimus et asserimus esse vera, et promittimus nos consules, nomine dicte communitatis, nos et successores nostros soluturos et reddituros dicto comiti et successoribus suis comitibus vel prepositis eorum in dicta Villa, pro premissis, dictas viginti libras censuales, annis singulis, in festo nativitatis sancti Johannis Baptiste, et acaptamentum predictum, prout superius est expressum, et alias viginti libras in festo nativitatis Domini, singulis annis, prout est consuetum.

Hanc autem compositionem et omnia alia et singula predicta, nos, comes predictus, pro nobis et heredibus nostris comitibus Petragoricensibus, et nos, consules et communitas, pro nobis et successoribus nostris, facimus, et nos servaturos perpetuo inviolabiliter et contra non venturos promittimus, prestitis a nobis hinc inde ad sancta Dei evangelia corporaliter juramentis, salva et retenta voluntate domini nostri regis Francorum illustris et salvo jure suo in omnibus et salvo eciam quod nos, in premissis, non componimus nec ordinamus nec intendimus componere nec ordinare in aliquo inter nos, comitem, et cives et homines Civitatis Petragoricensis, nec in prejudicium hominum et Civitatis ejusdem nec comitis, quantum ad Civitatem et homines de Civitate. Inmo intendimus et agimus inter nos quod hujusmodi composicio ad Civitatem predictam et ejus pertinencias et homines ipsius Civitatis nullatenus se extendat, et salva eciam ordinacione et composicione olim facta de voluntate inclite recordacionis domini Ludovici, tunc regis Francorum, per dominum Petrum de Hernencuria, militem, et magistros Guillelmum de Lemovicis et Garnerium, clericos dicti domini nostri Ludovici, regis Francorum, inter dominum Heliam Taleyrandi, tunc comitem Petragoricensem, genitorem nostri dicti comitis, ex parte una, et majorem et consules et communitatem dicte Ville, ex altera parte, et salvis omnibus contentis in ordinacione et composicione predictis factis per dictos militem et magistros, de quibus seu in quibus nos dicte partes in hac presenti composicione nichil intendimus inmutare nec aliquid inmutamus, et salvis nobis consulibus et communitati franchisiis, libertatibus, usibus, consuetudinibus nostris et jurisdictione et justicia, que in aliis casibus habemus et obtinemus, et nos et antecessores nostri consuevimus habere et exercere, in dicta Villa et burgis predictis et aliis locis et pertinenciis communitatis et ultra usque ad terminos dicte Ville, et salvis nobis dicto comiti et heredibus nostris comitibus Petragoricensibus omnibus aliis juribus et deveriis, que habemus et percipimus et habere et percipere consuevimus

in dicta Villa infra muros et extra in burgis dicte Ville et in tota platea
que est ante Radulphiam. Et, nos, consules et communitas, credimus et recognoscimus quod, qualia jura et deveria idem comes habet et percipit infra dictam Villam in parrochia Sancti Frontonis, talia habet et haberê debet et percipere, et nos ipsum et suos heredes comites habere et percipere
volumus in burgis dicte Ville, excepto pedagio super quo jus, si quid habet
in ipso, sibi volumus esse salvum, [remittentes nobis adinvicem, pro nobis et antecessoribus nostris, usurpaciones, injurias, surprizias, exacciones
omnes et singulas olim factas in premissis, hinc et inde, in casibus predictis et quolibet eorumdem] (1).

Termini vero dicte Ville quos posuerunt patres nostri sunt isti, scilicet :
hospitale *de la Crotz deus Fromentals*, item boaria que fuit Helie Volpat
per integrum, item totum nemus dictum *Labatut de Salas*, item podium
dictum *de Tiracuol*, item *la mota de Paris* in itinere de *Bassilhac*, item
molendinum dictum de *Ruschas*, item crux que est ante torcular de Septem
Fontibus, item crux que est in platea de *Chamsavinel* deversus Villam
prope burgum de *Chamsavinel*, item crux que est supra Bellumpodium
que vocatur crux *del Bancharel*, item pons de *Borona*, item crux *de la
l'auza* Geraldi *de Born* prope *Chamiers*, item ecclesia de *Colompnhes* et,
ab hujusmodi metis seu terminis, de uno ad alium circumquaque.

In premissis autem omnibus et singulis, renunciamus nos, comes, consules et communitas, pro nobis et successoribus nostris, omni juri canonico
et civili, scripto, non scripto, statuto et statuendo, edito et edendo, et excepcionibus doli mali in factum, accioni, condicioni ob causam et sine
causa, et omnibus legum et canonum auxiliis et beneficiis, et juri per quod
deceptis ultra dimidiam juste composicionis subvenitur, et juri dicenti ge-
neralem renunciacionem non valere nisi quathenus est expressa, et omnibus aliis juris et facti excepcionibus, racionibus et deffencionibus, per que
contra composicionem predictam et alia premissa vel aliquid premissorum
venire possemus, et ipsa composicio posset inposterum revocari, disso-
ciari vel anullari.

In quorum omnium premissorum testimonium et munimen, presentes
litteras nobis invicem altera pars alteri super premissis concedimus sigillo nostri dicti comitis et sigillo nostre dicte communitatis sigillatas, it-
erato salva et retenta voluntate dicti domini nostri regis et jure suo in omnibus supradictis, et hoc eciam salvo quod, propter moram solucionis census vel acaptamenti predictorum, si statutis terminis non solvantur, majo-
res vel consules vel ipsa communitas perjurium non incurrant.

---

(1) Le passage placé entre crochets se trouve seulement dans les vidimus
de cet acte.

Actum et datum die martis ante festum beati Gregorii, anno Domini millesimo ducentesimo octogesimo sexto (1).

VII

Le Mont-de-Domme (2). 1304 (n. st.), 7 mars.

Ordonnance du sénéchal du Périgord et du Quercy, Jean d'Arrablay, réglementant le port des armes dans l'étendue de la sénéchaussée (3).

Arch. mun. de Périgueux, EE 5, original scellé.

Noverint universi quod nos Johannes de Arreblayo, miles domini Francorum regis, senescallus ejusdem Petragoricensis et Caturcensis, ad evitanda maleficia que, ratione portationis armorum, his diebus, multociens emerserunt, statuimus quod nullus, cujuscumque conditionis existat, exnunc audeat portare lanceam, balistam, vel arcus cum sagitis ac alsagaya, vel esconam, vel *espiout*, vel telum, perpunctum sive gonionem, vel *ausbert*, capellum de ferro, gladium qui dicitur misericordia, vel cultellum, penardum vel costalerium, vel alia arma predictis simylia in nocendo. Quod si quisquam contrarium fecerit, si eques, amittet statim equum suum et arma et, ultra, omnia bona sua et corpus erunt in misericordia domini regis ; si pedes, amittet arma et, ultra arma, viginti quinque libras turonensium pro pena dabit domino nostro regi ; et, si non habeat unde solvat, eidem absque misericordia amputabitur manus dextra.

Item, quod nullus portet gladium longiorem uno palmo in ferro. Ille vero qui premissa nunciabit et testes nominabit, vel alias curiam instruet vel probabit, de armis et de emenda predicta habebit dimidiam, et alia dimidia erit domini regis, et nuncians vel instructor non nominabitur, ymmo secrete tenebitur quicquid dicet, et inquesta fiet omnino ad expensa do-

---

(1) Dans un vidimus de cet acte par l'official de Périgueux, en date, à Périgueux, du mercredi, fête des apôtres S. Simon et S. Jude (28 octobre) 1332, on lit à la suite : « Nomina vero consulum predictorum qui composicionem istam una cum dicta communitate cum dicto comite — et nos comes cum ipsis fecimus — sunt hec : Stephanus de Armanhaco, Stephanus de Jovenals, Petrus de Margot, Hugo de Margot, Stephanus de Salis, Helias Girberti, Plastulphus de Marti, Laurencius Laporta, Bernardus Coronal, Arnaldus de Cassagra, dominus Aymerius Plastulphi, miles, et Petrus de Faya. »

(2) Auj. Domme, ch.-l. de cant. de l'arr. de Sarlat.

(3) Ou lit au dos de l'acte : *Aiso es la ordenansa que festz lo seneschals d'asportamen de las armas.*

mini regis. Bajuli vero et servientes illorum qui habent altas justicias infra villas et infra curtes sive ortos ipsarum villarum, ubi habent illas justicias, portare poterunt arma, sed extra non, nisi ad execucionem alte justicie faciendam.

Item, statuimus ut nullus habens justiciam altam vel bassam teneat ba-
julum vel servientes qui non sint oriundi de senescallia vel ibi steterint,
larem ponendo, per decem annos ; et si nunc habent vel tenent, quod
illos statim dimittant ; et, si contrarium fecerint, sciant quod, tam pro con-
tractibus quam eorum delictis, exnunc erunt obligati et tenebuntur eos
sistere in judicio et emendas pro eorum debitis solvere et subire ; ut autem
certum appareat nec possit in dubium revocari qui sint bajuli vel servientes, statuimus ut illi qui habent justicias vel exercent, in presentia multo-
rum et in loco publico, eos nominent et instituant in officiis antedictis,
alioquin subditi parere non teneantur eisdem ; et dominus rex habeat emen-
dam quinquaginta librarum turonensium a domino jurisdictionis et a ba-
julo vel servientibus decem librarum turonensium, et, nisi solvere potue-
rint, quod ei[s] dextra manus amputetur.

Rursus, quicumque receptaverit bannitos domini regis vel illorum qui habent altas justicias, amittet bona sua omnia, sed domus vel castrum ubi re-
ceptati fuerint ante omnia funditus diruetur.

Preterea, quicumque receptaverit hominem arma portantem prohibita
eadem pena punietur quam et portantes, exceptis pauperibus agricolis qui
forte inviti receptabunt; qui, si nunciaverint infra duas dies, misericordiam
consequentur arbitrio curie moderandam ; et, si infra duas dies non nunciaverint, ut ceteri punientur.

Troterii et messatgerii poterunt per itinera portare esconam et ensem ad
collum patentem.

Item, viatores, mercatores et alie persone bone fame equitando poterunt
enses portare cinctos tam per villas quam extra. Illi vero qui in villis mo-
rantur, si portent enses vel alia arma prohibita subtus vestes, pena ante-
scripta sine misericordia punientur.

Item, mercatores et alie persone note et bone fame, dum vadant pedites
per itinera, poterunt portare ensem ad collum patentem, et, dum intrant
villas, usque ad hospicium sine pena.

Rursus, omnes previlegia per dominum Regem concessa de armis por-
tandis noverint revocata.

Item, statuimus quod, si quis in villis vel locis dicte senescallie inventus
fuerit moram faciens, qui nulla bona mobilia vel immobilia habeat, nec
aliquod officium exerceat unde ..... statum ..... sue possit vivere, utpote
homines vagabundi, lusorii, tabernarii et alii homines diffamati, quod ta-
les, per dominos locorum ubi inventi fuerint, capiantur et teneantur capti,

quousque super eorum conversatione et vita veritas inquisita fuerit et reperta.

Hec autem omnia et singula suprascripta, per quoscumque bajulos et servientes ac justiciarios senescallie supradicte et quoscumque alios subditos et habitatores senescallie firmiter et inviolabiliter volumus et precipimus conservari. Datum in Monte Dome et actum die sabbati ante festum beati Gregorii, anno Domini Mⁿ CCCⁿ IIIⁿ.

VIII

Périgueux. 1380, 16 novembre.

Modifications apportées au traité d'union de 1240.

Arch. mun. de Périgueux, AA 34, original (1).

Noverint universi et singuli presentes litteras seu presens instrumentum publicum inspecturi, visuri ac eciam audituri, quod, anno Domini millesimo CCCⁿ tricesimo, die veneris post festum beati Martini yemalis, in domo Fratrum Minorum de Petragoris, regnante serenissimo principe domino Dei gracia Francorum rege, in [presentia] mei notarii et testium subscriptorum, ad hoc specialiter vocatorum et rogatorum, personaliter constitutis venerabili et discreto viro magistro Guillelmo de Buicia, jurisperito, majore, Raymundo Giraudo, Arnaldo Derodes, Raymundo Bruni, Gerardo de Borno, Helia Giraudo, Bernardo de Cavomonte, habitatoribus Ville Podii, Guillelmo Comite et Gerardo Jaffeti, habitatoribus Civitatis Petragoricensis, consulibus ipsarum Ville et Civitatis Petragoricensium, ex una parte, et discreto viro magistro Iterio de Castaneto, jurisperito, Iterio Chatuelli, Petro de Capella, Hugone de Peroin, Arnaldo Boeti, Rampnulpho de Bodi, Raymundo de Bulhfarina, Stephano de Madur, Helia de Barnabe, Helia de Malfre, Helia Gelat de Codeito, magistro Helia Chavantona, Iterio de Pascdut, Stephano Binneli, Johanne de Meloya, Bernardo de Vicino, Bernardo de Ramberto, Helia Gelati filio quondam Guillelmi, Petro Juliani, Boneto, domino Helia de Petragoris, archidiacono majore Petragoricensi, magistro Raymundo de Crolholo, jurisperito, Helia Ferolii, Petro Lacropta et Petro Rampnulphi, domicellis, Petro de Podio Maurandi, Helia de Chamiers, Raymundo Lapent, Gerardo Chapdemalh, Petro Buola, Johanne del Pontelh, Gerardo de Barbi, Helia de Bodi, Petro de Bodi, Petro de Fonte, Petro de Risso, Bernardo de Salvanh, Petro Dadier, Bernardo Tranco,

---

(1) L'acte présente quelques lacunes.

Guillelmo Salamoins, Petro de Risso juniore, Helia de La bordaria, Stephano Chorlhe, Raymundo Palhet, Guillelmo Fayardi, Iterio Pinazel, Gerardo de Furno, Gerardo de Faydit, Petro Buconis, Guido Fabri, Guillelmo de Rivalat, Guillelmo Salamoins seniore, Bernardo de Barno, Petro del Fayet juniore, Petro Trapassier seniore, Helia Bonistruti, Helia de Bosco, Johanne Angerti, Ademaro Izalbert, Guillelmo Dauros juniore, Bernardo de Maurant, Petro del Fayet seniore, Guillelmo Royo, Gerardo Gendre, Petro de Montaut, Helia Pinel, Petro Trapassier juniore, Guillelmo Dauros seniore, Iterio Johannis, Petro de Besseda, Guidone Lofonner, Iterio del Jairit, Petro de Borno, Helia de Leychala, Aymerico de Bosco, Guillelmo de Brolio, Petro Vido, Guillelmo Escharnit et Petro del Jairit, habitatoribus Civitatis Petragoricensis predicte, ex parte altera, dicte partes et earum quelibet gratia et sponte dixerunt et asseruerunt et palam et publice confessse sunt olim quamdam unionem, pacem et compositionem factam fuisse inter habitatores Ville et Civitatis predictarum in hunc modum :

. . . .

(Suit le texte du traité d'union de 1240.)

. . . .

Item dixerunt et asseruerunt ipse partes et earum quelibet, a tempore unionis et composicionis predictarum citra, distentionem, discordiam et questionis materiam fore subortas inter rectores et habitatores Ville et Civitatis predictarum, de et super eo quod rectores et habitatores dicte Ville dicebant et asserebant quod cives non servabant unionem et composicionem predictas, immo mensuris adulteris et non signatis utebantur, et aliis mensuris utebantur quam mensuris statutis et signatis in Villa predicta, et alias dictam unionem et composicionem servare contradicebant infringendo eandem indebite et injuste, prout [dicebant] rectores et habitatores dicte Ville, dictis civibus contrarium asserentibus. Demum ipse partes volentes, ut dixerunt, pacem et concordiam ac transquilitatem inter se habere et fovere, et omnem viam, materiam et occasionem odii, rancoris et discordie evitare et totaliter exstirpare, ad amicabilem et finalem composicionem venerunt in hunc modum :

Videlicet quod ipsi major et consules ac habitatores Ville et Civitatis predictarum et eorum quilibet, pro se et suis successoribus et aliis habitatoribus Ville et Civitatis predictarum, ratifficaverunt, aprobaverunt et expresse omologaverunt unionem et composicionem suprascriptas et omnia et singula contenta in eisdem cum moderatione inscripta, videlicet quod habitatores Civitatis predicte servabunt et tenebunt et servare et tenere tenebuntur consuetudines legitimas seu non iniquas dicte Ville, et quod, in creacione majoris et consulum, venient juraturi in consulatu annuatim majori et consulibus electis vel consulibus, nisi esset major, quindecim de

habitatoribus dicte Civitatis, nominandi per ipsos majorem et consules aut
consules tantum, majore non exstante, et quod alii habitatores dicte Civitatis jurabunt et jurare tenebuntur ad portam Civitatis vocatam de Petragoris coram duobus consulibus, quorum consulum unus erit de Villa habitator et alius de Civitate ; et, nisi ipsi habitatores dicte Civitatis jurare voluerint ad dictam portam coram dictis duobus consulibus, die super hoc
assignanda, quod ipsi habitatores teneantur venire ad dictum consulatum
juraturi majori et consulibus predictis, et quod ad hoc, quolibet anno et
quociens defficerent, possint per ipsos majorem et consules vel consules,
majore non existente, ipsi compelli.

Item, circa quintum articulum dicte composicionis et unionis, est sic
moderatum et declaratum quod ad omnia vocentur consules habitatores
dicte Civitatis vel unus ipsorum, et quod custos carceris et clavium juret
in communi majori et consulibus dictarum Ville et Civitatis, et quod
bona fide servetur et quod major et consules predicti hoc jurent expresse
in sua creacione et quod alias factum non valeat.

Item, octavus articulus non aprobatur nec reprobatur.

Circa undecimum articulum, sic est moderatum quod mercatum tenebitur in Villa vel alibi, ubi majori et consulibus videbitur expedire.

Item, quintus decimus articulus sic moderatur videlicet quod dicto sigillo universitatis nichil sigillabitur, quod habitatores dicte Civitatis
obliget in extraordinariis et in solutis, nisi ipsis consulibus Civitatis habitatoribus vel eorum altero evocatis, vel uno ipsorum alio absente, vel am-
bobus absentibus, vocatis duobus probis viris de Civitate.

Sextus decimus stet sicut stat, nec tollitur nec aprobatur.

Item, vicesimus primus non aprobatur nec reprobatur, sed viginti libre
renduales, de quibus in dicto articulo fit mentio, solvantur prout solvi consueverunt.

Circa vicesimum secundum articulum, sic fuit moderatum quod fient
collecte, dum opus fuerit, pro communibus negociis communitatis in Villa
et Civitate, juxta numerum et quantitatem facultatum, ad arbitrium majoris et consulum vel consulum, majore non exstante, vel deputatorum seu
deputandorum ab eis qui jurabunt quod fideliter se habebunt, sic quod
consules Civitatis vocentur specialiter in tallia Civitatis.

Item, vicesimus quintus articulus sic moderatur videlicet quod fortaliciis
et aliis fiat per majorem et consules, prout justum fuerit et secundum qua-
litatem factorum, et porte claudentur et aperientur nomine et mandato co-
rum, prout necesse et utile vel expediens videbitur communitati.

Item, circa decimum septimum articulum sic moderatur quod erunt equa-
les mensure bladi et vini et olei et signabuntur in Villa, et per consules
Civitatis, auctoritate majoris et consulum, tradentur, et emolumentum erit
Civitatis.

Item, quod una de Civitate mensura aleabitur per aleatorem Ville, et
consules habitatores Civitatis ad formam et modum illius aleabunt alias le-
galiter et signabuntur sic aleate omnes in Villa, et pro signo nichil sol-
vetur.

Item, servientes omnes habebunt vestes similes et de eodem panno, tam
ille qui manet in Civitate quam alii.

Item, quod si, unquam, futuris temporibus, contingeret distentionem,
discordiam, debatum aut controversiam nasci vel oriri super aliquibus
punctis compositionis et unionis hujusmodi aut aliis quibuscumque inter
rectores seu habitatores Ville et Civitatis predictarum, quod major et consules vel consules, majore non exstante, qui pro tempore fuerint Ville et
Civitatis predictarum, cognoscant, statuant et ordinent, cognoscere, sta-
tuere et ordinare possint et valeant, tanquam superiores et domini eorum
et habentes jurisdictionem omnimodam in Villa et Civitate predictis.

Item, fuit actum expresse per et inter dictas partes quod pars dictorum
omnium omnia et singula supradicta faciat per alios cives singulariter et
nominatim, presertim illos qui alias fuerint, causas inter dictas partes pro-
secuti, ratifficari et conflrmari et super hoc litteras sufficienter dari et concedi.

Item, fuit actum per et inter dictas partes quod omnes rancores, disten-
tiones, odia, cause, lites, discordie et expense quas et que una pars habebat et habere poterat usque ad diem hodiernam contra alteram, sint quitta
hinc inde penitus et remissa, ipseque partes vicissim hinc inde sese de
premissis quittaverunt perpetuo penitus et solverunt, honore, reverencia et
jure domini nostri Francorum rege in omnibus et per omnia semper salvis,
quibus, per aliqua hinc contenta, non intendebant partes predicte aliquod
prejudicium seu detrimentum afferre seu generare.

Que omnia premissa et singula superius contenta et declarata ipse partes et earum quelibet, prout quamlibet tangunt et tangere possunt et poterunt in futurum, gratia et sponte promiserunt, pro se et suis successoribus universis et aliis habitatoribus Ville et Civitatis predictarum, se tenere,
servare perpetuo et complere et contra non venire, per se vel alium seu
alios, aliqua ratione, tacite vel expresse. Pro quibus premissis omnibus et
singulis faciendis, tenendis, complendis et servandis perpetuo et contra non
veniendo, ipse partes et earum quelibet obligaverunt, altera alteri vicissim
solemniter stipulante, se et heredes et successores suos, et omnia et singula
bona sua et Ville et communitatis predictarum mobilia et immobilia, presentia et futura, ubicumque sint et consistant et quocumque nomine nuncu-
pentur, et supposuerunt [se (?)] ad hoc juridictioni, compulsioni, foro, statuto et ordinationi sigilli curie communis dicti domini nostri regis Francorum
et ecclesie Sancti Frontonis Petragoricensis in Villa Petragoricensi positi

et statuti. Et recognoscentes ipse partes et earum quelibet, de et super premissis omnibus et singulis, dedisse et concessisse alteram partem alteri quasdam alias litteras istis consimiles in effectu, sub sigillis domini officialis Petragoricensis et communitatis dictarum Ville et Civitatis, voluerunt et concesserunt ipse partes et earum quelibet se et successores suos ad faciendum, tenendum et complendum et inviolabiliter observandum omnia et singula supradicta, et contra non veniendum, tam virtute litterarum presentium per exsecutorem dicti sigilli curie communis aut dictum dominum regem quam virtute aliarum predictarum utraque . . . .

. . . .

. . . . vel solemni nulloque fori privilegio super hoc allegato. Et renunciaverunt dicte partes et earum quelibet scienter et sponte, super premissis omnibus et singulis, prout et quathenus quamlibet ipsarum tangit, omni foro, usui, consuetudini locali et generali, actioni in factum, conditioni ob causam et sine causa, juri per quod deceptis seu lesis quomodolibet subvenitur, et omni deceptioni levi et enormi, et omni exceptioni doli mali, juri dicenti factum alienum non posse promitti, et omnibus aliis auxiliis et benefficiis juris et facti, quibus seu per que juvari possent ad veniendum contra premissa vel aliqua de eisdem, et specialiter juri per quod censetur invalida renuntiatio generalis ; juramento super sancta Dei evangelia a personis omnibus et singulis supranominatis et earum qualibet prestito corporaliter, tacto libro, de tenendo, servando perpetuo et complendo omnia et singula supradicta, prout et quathenus quamlibet ipsarum tangit et tangere poterit in futurum, et contra non veniendo per se vel alium seu alios, aliqua ratione, tacite vel expresse, salvo et excepto precise per dictum dominum Heliam de Petragoris quod, propter premissa, ipse et sui et ejus bona aliquibus talliis seu omnibus insolutis non subjaceant, nec ad aliquas tallias seu onera, nisi prout acthenus consuevit, teneantur.

In quorum premissorum testimonium, dicte partes concesserunt altera alteri vicissim presentes litteras seu presens publicum instrumentum signis notarii infrascripti et cujuslibet eorum consignata, ac sigillo dicte curie communis dicti domini regis et ecclesie Sancti Frontonis Petragoricensis in dicta Villa posito et statuto sigillata.

Acta et concessa fuerunt hec in modum predictum, anno, die, loco et regnante predictis, presentibus venerabili et discreto viro domino Stephano Nepotis, canonico Petragoricensi abbateque Albateriensi, religiosis viris fratribus Guillelmo de Gibiaco, custode Fratrum Minorum Petragoricensium, Petro de Gironcio, lectore Fratrum Minorum de Petragoris, Armando Chatuelli et Bernardo de Roffiaco et Guillelmo Giraudonis, ordinis Fratrum Minorum, et Bernardo de Combis, clerico, notario regio, testibus ad premissa vocatis.

IX

Périgueux. 1336, 18 novembre.

*Serment prêté par les consuls de Périgueux élus pour l'année 1336-1337,
entre les mains de leurs prédécesseurs.*

Arch. mun. de Périgueux, BB 3, pièce 2, original (1).

In nomine Domini amen. Noverint universi et singuli hoc presens publicum instrumentum inspecturi, quod, regnante serenissimo principe domino Philippo, Dei gratia Francorum rege, anno Domini millesimo trecentisimo tricesimo sexto, die lune post festum beati Martini yemalis, hora vel circa horam meridiei, in auditorio consulatus Ville et Civitatis Petragoricensium, in presentia mei notarii et testium subscriptorum, ad hec vocatorum, personaliter constitutis Helia de Malfre, Stephano del Playchat, ... Petro Juliani et magistris Petro de Capella et Petro de Rupe, notariis regiis .... [anni] preteriti qui finivit die dominica proximo preterita, consulibus dicte Ville Petragoricensis, et Petro Lacropta, domicello, Civitatis consule, et magistro Petro Mercerii, procuratore et procuratorum nomine communitatis Ville et Civitatis predictarum, ex parte una, et Bosone de Granholio, Guillelmo de Gordo, Arnaldo de Margoto, Raymundo Porre filio quondam Raymundi Porre, Bernardo de Petit, Arnaudo Chatuelli, Helia de Caurello, dicte Ville, et Petro Rampnulphi, domicello, et Giraldo Gendre, Civitatis Petragoricensis nunc consulibus, dicta die dominica more solito electis, ex alia, prenominati nunc consules juraverunt in manibus Stephani del Playchat, recipienti pro se et aliis consulibus suis antiquis et nomine communitatis predicte, ad sancta Dei evangelia. . . . . tacto libro, quod ipsi in suo officio bene et fideliter se habebunt et quod honorem, comodum ac utilitatem communitatis predicte procurabunt pro posse et inutilia . . . . . evitabunt, et quod statuta alia, sibi per dictum magistrum Petrum Mercerii lecta que sunt in quodam libro dicti consulatus, servabunt ; et his actis, dicti nunc consules ascenderunt ad cameram secretam dicti consulatus pro consulendo, ut est moris ; de et super quibus premissis dicti consules antiqui et . . . . . nomine dicte communitatis pecierunt per me infrascriptum notarium sibi dari et confici publicum instrumentum, quod sibi concessi.

Acta fuerunt hec die, anno et regnante quibus supra, testibus presentibus ad premissa vocatis Stephano et Helia Boni, et Helia Bairaut, et plu-

---

(1) L'acte présente quelques lacunes.

ribus aliis ad premissa vocatis, et me Helia Bruni, clerico juniore, auctoritate regia publico notario, qui premissis presens interfui et presens publicum instrumentum manu..... scripsi et in formam publicam redegi, meoque signo solito signavi, requisitus, in testimonium premissorum.

X

Périgueux. 1348, 25 novembre.

Serment de fidélité des habitants de la Cité de Périgueux aux maire et consuls nouvellement élus.

Arch. mun. de Périgueux, AA 29, original.

Noverint universi et singuli hoc presens publicum instrumentum inspecturi, quod anno Domini millesimo CCC° quadragesimo octavo, die lune in vesperis festi beate Katerine virginis, ante introitum et in introitu porte Civitatis Petragoricensis vocate *de Mossen Itier*, regnante illustrissimo principe domino Philippo, Dei gratia Francorum rege, in presentia mei notarii ac testium subscriptorum, ad hec vocatorum specialiter et rogatorum, personaliter constitutis Helia Laporta, burgense ac consule Ville Petragoricensis, pro se et nomine domini majoris et omnium ac singulorum aliorum coconsulum suorum et aliorum habitatorum Ville ac Civitatis Petragoricensium, et Hugone Derodes, ut procuratore et nomine procuratorum dictorum dominorum majoris et consulum dictarum Ville et Civitatis Petragoricensium, ex una parte, et Bernardo Rossel, Symone del Poyrat, Johanne Chastaynh, Geraldo Dagrefuelh, Helia de Claromonte, Petro Polet, Geraldo Dorle, Guillelmo de Bodi, Helia del Fayet, Oliverio Jay, Petro de Podio Ardit, Helia del Rat, Guillelmo del Cluzel seniore, Petro Briola, Aymerico de Bertrant, Petro de Rosset, Stephano del Faure, Helia de Fabrica, Petro de Podio Mauran juniore, Petro Fabri alias dicto de la Reynaudie, Aymerico del Rat, Helia Tophani, Bernardo de Chamiers, Helia Ferrier, Geraldo de la Beynenchia, Bernardo de Miromonte, Iterio Barzat, Petro Boarel, Arnaldo Bertrandi, fabro, Helia Ferrier, Geraldo de Combis, Petro de Bertran, Guillelmo del Forn filio Grimoardi del Forn, Petro Abra, Helia Vigier, nuntio Petri del Rat, Guillelmo Pallet, Arnaldo de Belayt, Bernardo Marti, Bernardo de Salvaynh, Petro Geindre seniore, Raymondo de Briola, Petro de Faydit, Geraldo Audebant, Geraldo Rivalat, Johanne Lapeyra, Johanne Bostal, Petro Figier, Helia de Grassac, Petro Lamealha, Bernardo del Cluzel, Johanne Comitis, Bernardo Gravier, Arnaldo Boyer, Arnaldo de Vezel, Guillelmo de la Costura, Bernardo de Pinazel, Guillelmo Buocort, Petro de la Pent juniore, Bernardo Bordelha, carpentario, Bernardo Guarrel, Guidone Champanhol, Gerardo Gendre, Guillelmo deus Hugos, Johanne Textoris, Petro de la Rocha, Mina, Petro Lobat, Geraldo de Podio Mauran, Bernardo del Fayet, Helia Dauros, Petro Mazet, Michaele Cozi, Guidone de Ferrazi, Petro Pinazel, Helia del Pontelh, Geraldo Iterii, fabro, Petro Esperdelh, Stephano Briola, Stephano Costarol, Helia Guarrel, Geraldo Mausel, Helia de Pinazel, Petro del Cluzel, Helia del Fayet, Petro de Podio Mauran, Guillelmo Jay, Petro Grangier, Petro Tropet, Arnaldo Autran, Geraldo Bodet, Johanne de las Combas et Petro Sigoynh, habitatoribus dicte Civitatis Petragoricensis, quolibet eorumdem pro se, ex alia parte.

Ibidem dicti habitatores prefate Civitatis Petragoricensis, omnes ac singuli superius nominati, fecerunt ac prestiterunt prefato Helie de Laporta, consuli dicte Ville, ac dicto procuratori, procuratorum nomine et alias dominorum majoris et consulum aliorum ac omnium et singulorum aliorum habitatorum Ville et Civitatis predictarum, presentibus et recipientibus, juramentum fidelitatis et hobediencie, alias videlicet, anno quolibet, in nova creacione dominorum majoris et consulum Ville ac Civitatis predictarum, per habitatores earumdem Ville ac Civitatis facere ac prestare solitum dominis majori et consulibus supradictis, tam eorumdem dominorum majoris et consulum nominibus propriis quam nomine omnium et singulorum aliorum habitatorum predictarum Ville ac Civitatis, in hunc modum, videlicet quod promiserunt ac juraverunt ad et super sancta Dei evangelia, corporaliter cum eorum propriis manibus libro tacto, se esse de cetero perpetuo bonos ac fideles et hobedientes in omnibus casibus licitis et honestis dominis majori et consulibus supradictis dictarum Ville et Civitatis qui nunc sunt, et qui pro tempore fuerint successores eorumdem in officiis supradictis, ac communitati earumdem Ville et Civitatis, comodumque et honorem eorumdem dominorum majoris et consulum et successorum suorum et totius communitatis predicte in omnibus procurare pro posse et inutilia pro viribus evitare. De et super quibus omnibus premissis et singulis, dictus procurator dictorum dominorum majoris et consulum, nomine procuratorum eorumdem ac totius communitatis predicte, petiit sibi per me notarium infrascriptum fieri darique et concedi unum vel plura publicum seu publica instrumenta, tot quot eisdem essent necessaria et habere vellet de eisdem, que eidem concessi nominibus quibus supra.

Acta fuerunt premissa die, anno, loco et regnante predictis, presentibus Petro Gendre ac magistro Petro de Combis, clericis Civitatis predicte, testibus ad premissa vocatis specialiter et rogatis, et me Petro de Chalmontelh, clerico, publico auctoritate dicti domini nostri Francorum regis notario.

XI

Périgueux. 1351, 18 novembre,

Procès-verbal du conseil général tenu dans l'auditoire du consulat de Péri-
gueux, le 18 novembre 1351, et contenant la reproduction de statuts mu-
nicipaux des années 1236 et 1241.

Arch. mun. de Périgueux, BB 3, pièce 3, original (1)

[Noverint universi et singuli hoc] presens instrumentum publicum inspecturi quod, anno Domini millesimo CCC° quinquagesimo primo, die veneris in octabis festi beati Martini yemalis, in auditorio domus consulatus
Ville Petragorarum, regnante serenissimo principe domino Johanne [Dei
gracia Francorum re]ge, in presencia mei notarii et testium subscriptorum, ad hoc vocatorum specialiter et rogatorum, personaliter constitutis et
congregatis prudentibus viris Helia Seguini, Helia de Rupe, domicello,
Fortanerio Chatuelli sive de Landrico, [............d]e Papassol, Helia
de Barraudo, mercatore, Helia de Garlandier, Johanne Bruni, Bertrando
de Caturco, Petro de Chapoleta, dicte Ville, Petro Fabri et Petro Regi-
naldi, Civitatis Petragoricensis, consulibus Ville et Civitatis predictarum,
noviter die dominica proximo preterita electis, nec non et prudentibus viris
Raymundo de Martino, majore, Arnaldo Rosselli, Helia Fabri, Stephano
de Playschato, Rampnulpho de Bodino, Helia de Barraudo, clerico, Bernardo de Gorsolis, Arnaudo Chatuelli, Petro Manhani, Helia de Rupe
et Guillelmo Bruni, dicte Ville, ac domino Fortanerio de Petragoris,
milite, et Raimundo de Buxeria, dicte Civitatis, consulibus Ville et
Civitatis predictarum anni proximo preteriti et finiti dicta die dominica
proximo preterita, que fuit post dictum festum beati Martini, qua major et consules Ville et Civitatis predictarum creari solent, discretis viris
domino Arnaldo Jandonis, Stephano de Cappella, Bernardo de Gorsolis,
magistro Helia La Rocha, Helia Fabri de Castro, Guillelmo Bruni seniore,
Petro de Madur, Johanne Falqueti, Gaucelino de Cavomonte, Petro del
Chastanet, magistro Geraldo Fabri, Johanne Malet, Helia Garnier, Raimundo de Petit, Helia de Barnabe, Armando Chatuelli, Helia de Grosseto,
magistro Petro Copier, Petro de Janitz, Helia de Bos Rozet, Guillelmo
Bruni juniore, Helia Arnaldi, Guillelmo de Podio, Johanne Nepotis, Petro
Stephani, magistro Geraldo de Pratis, Iterio de Salis, magistro Helia de

---

(1) L'acte présente quelques lacunes.

Belcier, Johanne de la Baylia, Johanne de la Grelieyra, Petro de Barrio de
Ponte, Raymundo Ferat (?), Guillelmo Benech, Bernardo de Raydor, Helia
de la Perieyra, Petro Daudemar, Arnaldo Gonterii, Geraldo Pachina, Guil-
lelmo de Sancta Maria, Petro Malet, Geraldo Desseluc, Johanne Dyode,
Arnaldo de la Brossa, Petro Bonabocha, Petro Lambert, Guillelmo de la
Colre, Raymundo Malet, Guillelmo de Picharro, Helia Caresme, Helia
Port, Geraldo de la Menada, Petro de Dinhayrac, Iterio Baiuli, Petro de
Barralhier, Petro Lemozi, Petro Lacrotz, Johanne Lunaut, Petro de Balho,
Petro de Barri de l'Albergaria, Petro de Godorn, Helia de Barraudo, cle-
rico, Bernardo de Vinharier, Helia de Mouranhi, Geraldo Maynart, Johanne
de Rodola, Guillelmo Rambaut, Helia Fabri, Johanne de la Vayscha, Petro
de Ramafort, Helia de Luco, Petro deus Clauzeus, Aymerico de Bernitz,
Petro Mure, Helia Farganel, Robberto del Marbo, Guillelmo Bonama, Petro
Rampnulphi, Petro Maurat, Stephano de la Brossa, magistro Stephano de
Bemio, notario, Raymundo de Buxeria de Civitate, Hélia de Ponte, Geraldo
de Ferrando, magistro Bernardo Regis, jurisperito, Petro del Jarric, Aymerico Vigerii, magistro Guillelmo de Castanea, notario, et pluribus aliis
personis popularibus, tam clericis quam laicis, dictarum Ville et Civitatis,
more solito ac cum tuba, ut dicebatur, evocatis, una cum omnibus aliis
personis et popularibus communitatis Ville et Civitatis predictarum compa-
rentibus, causa tractandi, deliberandi et consulendi et consulatum et consi-
lium faciendi et tenendi super et de negocio infrascripto, videlicet super
et de eo quod, dicta die dominica, discretus vir magister Johannes Maximini, clericus, jurisperitus, electus in majorem Ville et Civitatis predictarum anni presentis, onus seu officium hujusmodi assumere recusabat, et, ob
hoc, prenominati noviter electi consules onus seu officium consulatus hujusmodi etiam assumere recusabant, quod redundabat in grande scandalum et
periculum communitatis predicte, cum dicerent ibidem quod, per antiquos
et probos viros Ville et Civitatis predictarum, super electione et creacione
majoris et consulum dictarum Ville et Civitatis et super electione quatuor
proborum virorum qui habent eligere octo probos viros qui eligere habent
majorem et consules, vel consules sine majore, et super juramentis pres-
tandis per dictos electores et electos, super regimine dicte communitatis,
facte et inhite fuerant q[ueda]m antique bone et aprobate ac retroactis
temporibus observate ordinaciones et statuta, qu[orum tenor et] mentio
sunt scripte et inserte in quodam libro dicti consulatus cum..... et pelle
rubra cohoperto ibidem exibito, ostento ac presente, quarum tenor inferius
continetur, et quod ordinaciones et statuta hujusmodi in pluribus earum
articulis et capitulis de novo infringebantur et rumpebantur et tenere et
servare contempnebantur, maxime per majorem et consules electos predictos, in tocius communitatis et gentium popularium grande prejudicium

atque dampnum ; dicerentque eciam ibidem ....na dicti octo
probi viri, qui dictorum majoris et consulum seu consulum sine majore habent facere electionem, eliguntur et possunt ac consueverunt eligi ....
.... [e]orum electione et in alia electione preterita per eos facienda poterant intervenire .... machinacio, dolus et fraus magni, et
quod alias circa electionem hujusmodi, maxime anno proxime preterito,
fuerat de dolo, machinacione et fraude hujusmodi sus[picio] ....
et electos predictos per aliquos singulares dicte Ville, prefati major et consules dict.............. et alie prenominate et non nominate presentes persone, omnes et singule, unanimes et concordes sibi et dicte communitati
super premissis et singulis in futurum de so............... [pro]videre et an-
tiquorum proborum virorum vestigiis adhibere volentes, ut dixerunt...... ...
.... eodem communi et deliberato consilio convenientes pariter et
assensu, prefatas ordinaciones et statuta, in dicto libro scriptas et insertas,
pro se et eorum in dictis [majoria, consu]latu et communitate successoribus, ratifficaverunt, aprobaverunt, laudaverunt et perpetuo ac [expresse
confirmave]runt easque tenere et servare perpetuo de puncto in punctum
promiserunt, et nichil in contrarium facere, attemptare modo aliquo vel
vertere et ulterius ordina........... [jurav]erunt expresse super dicta
electione dictorum proborum octo virorum in me[morata majoris] et consulum vel consulum sine majore electione, [ne]dolus, fraus aut machinacio possit
fieri de cetero vel committi aut aliter contra electiones hujusmodi de dolo,
fraude vel machinacione aliqua valeat suspicari, quod dicti octo probi viri
vel ullus ex eis nisi .... finitis et completis, prout dicti consules eliguntur et consueverunt eligi de tribus in tribus annis finitis et completis,
non possint modo aliquo eligi in futurum, quodque dicta electio dictorum
octo proborum virorum ipsa facta seu eorum nomina ....
conscribantur, prout electio dictorum majorum et consulum seu eorum no-.
mina sunt conscribi consueta. Cujusmodi ordinacionem et statutum dicti
major et consules veteres et moderni et alie persone prenominate et non
nominate presentes, pro se et in majoria, consulatu et communitate predictis successoribus, ratifficaverunt, aprobaverunt, laudaverunt perpetuo, penitus et expresse confirmaverunt easque teneri et servari voluerunt et concesserunt, nichilque in contrarium fieri vel etiam attemptari. De quibus
premissis et singulis, Guillelmus Seguini et Petrus Bruneli, burgenses dicte
Ville, petierunt pro se et communitate predicta a nobis infrascriptis notariis
sibi dari et fieri publicum instrumentum seu publica instrumenta, unum
vel plura et tot quot habere voluerint de eisdem ; cujusmodi instrumentum
seu instrumenta nos dicti infrascripti notarii ipsis duximus concedendum
vel concedenda. Actum fuit hoc anno, die, loco et regnante predictis, presentibus testibus Arnaldo Gonterii, Petro Bonifon, clericis, Hugone Derodes, laico, et pluribus aliis dicte Ville vocatis et rogatis.

Sequitur tenor dictarum ordinacionum et statutorum in dicto libro insertorum in hunc modum :

Establit fo e acordat el cumenal cosseilh de la Vila trompat et cridat, en la mayoria den Guilhem Brunel, que tos lo fach quel mayer feses per la Vila ab sos companhos, que si, en negu temps, nulhs hom ab negun geinh encontra lo mayor ni encontra sos companhos, per si·ni per autre venia per aquel fach, ni lhen fasia negun dampnatge ni o assaiava a far, que aquel en fos penatz al esgart del maior et de sos companhos ; el maier ab sos companhos deu o enserchar en aquela maniera que poira e sabra e quel maier et la Vila en gardes de dan aquel cui lo dampnatges ol laihs seria faihs o dihs. Ayso fo establit en la gleia Sen Sila, *anno Verbi incarnati* de M. e CC. e XXX. vj ans, el mes d'abril, lo divenres avan la Sen Gorge, e li companho del maior eran Hel. Larocha, Nic. de Salas, Hel. Blanque, Johans de Folcra, Ro. Porta, G. Foschiers, P. del Calhaut, R. Maiget, P. de Chayschac, G. del Solier, Hel. Albertz, P. Maletz. E fo es-establit aquel meihs jorn que, si negus hom d'esta Vila .... lagia autre e clams en venia davan lo maior, que aquel qui o faira en portes pena al esgart del maior e de sos companhos, segon que la persona seria d'aquel a cui lo laihs faihs ol laihs dihs seria faihs. Establit fo e acordat el cumenal cosseilh de la Vila trompat e cridat, *anno Verbi incarnati* de M. e cc. et xlj, lo dimenc apres la Sen Marti, que negus hom qui intres maier o cossols a aquel jorn no fos maier ni cossols quan l'ans seria achabatz dusque iij ans apres en fossan passat, e en aquel an fo maier en P. Giraudos e foren cossol Hel. Chatueus, Joh. de Folcra, It. Marsals, Hel. Marvo, Ar. Derodes, G. Foschiers, Hel. Sudre, Ar. Albert, ... atz., W. Brossilhos, R. de Senilhac e W. Rusticus. — *In nomine Patris et Filii et Spiritus Sancti, Amen.*

Ayso qui s'enset es la manieyra com se deu far la electios qui se deu far chad'an, lo dimment (*sic*) apres la Sanct Marti, del maior e deus cossols de Peregurs, o deus cossols ses maior, quant maier no y es fachs ni esligits.

Premieyramen, lo mayer e li cossol o li cossol si no y a mayor, qui seran l'an que la electios se deu far, deven eslegir iiij prodomes qui no sian estat cossol de iij ans davan que la electios se fara, e daus quatre prodomes deven esser iij de la Viela dal Puey Sanct Froncet e l'us de la Ciptat, e aquilh iiij prodome deven esser aquel an cossol si empero li viij prodome qui faran e compliran en aquela electio lo nombro del mayor e deus cossols o deus cossols ses mayor, veyen que sian bo. Aquilh iiij prodome desus dich deven eslegir viij prodomes, deus quals viij seran li vj de la Viela e lhi duy de la Ciptat, e degus daqueus viij prodomes no seran cossol en aquel an. E lhi viij prodome qui seran eslegit per los iiij desus dichs, deven eslegir mayor e viij cossols o viij cossols ses mayor, ayschi com a lor semblara maychs de profiechs a las doas vielas ; e si eslegischen mayor, deu esser lo mayer de la Viela del Puey Sen Front ; e lhi viij prodome (*sic pro :* cossol) seran li vj de la Viela e li ij seran de la Ciptat. E si era veyayres aus viij prodomes qui eslegiran e compliran lo nombre del mayor e deus cossols o deus cossols ses mayor, que li quatre prodome qui son premier eslegit en cossols per lo mayor o per los cossols si no y avia mayor qui seran en aquel temps quant la electios se fara, no sian bo per remaner cossol, podon los ostar totz quatre o l'u o los ij o los iij o totz iiij e metre d'autres en conplir lo nombre deus xij cossols e del mayor o deus xij cossols ses mayor, ayschi com a lors cossiensas playra, ni veyran que se fara affar lo pluchs leyalmen e profechablamen que poyran a bona fe e al profiech de las doas vielas.

Lhi sagramen qui se faran en las electios son aquist qui s'enseguen :

Lhi quatre prodome qui seran eslegit per lo mayor e per los cossols qui seran l'an que la electios se fara , o per los cossols si no y avia mayor, juraran ayschi cum s'ensec : Vos juraretz sobre la sancta ley de Dieu Nostre Senhor, que vos be e leyalment, tant cum poyretz a bona fe, chauziretz e eslegiretz viij prodomes, vj d'esta Viela e ij de la Ciptat, los plus profechables que conoyscheretz a far e a chausir cossols e mayor, o cossols ses mayor, al profiech e a la salvetat de las doas vielas e del poble e de la cumenaltat de las doas vielas, e chausiretz los a bona fe, tan com poyret[z], e no y esgardaret[z] amic ni enamic.

Aysso es lo sagramens que faran li viij prodome qui seran eslegit per far e eslegir e conplir lo nombre deus xij cossols e del mayor o deus xij cossols ses mayor : Vos juraretz sobre la sancta ley de Dieu Nostre Senhor que vos be e leyalment, tant cum poyretz a bona fe, faretz e chauziretz e eslegiret[z] mayor qui sia d'esta Viela e xij cossols, so es assaber x cossols de la Viela e ij de la Ciptat, o xij cossols ses mayor, si vezetz que sia profiech a las doas vielas, e aqueus que eslegiret[z] et chauziret[z], vos eslegiretz e chauziretz los plus profechables e los plus leyals que poyretz al profiech de las doas vielas, e no y esgardaretz amic ni enamic.

Aysso es lo sagramens que deu far lo mayer e li xij cossol o li xij cossol si no y avia mayor : Vos juraretz sobre la sancta ley de Dieu Nostre Senhor que vos, be e leyalment, a bona fe tan cam poyret[z], governaretz e gardaretz los pobles e las salvetatz e las franchezas e las coudumas de las doas vielas .... gardaretz aytant be la drechura e la razo del paubre coma del ric e vos, ni homs ni femna per vos, no prendretz logre ni do ni servizi d'ome ni de femna qui aya ni espere aver plach en la cort del cossolat, que vos o sapchatz ; e gardaretz los pons e los passatg[es e lo]s intratges de las ij vielas e deus fossatz e deus avansfossat[z] ; e gardaretz los murs e los portals e las tors e las barbacanas e los chadafaus e tota la clausura de las vielas e deus borcs, leyalment e a bona fe, tant com poyretz, e, si se fonden, o faretz adobar e redressar a vostre poder, a la

messio de la viela ; e gardaretz que las escluzas qui son viro la Viela no
sian plus aussadas, mas tan com son ; e no sufriretz am genh ni ses genh
que las ij vielas ni li habitan de las ij vielas yeschan del poder ni de la
senh[oria] de nostre senhor lo rey de Fransa ; e levaretz e faretz levar, be
e leyalment, los esgartz e los gatges qui seran esgardat e jutgat en la cort
del cossolat, e a deguna persona, pueyschs que lhi sera estat retrach, no
quitaretz ni y laycharet[z] re que trobar en ....atz. E maych que,
dins xv jorns, vos chausiretz e eslegiretz xxx prodomes d'esta Viela, aqueus
que vos semblara, qui sian de vostre cosselh, e juraret[z] maych que vos, ni
homs ni femna per nom de vos, no prendretz ni prestaretz ni faretz prendre
ni prestar a deguna [perso]na las armaduras de la Viela sino am lo cosselh
e am lo cossentiment deus xxx prodomes qui seran de vostre cosselh, e
que si, daus xxx prodomes, n'i avia j., o d'aqui en sus, desacordan, que re ne
s'en fezes ni s'en bayles, sals aus sirvens de la Viela e autra persona, quan
feria hom justizia .... o gach o yria hom dins los decs per la cocha de
la Viela, que los poyretz baylar las targas e los taulachos et las lansas e
los dartz qui son al cossolat tan solamen, et, quant la cocha seria facha, que
o cobretz e o tornetz al cossolat ; e juraretz que, si degus homs ni deguna
femna movia o fazia mucure plach o demanda contra vostres ancessors qui
an estat mayor o cossol o jutges o procuradors o sirvens o levadors o alcu
d'autre qui ayan fach lo servizi de la Viela, o contra alcu de lor, per razo o
per ochaygo o per obligacio del fach de la Viela davan alcun jutge o en
autra manieyra, eran assegut per obligacio que aguessan fach per la Viela,
que vos aquel playch o demanda prendretz e menaretz o faretz prendre e
menar be e leyalmen, a bona fe, a las messios de la Viela, totas horas qu'en
seretz requesut, contra totas personas e en totz lueychs et los en gardaretz de dan tan com poyretz, e, si es obligacios de depte, o pagaretz daus deniers de la Viela, si empero la obligacios era facha leyalment a bona fe. E
juraretz maych que vos no prendretz denier ni mealha deus deniers de la
Viela, si no o faziatz per la ma del comtador ni per la ma del [contra]comta-
dor, si no o faziatz per lo proficch de la Viela ; e maych que vos redretz comte
dins un mes que seretz yschit del cossolat a vostres successors o tendretz
estatges al cossolat e no ne yschiretz am los vostres pes ni am lus autruys,
sas que ayatz redut comte, si no o faziatz de la licensa de vostres successors ; e maychs que sael, ni letra, ni libre, ni papier maychs del cossolat
no retendretz, ans los redretz a vostres successors totas horas qu'en seretz
requeregut ; e maychs que la copia del comte que vostre antecessor vos re-
dran, vos metretz o cozretz o faretz cozer al gran libre ont son li autre
comte cozut, am un chartrapel de sus ont fara mensio de l'an que lo comtes sera fachs ; e si aquel libres era tant ples que no y pogues chaber, vos
en faret[z] far un autre, en que aquel comtes e aquilh qui vendran apres
sian mes ; e maychs que los deptes que devia hom de vostre cossolat o se-

ran taxat en vostre cossolat o los comptes finals que faretz en vostre cossolat, am los deptors a cuy la Viela deura re, o los credors que vos pagaretz
per la Viela en vostre cossolat, vos metretz o faretz metre en escriout al
papier de la Viela am las potz cubertas de pel vert ; e maychs que no suffriretz ni no cossentiretz que degus homs ni deguna femna se crescha en
las chauzas ni el patrimoni de la Viela, en prejudici ni en dampnatge de la
Viela ; e gardaretz a vostre poder los establimens fachs per vostres ancessors ; e sobre totas aquestas chauzas, especialmen sobre far razo e drechura e demandar lo drech e los devers de la Viela, no y agardaretz amic
ni enamic. E maych juraran lo mayer e li cossol o li cossol, si mayor no y
a, que ilh no selaran ni selar faran del gran ni del petit seyel de la Viela
alcuna letra que contenha alienacio de alcus bes de la Viela, ni obligacio
de alcun depte en que la Viela sia obligada, sino o fazia que tuch mayer e
cossol o li cossol, si mayor no y avia, fossan present qui seran el pays, e
que la letra aquela que se seylarra fos senhada dal senh del escriva de la
cort de cossolat o d'autre notari public, e que tal letra sia enregistrada al
registre de la Viela de mot a mot e encorporada ; e si, en autra manieyra,
alcuna letra era autreyada ni seylada, que no aya valor ni fermetat, ni deguna ses nolh sia donada en alcun jutgament ni de fora.

Ego vero Hel. Capreoli, auctoritate regia publicus notarius qui, una
cum conotario meo et testibus infrascriptis, ratificationi, aprobationi, laudationi, confirmationi, statuto et ordinationi ac aliis premissis, dicta die
hodierna, factis et dictis per prenominatos dominos majorem et consules et
alias singulares personas presens interfui presenti instrumento publico,
manu propria me subscripsi, illud in formam publicam redegi et signo meo
solito signavi requisitus.

Et ego etiam Petrus de Chalmontelh, clericus, auctoritate regia predicta
publicus notarius, cui constat de rasuris et interlineis factis superius in
dictionibus que sunt : que fuit post dictum festum beati Martini qua major
et consules Ville et Civitatis predictarum creari solent, discreto viro, —
Garnier, — Petro, — electione, — et concesserunt, — feses, — las vielas, — deguna, — ans los redretz a vostres successors, — las, — suffriretz,
— el pays, — una cum prefato magistro Helia Capreoli et testibus superius nominatis, predictis ratifficacioni, approbationi, laudationi, confirmationi et factioni dictorum statuti et ordinacionis predictorum et aliis supradictis modo et forma superius declaratis, dicta die hodierna, per prenominatos dominos majorem et consules et alias singulares ac populares personas dictis et actis, dum agebantur, presens interfui, presensque publicum
instrumentum una cum prefato notario de eisdem recepi ac eidem manu
propria me subscripsi, illud in formam publicam redigendo, et signo meo
publico ac solito consignavi, vocatus et etiam requisitus, in testimonium
premissorum.

A. La tour de la ville.
B. Eglise Cathédrale.
C. La maison Episcopale.
D. Amphitheatre, les Rolphies.
E. Conuent des Iacobins.

F. Fauxbourg de Taille-fer, ruiné.
G. Ieu de Paulme.
H. Conuent des Cordeliers.
I. Conuent des religieuses de Sainte Claire.

K. Porte de Taillefer, & maison du sieur de la Borie y ioignant.
L. Porte de l'obergerie.
M. Moulin fortifié.

N. Porte du pont, & pont de Tournepiche.
O. Porte neufue.
P. Porte des plantiers.

Q. Porte de la Limoiane.
R. Porte de l'aquilherie.
S. Eglise Collegiale S. Front.
T. Maison de ville, Consulat.

V. Eglise S. Sille.
X. La Claustre, place publique.
Y. Conuent des Augustins ruiné.
Z. Chapelle de la garde.

*. L'ardsault.
AA. L'Isle, riuiere.
BB. La cité.
CC. Le pont de la cité.

XII

Paris [au Louvre]. 1356, 26 octobre.

Subside accordé aux habitants de Périgueux par le roi de France pour fortifier leur ville.

Arch. mun. de Périgueux, CC 12, original scellé.

Charles ainsnié filz et lieutenant du roy de France, duc de Normandie, dauphin de Viennois. A noz amez et feaulz les tresoriers de nostre tres chier seigneur et pere et de nous a Paris, salut et dilection. Comme nostre tres chier frere le conte de Poitiers, lieutenant de nostredit tres chier seigneur et pere par dela la riviere de Loire et en toute la langue doc, ait donné et ottroyé a noz bien amez les maire et consulz de la ville de Pierregueux, pour faire brides, engins et autres reparacions necessaires pour la garde et deffense de ladite ville contre noz ennemis qui tiennent la Cité de Pierregueux occupée, cincq cens livres tournoys par moys, tant comme il plairoit a nostredit tres chier seigneur et pere e a nostredit tres chier frere, ainssi comme plus a plain est contenu es lettres de nostredit tres chier frere, desquelles il vous apparaitra, et vous, de notre mandement, leur ayez paié ce que deu leur estoit du temps passé et jusques au premier jour de novembre prochainement venant, Nous vous mandons que lesdites cincq cens livres vous paiez ou assignez oudit moys de novembre auxdiz maire et consulz, et, dillecques en avant, chascun moys, V^c livres, tant comme il plaira a nostredit tres chier seigneur et pere et a nous. Et en rapportant ces presentes avec lettre de recongnoissance desdiz maire et consulz, tout ce que paié ou assigné leur aurez pour la cause dessusdite sera alloué en voz comptes et rabatu de votre recepte ou de celui a qui il apartendra sanz contredit, nonobstant ordenances, mandemens ou deffenses faites au contraire.

Donné au Louvre lez Paris, soubz nostre scel, le XXVIe jour d'octobre, l'an de grace mil ccc cinquante et six.

Par le conseil ouquel vous esties :

J.-P. DE LABATUT.

XIII

Plan de la ville de Périgueux en 1575.

Le « vray pourtraict de la ville de Périgueux » qui figure aux pages 201-202 du tome I de la *Cosmographie universelle* de François de Belleforest (1), abrégé et continuation de la *Cosmographie universelle* de Sébastien Münster, fut, au témoignage de Belleforest, dressé d'après un plan de la ville qui lui aurait été fourni par Arnault de La Borie, chanoine de la cathédrale de Périgueux. C'est le plus ancien plan qui existe de cette ville.

Une reproduction du « vray pourtraict » a été tirée par les soins de la Société historique et archéologique du Périgord et insérée dans le tome V (p. 220) de son *Bulletin*. Nous donnons ci-contre un exemplaire de cette reproduction.

XIV

SCEAUX

Planche I (2)

1

Bourg du Puy-Saint-Front de Périgueux.
(1204)

Sceau rond, de 65 millim. — Arch. nat., J 627, n° 3.
Une aigle.

✝ SIGILLUM MAIORIS CONFRATRIE PETRAGORIC.
(Sigillum majoris confratrie Petragoricensis).

Appendu au serment de fidélité du *Bourg* à Philippe-Auguste (mai 1204).

Inventaire, etc...... de Douët d'Arcq, n° 5729.

---

(1) *La Cosmographie universelle de tout le monde .... Auteur en partie Münster, mais beaucoup plus augmentée, ornée et enrichie par François de Belle-Forest, Comingeois* .... A Paris, chez Nicolas Chesneau, 1575, 2 tomes en 4 vol. in-fol.

(2) Nous avons suivi l'ordre de l'*Inventaire* de Douët d'Arcq. Sur la planche I, les sceaux numérotés 1, 3, 3 *bis*, 4 et 4 *bis* (sceaux du *Bourg du Puy-Saint-Front*) auraient dû, logiquement, précéder le sceau numéroté 2 et 2 *bis* (sceau de Périgueux).

2

Périgueux.
(1308)

Fragm. de sceau rond, de 85 millim. — Arch. nat., J 415, n° 210.

Une ville fortifiée, sur champ treillissé à fleurs de lys.

.......M CONSV..... ......IS PETRAG......

(Sigillum consulatus communis (?) Petragoricensis).

2 bis

Revers du même.

Evêque assis, vu de face, bénissant de la main droite et enfonçant, de la gauche, sa crosse dans la gueule d'un dragon qu'il foule à ses pieds. Champ treillissé à quintefeuilles.

.NIVERS.....S PETR........

(..... universitatis Petragoricensis).

Appendu à une charte datée du 27 avril 1308, par laquelle les maire et consuls de Périgueux nomment des députés aux Etats généraux.

Inventaire, etc..... de Douët d'Arcq, n° 5730.

3

Bourg du *Puy-Saint-Front* de Périgueux.
(1223)

Fragm. de sceau rond, de 67 millim. — Arch. nat., **J 627, n° 6 *ter*.**

Homme d'armes à pied, tourné à droite, l'épée haute et couvert d'un bouclier chargé d'une croix.

.IGILLVM BVRGENS..M·DE PETRAG....

(Sigillum burgensium de Petragoris).

3 bis

Contre-sceau.

Un évêque vu de face, à mi-corps, mitré d'une mitre cornue, crossé et bénissant.

† SECRÈTVM DE PETRAGORIS.

(Secretum de Petragoris).

Appendu à une charte du mois de septembre 1223, par laquelle le maire et la communauté du *Puy-Saint-Front* prêtent au roi serment de fidélité.

Inventaire, etc....., de Douët d'Arcq, n° 5731.

4

Bourg du Puy-Saint-Front de Périgueux.
(1246)

Fragm. de sceau rond, de 75 millim. — Arch. nat., J 421, n° 3.

Evêque assis, vu de face, mitré, crossé et bénissant, encensé par deux anges nimbés. Champ semé de fleurs de lys. On distingue fort bien le gant de la main droite.

(Plus rien d'utile de la légende).

4 *bis*

Revers du même.

Une ville fortifiée, à cinq tours, trois carrées et deux rondes.

(Plus rien d'utile de la légende).

Appendu au serment de fidélité au roi, du maire et de l'*université du Puy-Saint-Front* de Périgueux, du 18 février 1246 (n. st.).

Inventaire, etc... de Douët d'Arcq, n° 5732.

Planche II

1

Raoul [de Lastours], évêque de Périgueux.
(avant 1226)

Fragm. de sceau ovale, de 64 millim. — Arch. nat., J 292, n° 1.

Evêque debout, vu de face, mitré, crossé et bénissant.

.AMNVLF..
(Ramnulfus).

1 *bis*

Contre-sceau.

Un **Agnus Dei**.

✝ PAX VOBIS.
(Pax vobis).

Appendu à des lettres par lesquelles l'évêque et le clergé de Périgueux demandent au roi de leur envoyer un bon sénéchal. Sans date (avant 1226).

Inventaire, etc.... de Douët d'Arcq, n° 6810.

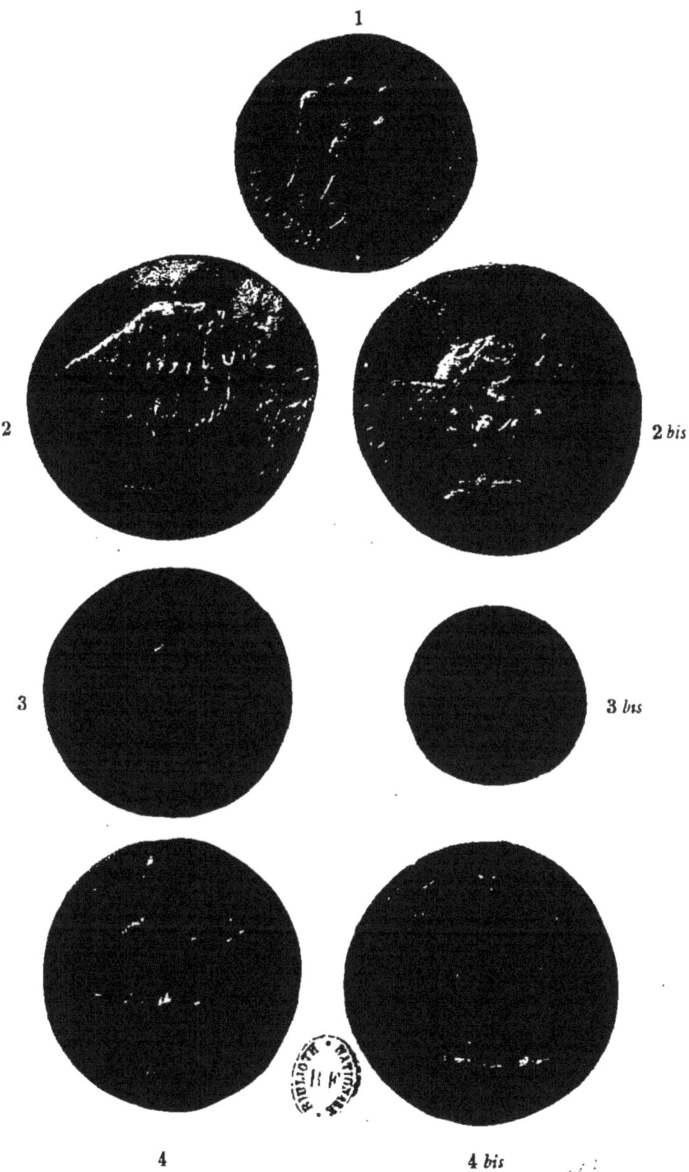

Cliché de M. Ch. Durand.   Phototypie Berthaud.

2

Pierre [de Saint-Astier], évêque de Périgueux.

(1240)

Sceau ovale de 58 millim. — Arch. nat., J 620, n° 12.

Evêque debout, vu de face, mitré et crossé, bénissant et accompagné de trois fleurs de lys, deux à dextre, une à sénestre.

✠ S. P. DEI GRACIA PETRAGORICEN. EPS.

(Sigillum Petri, Dei gracia Petragoricensis episcopi).

2 *bis*

Contre-sceau.

Une main bénissante.

✠ PAX VOBIS.

(Pax vobis).

Appendu à une charte où l'évêque se porte garant de la fidélité d'Aimeri de Castelnau envers le roi. Compiègne. 1240, juillet.

Inventaire, etc... de Douët d'Arcq, n° 6811.

3

Pierre [de Saint-Astier], évêque de Périgueux.

(1247)

Sceau ovale de 50 millim. — Arch. nat., J 292, n° 5.

Evêque debout, vu de face, mitré, crossé et bénissant.

✠ S. P. DEI GRACIA PETRAGORICEN. EPI.

(Sigillum Petri, Dei gracia Petragoricensis episcopi).

Contre-sceau.

Le même qu'au n° 2 *bis*.

Appendu à une charte par laquelle quatre chevaliers de Périgueux s'engagent envers les envoyés du roi à lui payer une certaine somme, dans le cas où le comte de Périgord ne tiendrait pas ses conventions avec lui. Périgueux. 1247, juillet.

Inventaire, etc... de Douët d'Arcq, n° 6812.

4

Raimond VI [d'Auberoche], évêque de Périgueux.

(1285)

Sceau ovale, de 57 millim. — Arch. nat., J 347, n° 94.

Evêque debout, vu de face, mitré, crossé, bénissant et accosté de deux croix à doubles branches.

✠ S. RAIMVNDI DEI GRA. .ET. ..RICEN. EPI.

(Sigillum Raimundi, Dei gracia Petragoricensis episcopi).

4 *bis*

Contre-sceau.

La lapidation de Saint-Etienne.

DNE. NE STATVAS (le reste douteux).

Appendu à une charte de l'évêque qui confirme l'élection d'un abbé de Sarlat. 1285.

Inventaire, etc... de Douët d'Arcq, n° 6813.

5

Raimond VII, évêque de Périgueux.
(1317)

Sceau ovale, de 58 millim. — Arch. nat., J 443, n° 4¹⁸.

Sous une arcade gothique, évêque debout, vu de face, mitré, crossé et bénissant. Les côtés de l'arcade posés sur deux écus, celui à dextre d'un lion, et celui à sénestre d'une bande.

S. RAIMVNDI DEI G.. .PI. PETRAGORICEN.

(Sigillum Raimundi, Dei gracia episcopi Petragoricensis).

Appendu à une procuration donnée par l'évêque pour assister aux Etats généraux, datée de Périgueux le vendredi avant la Saint-Georges (22 avril 1317).

Inventaire, etc..., de Douët d'Arcq, n° 6814.

6

Chapitre de Saint-Front de Périgueux.
(xiii° siècle)

Fragment de sceau ovale, de 70 millim. — Arch. nat., J 292, n° 1.

Evêque debout, vu de face, mitré, crossé et bénissant.

.IGILLVM CA...... ... FRONTON.

(Sigillum capituli Sancti Frontonis).

Appendu à des lettres adressées au roi par tous les prélats du diocèse de Périgueux, et dans lesquelles ils le prient de leur envoyer un sénéchal pour les défendre. Sans date.

Inventaire, etc..., de Douët d'Arcq, n° 7271.

7

Chapitre de Saint-Front de Périgueux.
(1240)

Sceau ovale, de 75 millim. — Arch. nat., J 295, n° 10.

Evêque debout, vu de face, mitré, crossé et bénissant.

✝ S. CAPITVLI SCI FRONTONIS PETRAGOR.

(Sigillum capituli Sancti Frontonis Petragoricensis).

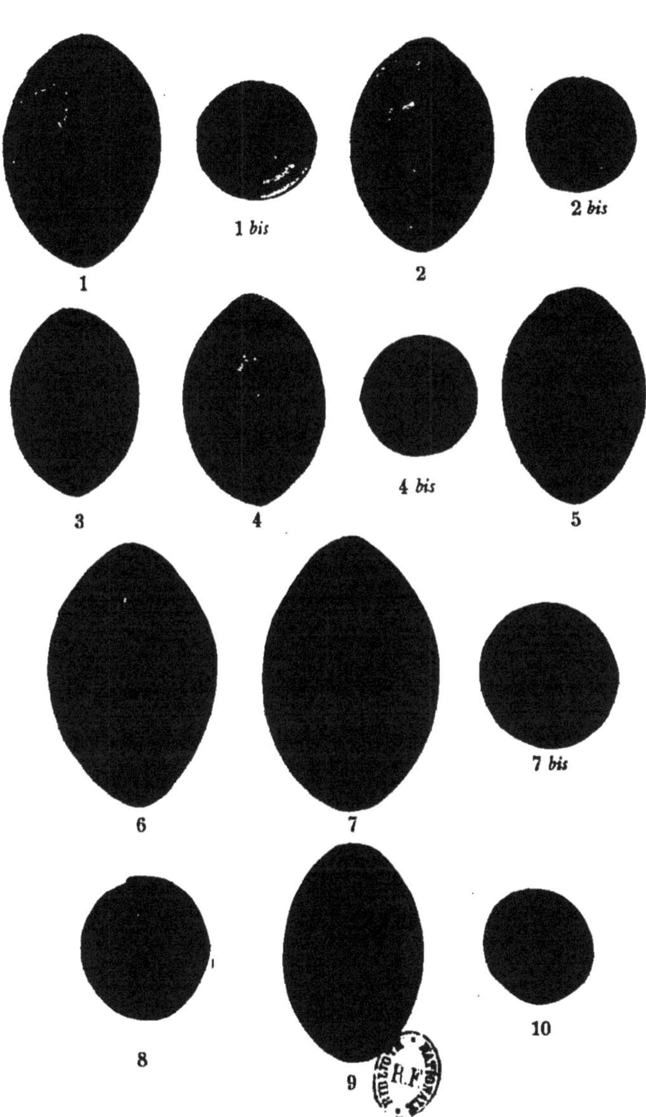

7 *bis*

Contre-sceau.

Tête de face, entourée d'un cercle de perles.

† CAPVD BEATI FRONTASII.

(Capud beati Frontasii).

Appendu à la cession faite au roi par l'évêque-abbé et le chapitre de Saint-Front de Périgueux, de la moitié de la justice capitulaire du *Puy-Saint-Front.* — Paris. 1246 (n. st.), février.

Inventaire, etc..., de Douët d'Arcq, n° 7272.

8

R. (?) archidiacre de Périgueux.
(XIIIᵉ siècle)

Fragm. de sceau rond, de 34 millim. — Arch. nat., J 292, n° 1.

Tête laurée, de profil, à gauche.

† S. R. ARCHI... CONI. .·.RAGO.....
(Sigillum R. archidiaconi Petragoricensis).

Appendu à des lettres sans date du clergé du Périgord au roi pour lui demander un sénéchal.

Inventaire, etc..., de Douët d'Arcq, n° 7430.

9

Raimond Lejeune, écolâtre de Périgueux.
(1323)

Fragment de sceau ovale, de 65 millim. — Arch. nat., L 281, n° 57.

Les apôtres saint Pierre et saint Paul dans un édicule gothique, au-dessus duquel on voit la Vierge. Au dessous, dans un cadre ovale, une tête vue de face, qui était accompagnée de deux écus. Il ne reste que l'écu de dextre, qui est chargé de deux clefs en sautoir.

...AVDITOR.. CAMERE DOMINI .APE
(...auditorii camere domini pape).

Appendu à un vidimus de plusieurs bulles, donné, le 9 avril 1323, par « Raymundus juvenis, scolasticus Petragoricensis, domini pape generalis auditor ».

Inventaire, etc..., de Douët d'Arcq, n° 7672.

10

Humbert, archiprêtre de Périgueux.

(xiii° siècle)

Fragment de sceau rond de 35 millim. — Arch. nat., J 292, n° 1.

Une aigle.

SIGIL... VMB..... ARCHIPB..

(Sigillum Umbertii archipresbyteri).

Appendu à des lettres du clergé du Périgord au roi, pour lui demander un sénéchal. — Sans date.

Inventaire, etc..., de Douët d'Arcq, n° 7950.

TABLE

CHAPITRE II

CHAPITRE III

CHAPITRE IV
Justices

Pièces justificatives

ERRATUM

Page VII, note 1, *au lieu de :* Longon, *lire :* Longnon.
— 9, note 7, *au lieu de :* sirvente..... *Pus Ventedorn et Comborn, lire :* sirventés...., *Pois Ventadorns e Comborns.*
— 14, ligne 32, *au lieu de :* Lonveciennes, *lire :* Louveciennes.
— 19, ligne 28, *au lieu de :* seu, *lire :* seul.
— 55, note 1, à la fin de la deuxième ligne, *suppléer :* si.
— 116, lignes 3, 5 et 6, *au lieu de :* chadan.... quant maior...... esliget, *lire :* chad'an.... quant maier....... esligits.
— 118, lignes 6 et 15, *au lieu de :* desta, *lire :* d'esta.
— —, ligne 18, *au lieu de :* et, *lire :* e.
— 137, ligne 9, *au lieu de :* taille, *lire :* tailles.
— 149, lignes 7 et 8, *supprimer :* dont la série est à peu près ininterrompue depuis l'année 1314.
— 167, note 1, ligne 4, *au lieu de :* furtis, *lire :* furti.
— — note 5, ligne 1, *au lieu de :* employai, *lire :* employait.
— 180, à la fin de la ligne 1, *supprimer* la virgule.
— 190, ligne 9, *au lieu de :* senescalie, *lire :* senescallie.
— 211, ligne 16, *au lieu de :* sustineat vel incurrat, *lire :* sustineant vel incurrant.
— 223, ligne 22, *au lieu de :* recipienti, *lire :* recipientis.

www.ingramcontent.com/pod-product-compliance
Ingram Content Group UK Ltd.
Pitfield, Milton Keynes, MK11 3LW, UK
UKHW021255180726
13837UKWH00007B/48